Entdecken Sie auf AIDAnova jeden Tag eine neue Welt

Genießen Sie auf dem ersten Schiff der neuen AIDA Generation genau den Urlaub, den Sie sich wünschen. Baden oder Wellnessluxus, Karibik-Feeling oder Dschungelabenteuer, Urlaub mit der ganzen Familie oder Romantik zu zweit – suchen Sie sich einfach das Beste heraus.

AUF AIDAnova FÜR SIE INKLUSIVE:

- **Kulinarisches Verwöhnprogramm** in den Buffet-Restaurants (inkl. ausgewählter Getränke), Spezialitäten-Restaurants und an der Snack Bar
- **Schönwettergarantie** unter dem Foliendom im Beach Club
- **Activity-Deck** mit drei Wasserrutschen über mehrere Decks, Klettergarten, LED-Videowand und Entspannungsbereichen
- **Fitnessstudio** mit Outdoor-Bereich, Sportaußendeck, über 30 Kurse pro Woche
- **Entertainment** der Spitzenklasse, exklusiv von AIDA produziert
- **Kids & Teens** Angebote in riesiger Vielfalt, liebevolle Betreuung
- **Bordsprache Deutsch,** Premiumservice und -qualität, Trinkgelder
- **Exklusiver Service** für Gäste der Suiten und Junior-Suiten

AIDA

EXPEDITION CRUISES
HANSEATIC inspiration
HANSEATIC nature
Entdeckerwelten.
Weltentdecker.
Ab 2019: vom Eis bis in die Tropen mit zwei neuen Expeditionsschiffen.
Jetzt Informationen anfordern!
www.hl-cruises.de/neue-schiffe
HAPAG 18 91 LLOYD CRUISES
Weitere Informationen erhalten Sie in Ihrem Reisebüro und unter 0800 22 55 55 6 (gebührenfrei)

EDITORIAL

SEIT 13 JAHREN FÜR SIE AN BORD
Uwe Bahn und Johannes Bohmann

Dreieinhalb Kisten Champagner

… werden 2019 gebraucht! 21 Flaschen, um genau zu sein – für 21 Taufen neuer Hochseekreuzfahrtschiffe, die 2019 auf Jungfernfahrt gehen. Zwei Dutzend Schiffsjungfern kommen noch in der Flusskreuzfahrt hinzu – weitere vier Kisten sind dafür also kalt zu stellen. Wie auch immer, fest steht: So viele waren es noch nie.

Fest steht daher auch: Wer sicher sein will, dass er das Schiff wählt, das seinen Vorstellungen vom perfekten Urlaub auf dem Wasser am besten entspricht, muss sich gut informieren. Genau dabei möchte dieses Buch Ihnen helfen.

Im nun bereits 13. Jahr in Folge begleitet Ihr KREUZFAHRT GUIDE Sie bei der Vorbereitung Ihrer Traumreise – mit Reportagen, Hintergrundberichten, Landgang-Tipps … und mit Porträts von in diesem Jahr 141 ausgewählten Schiffen zur See und auf dem Fluss, bewertet in bis zu sechs Kategorien. Unverändert ist dabei die Leitfrage geblieben, auf die wir eine Antwort geben wollen: Welches Schiff passt am besten zu mir?

Kommen Sie mit uns an Bord – wir freuen uns darauf! Und natürlich auch auf Anregungen und Kritik zu Ihrem neuen KREUZFAHRT GUIDE.

Herzlichst, Ihre

INHALT

AUGE IN AUGE: Polynesien – mit Haifischen vor der Reling

Foto: U.Bahn

CHECK-IN & REPORTAGEN

Foto: J. Bohmann

EINE ALTE BEKANNTE: Die „Kleine Meerjungfrau" am Hafen von Kopenhagen

PREMIERE AN DER EMS: Die Taufe der AIDAnova

GENIALE AUSSICHT: Die Quantum of the Seas vor der Skyline von New York

165

192

VIVA LA VIDA: Kubas Hauptstadt Havanna ist eines der Topziele in der Karibik

Foto: S. Peters

SEESCHIFFE

ROUTEN & REVIERE

206

BEGEGNUNGEN:
Zu Gast bei Familien in Myanmar

Foto: P. Günther

230

BEI MONET ZU BESUCH
Eines von 25 Flussschiffporträts: die A-ROSA Viva auf der Seine

REPORTAGEN

FLUSSSCHIFFE

ROUTENKARTEN

NORWEGIAN BLISS: Bestes Info- & Entertainment

MEIN SCHIFF 1: Bestes Sport- & Wellnessangebot

AIDA PERLA: Bestes Schiff für Familien

EUROPA 2: Beste Gastronomie

AMADEA: Bestes Routing

SEA DREAM I & II: Bester Service

NICKO VISION: Flussschiff des Jahres

Kreuzfahrt GUIDE AWARD

Schiffe des Jahres 2018

DIE BESTEN SCHIFFE 2018: GEWINNER UND NOMINIERTE

Es gibt nicht *das* beste Schiff – *die* besten Schiffe nach definierten Kriterien aber schon. Mit den **Kreuzfahrt Guide Awards** werden sie seit 2008 jedes Jahr gekürt – von einer erfahrenen Jury aus Kreuzfahrt-Journalisten und Reise-Experten. In sieben Kategorien standen je vier Nominierte zur Wahl. Die Preisträger des Jahres 2018:

NORWEGIAN BLISS
für das beste Info- & Entertainment

Nominiert waren:
AIDAprima / AIDA Cruises
Mein Schiff 6 / TUI Cruises
Norwegian Bliss / Norwegian Cruise Line
Symphony of the Seas / Royal Caribbean International

MEIN SCHIFF 1
für das beste Sport- & Wellnessangebot

Nominiert waren:
Anthem of the Seas / Royal Caribbean International
Mein Schiff 1 / TUI Cruises
MSC Seaside / MSC Cruises
Norwegian Escape / Norwegian Cruise Line

AIDAPERLA
als bestes Schiff für Familien

Nominiert waren:
AIDAperla / AIDA Cruises
Carnival Horizon / Carnival Cruise Line
Costa Diadema / Costa Kreuzfahrten
Disney Magic / Disney Cruise Line

SEADREAM I & II
für den besten Service

Nominiert waren:
Europa / Hapag-Lloyd Cruises
SeaDream I & II / SeaDream Yacht Club
Silver Muse / Silversea Cruises
Crystal Symphony / Crystal Cruises

EUROPA 2
für die beste Gastronomie

Nominiert waren:
Europa 2 / Hapag-Lloyd Cruises
Marina / Oceania Cruises
Seven Seas Explorer / Regent Seven Seas Cruises
Seabourn Ovation / Seabourn Cruise Line

AMADEA
für das beste Routing

Nominiert waren:
Amadea / Phoenix Reisen
Fram / Hurtigruten
Hamburg / Plantours Kreuzfahrten
Le Champlain / PONANT

NICKOVISION
als Flussschiff des Jahres

Nominiert waren:
nickoVISION / nicko cruises
African Dream / CroisiEurope
VistaStar / 1AVista Reisen
Crystal Bach / Crystal Cruises

WOHIN GEHT DIE REISE?

PLATZ 1 FÜR DEN NORDEN! TROTZDEM LIEGEN DIE DEUTSCHEN KREUZFAHRTHÄFEN NICHT UNTER DEN TOP 10 EUROPAS

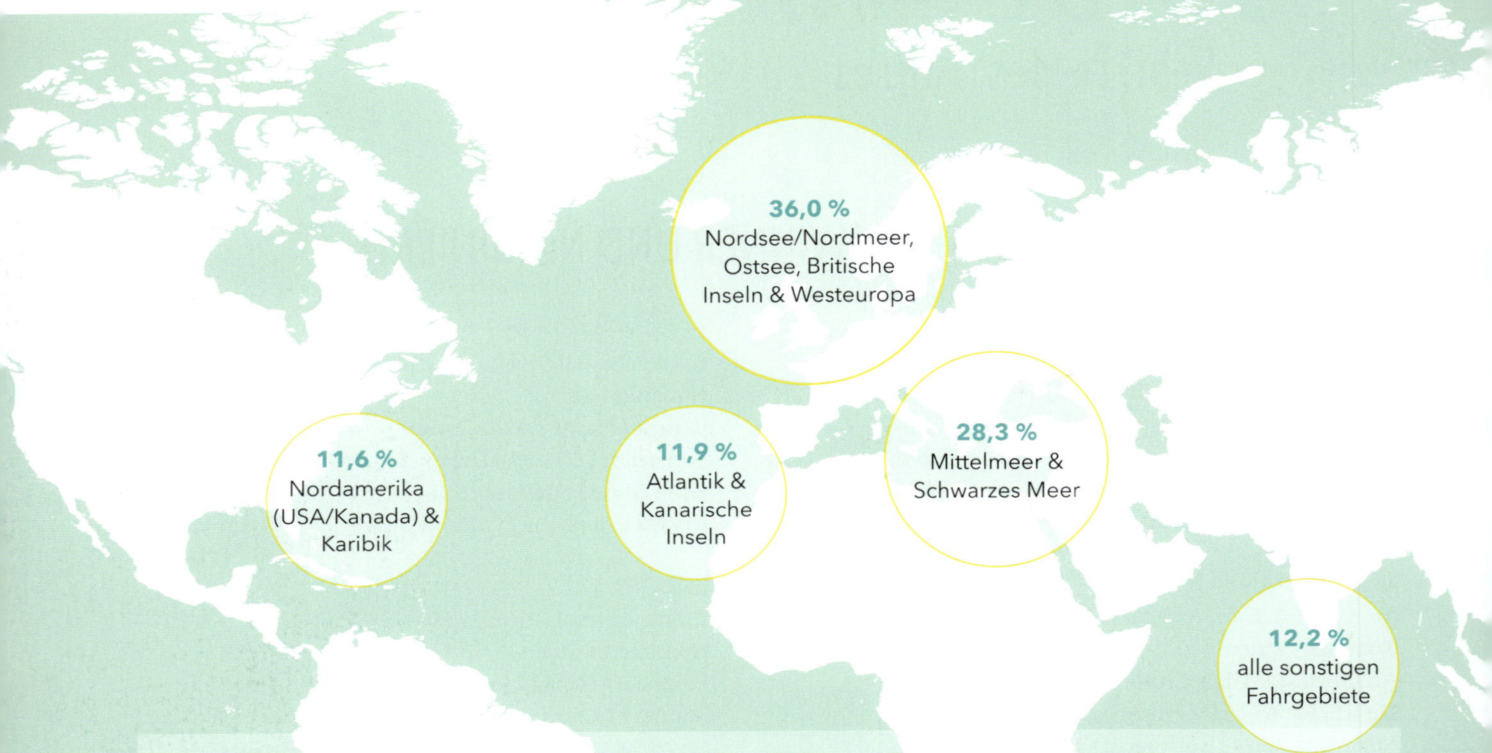

Die wichtigsten Häfen in Europa

1. Barcelona	2.683.594
2. Civitavecchia	2.339.676
3. Southampton	1.800.000
4. Palma de Mallorca	1.630.381
5. Venedig	1.605.660
6. Marseille	1.597.213
7. Neapel	1.306.151
8. Piräus	1.094.135
•	
•	
13. Rostock	766.000
•	
•	
16. Hamburg	722.000

Die bei deutschen Kreuzfahrtpassagieren beliebtesten Fahrgebiete liegen in Europa! Das zeigen die Zahlen der Jahre 2016/17 (oben), ermittelt von www.statista.de. Ganz vorn – und mit steigender Tendenz – rangiert der Norden: Die norwegischen Fjorde, die Ostsee, die Britischen Inseln, aber auch Island, Grönland und Spitzbergen sind gefragter denn je. Platz zwei belegt das Mittelmeer – und die Karibik und Nordamerika, wer hätte es gedacht, liegen sogar noch knapp hinter den Kanaren und Madeira. In der Hitliste der größten Kreuzfahrthäfen (Tabelle links: Passagierzahlen 2017) liegen dennoch bis auf Southampton alle europäischen Ziele am Mittelmeer: Die beiden größten deutschen Häfen, Rostock und Hamburg, belegen die Plätze 13 und 16. JB ///

MSC SEAVIEW.
ENTDECKEN SIE DAS MEER,
AUS EINER NEUEN PERSPEKTIVE.
MSC Seaview verspricht ein einzigartiges Urlaubserlebnis auf See. Erleben Sie das Meer, den Himmel und die Sonne wie nie zuvor, auf einem Schiff, das die Kreuzfahrt revolutioniert. Ob Sie am Pool entspannen, unter dem Sternenzelt dinieren oder auf der Promenade spazieren, Sie werden sich immer wieder neu in die unendliche Weite des Panoramas verlieben. Kommen Sie an Bord!
Beratung und Buchung in Ihrem Reisebüro, unter 089/ 203 043 801 oder auf msc-kreuzfahrten.de
MSC
KREUZFAHRTEN
NOT JUST ANY CRUISE
Veranstalter: MSC Cruises S.A., Avenue Eugène-Pittard 40, 1206 Genf (Schweiz)

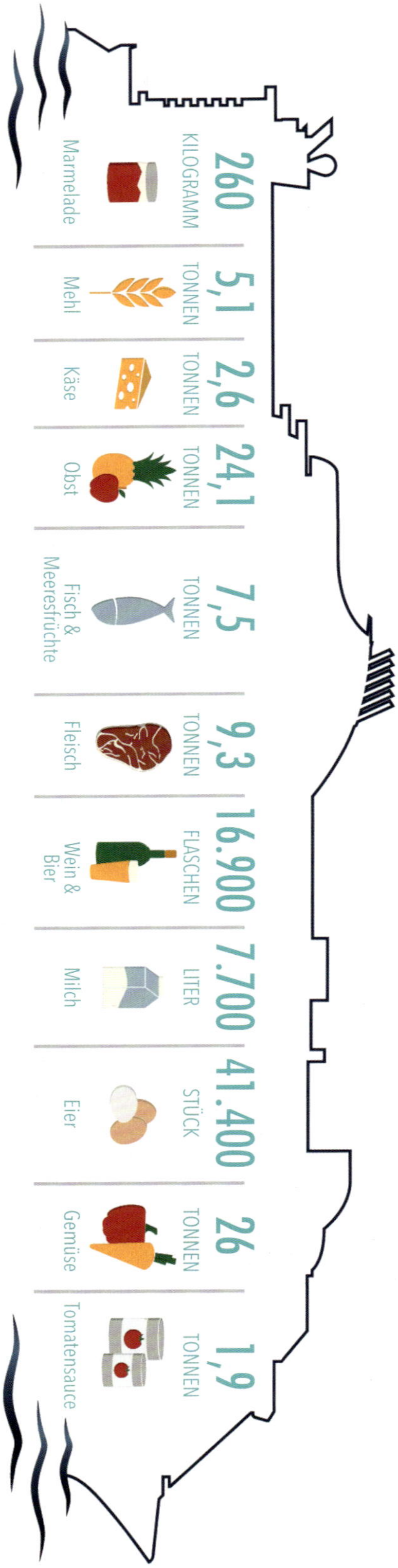

PRO KOPF & WOCHE 6,3 EIER

UNGLAUBLICH, WAS SO EIN GROSSES SCHIFF AN PROVIANT VERBRAUCHT! ABER WENN MAN ES PRO KOPF BERECHNET, IST ES EIGENTLICH GANZ NORMAL

41.400 Eier. 7,5 Tonnen Fisch und Meeresfrüchte. 260 Kilo Marmelade. Und zehnmal so viel Käse, nämlich 2,6 Tonnen. Auf sieben Tage Kreuzfahrt beziehen sich diese Zahlen. Geliefert haben sie die Logistiker von MSC Cruises: Das Beispielschiff, um das es hier geht, ist die im Juni 2018 getaufte **MSC Seaview** (S. 141), das aktuelle Vorzeigeschiff der Italiener. Auf ihm finden bis zu 5.179 Gäste und 1.413 Crew-Mitglieder Platz; insgesamt also sind 6.592 Menschen zu verköstigen. Und verteilt man auf die jene 41.400 Eier oder die 7,5 Tonnen Fisch, sieht das Ganze schon anders aus: Rein rechnerisch verspeist jeder an Bord 6,3 Eier in dieser einen Woche. Und 897 Gramm Fisch und Meeresfrüchte …

Foto: J. Bohmann

416 KÖCHE & KELLNER Nicht Maschine und Brücke, sondern Küche und Restaurants stellen auf modernen Kreuzfahrtschiffen – neben dem Kabinenpersonal – den größten Teil der Crew. So arbeiten auf der MSC Seaview im „Dining Department" 416 Personen, davon 251 hinter den Kulissen, sprich: an den Töpfen. Die anderen 165 sind für den Service am Tisch, an den Bars oder an den Buffets zuständig. Insgesamt zehn Restaurants und 17 Bars müssen sie tagtäglich versorgen. JB ///

Costa
Costa Smeralda
Die neue Generation der Kreuzfahrt
Costa Smeralda
Das neue Costa-Flaggschiff wird das zweite Kreuzfahrtschiff weltweit sein, das vollständig mit Flüssigerdgas (LNG) betrieben werden kann. Lernen Sie die Costa Smeralda kennen:
Vernissage-Kreuzfahrt
von Hamburg nach Savona
20. Oktober 2019
15 Tage p. P. ab 1.599 €*
Funkelndes Mittelmeer
Frankreich, Spanien, Balearen und Italien
ab November 2019
7 Tage p. P. ab 569 €*
Weitere Informationen und Buchung: im Reisebüro, telefonisch unter 040/570 12 13 14 oder auf www.costakreuzfahrten.de
*Comfort-Preis (Innenkabine Classic) inkl. Tischgetränke zum Mittag- und Abendessen in den Haupt- und Buffetrestaurants, Trinkgelder und 350 € (Vernissage-Kreuzfahrt) bzw. 200 € (Funkelndes Mittelmeer) Frühbucher-Extra-Ermäßigung p. P. bei 2er-Belegung und Buchung bis 31.03.2019. Jeweils limitiertes Kontingent. Auszug aus dem Costa Katalog „November 2018 – April 2020", dessen allgemeine Reisebedingungen, Hinweise und Informationen gelten. Veranstalter ist Costa Crociere S. p. A. • Piazza Piccapietra, 48 • 16121 Genua • Italien. Repräsentanz in Deutschland: Costa Kreuzfahrten – Niederlassung der Costa Crociere S. p. A. • Am Sandtorkai 39 • 20457 Hamburg

NONPLUSULTRA: Eine Veranda-Suite, hier zum Beispiel bei Silversea Cruises. Um die 1.000 Euro pro Nacht muss man für sie berappen

VON/BIS: Eine Balkonkabine bei AIDA (o.), eine Innenkabine bei TUI Cruises (M.) und eine Single-Kabine bei Cunard (u.): ohne Balkon zwar, aber mit richtig viel Platz

DIE QUAL DER WAHL

Innenkabine oder Penthouse-Suite? Nicht nur der Preis ist ein Kriterium für die Kabinenwahl

Wer eine Reise mit vielen Seetagen bucht, wird mehr darauf achten als der „Full Metal Cruiser“, der auf seinem Party-Törn eh wenig zu Bett kommen wird. Doch angesichts der Vielzahl von Kabinenkategorien, die Kreuzfahrtschiffe bieten, stellt sich jedem die Frage: Welche ist die beste für mich? Persönliches spielt dabei eine Rolle. Bei Angst vor Seekrankheit etwa ist eine Unterkunft in der Schiffsmitte anzuraten, wo die Bewegungen am geringsten sind. Und Geräuschempfindliche sollten nicht zu nah an Discos, Bars oder dem Poolbereich logieren. Gut informierte Reisebüros beraten hierzu – und im Digitalzeitalter das Internet: So gut wie alle Reedereien stellen ihre Kabinenpläne heute zur Einsicht online.

Natürlich ist es aber auch eine Frage des Preises: Am günstigsten ist die Innenkabine (ohne Tageslicht!), gefolgt von der Außenkabine ohne Balkon, der Balkonkabine, der Suite, dem Penthouse, der Owner's Suite mit Butlerbetreuung … Suite, das heißt, dass getrennte Wohn- und Schlafbereiche vorhanden sein müssen; mitunter wird dies schon bei Vorhandensein eines Trennelements als gegeben angesehen. Die Kabinengrundrisse und Größenangaben im Netz helfen hier weiter!

Schließlich die Sonderfälle: Barrierefreie Kabinen sowie Single- oder Familienunterkünfte sind auf vielen Schiffen heute selbstverständlich, in der Zahl aber begrenzt. Deshalb: Unbedingt telefonisch nachfragen! JB ///

Fotos: J. Düwel/Neptun Werft, C. Assies

IN DER WERFT: Ein LNG-Tank wird für den Einbau positioniert. Rechts die AIDAnova im Dock, kurz vor ihrer Taufe im August 2018

GRÜNER KREUZEN – DANK LNG?

Kreuzfahrten sollen umweltfreundlicher werden. Ein großer Schritt in diese Richtung ist der Einsatz von Flüssigerdgas, kurz LNG. Was bringt er?

Die Umweltdebatte zur Kreuzfahrt wird emotional geführt: Von „Dreckschleudern zur See" sprechen Kritiker – die Reedereien kontern mit Appellen an die Sachlichkeit.Und mit dem Hinweis auf ganze Pakete von Maßnahmen zur Verbesserung der Umweltbilanz ihrer Schiffe. Jüngste Beispiele sind Aktionen zur Verringerung von Plastikmüll an Bord (z. B. bei Hurtigruten, Poseidon Expeditions, Norwegian) oder zur Reduktion von Essensabfällen (z. B. Costa, TUI Cruises). Das Kernthema aber bleibt: Welcher Kraftstoff wird eingesetzt – und welche Emissionen erzeugt er?

Ist Flüssigerdgas (LNG) hierbei die Lösung? Mit Blick auf die spektakulär niedrigeren Emissionswerte (s. rechts) ist es auf jeden Fall ein großer Schritt, dass mit der **AIDAnova** im Herbst 2018 das weltweit erste komplett mit LNG betriebene Kreuzfahrtschiff in Dienst gegangen ist. Gebaut wurde es bei Meyer in Papenburg, wo 2011 bereits LNG-betriebene Tanker vom Stapel liefen. Neun weitere LNG-Kreuzfahrtschiffe hat die AIDA-Mutter **Carnival Corporation** bei Meyer bestellt. **TUI Cruises** ist nun mit der Beauftragung von zwei LNG-Schiffen (ab 2024) gefolgt.

Trotzdem sind die Experten sich einig: LNG ist nicht die Lösung, die die Kreuzfahrt endgültig „grün" macht. Zum einen, weil die Infrastruktur der Häfen für LNG-Versorgung noch deutlich zu gering ist. Aber auch, weil LNG weltweit transportiert werden muss – mit Diesel-Lkw und Schiffen mit konventionellem Antrieb, was die Bilanz deutlich trübt.

Die Meyer Werft forscht nach eigenen Angaben schon an anderen Antrieben. So erhalten die Schiffe der Icon-Class für **Royal Caribbean**, die 2022 und 2024 von Meyer Turku abgeliefert werden sollen, neben einem LNG-Antrieb auch Brennstoffzellen. Erste Tests mit der Brennstoffzelle laufen auf der **Spectrum of the Seas**, die im Frühjahr 2019 in Dienst gestellt wird. Ein weiterer Schritt könnte ein Methanol-Antrieb sein, der nach Angaben der Papenburger mittelfristig realisiert werden kann. Auf lange Frist aber kann das Ziel nur sein, Brennstoffe aus erneuerbaren Quellen zum Einsatz zu bringen. Nur dann ist echter Klimaschutz möglich. Und so gesehen ist LNG nur ein Anfang. CA ///

TANKS AN BORD

Liquefied Natural Gas, kurz LNG, verursacht deutlich weniger Emissionen als bisher bekannte Schiffstreibstoffe. Im Vergleich zu Schweröl und Marinediesel sinkt der Ausstoß von CO_2 um 25 Prozent, bei Schwefel, Feinstaub und Stickoxid fällt er fast auf null. Die AIDAnova wird sowohl im Hafen als auch auf offener See mit LNG betrieben; dank „Dual Fuel"-Motoren kann sie zwischen LNG und Marinegasöl wechseln, jedoch nur im Ausnahme- und nicht im Regelfall wie bei den Schwestern AIDAprima und AIDAperla. Zum Einsatz kommen MaK-Motoren von Caterpillar aus Kiel. Der auf bis zu minus 164 Grad gekühlte Treibstoff wird in Spezialtanks an Bord gelagert; 3.600 Kubikmeter reichen etwa 14 Tage. Die Kühlung senkt das Volumen um das 600-Fache und erlaubt so die sichere Lagerung und den sicheren Transport. Die Tanks befinden sich in separaten Laderäumen. Die Maschinenräume sind mit doppelwandigen Rohren für die Gasleitungen und Regelventile ausgestattet.

AUF DER BRÜCKE: Kathryn Whittaker (l.) auf der Sea Cloud II, Inger Klein Thorhauge (r. o.) auf der Queen Victoria und Nicole Langosch (r. u.) auf der AIDAsol

FRAUENSACHE

Neun Frauen haben zurzeit das Kommando über Kreuzfahrtschiffe. Nur eine von ihnen ist eine Deutsche

KAPITÄNINNEN? WEITERHIN SELTEN!

Seit jeher reisen mutige Frauen um die Welt. Nun führen sie auch tonnenschwere Kreuzfahrtschiffe

Zugegeben, das Wort „Kapitänin" klingt ein wenig seltsam. Aber so lautet tatsächlich die offizielle Bezeichnung für eine Frau, die Schiffsführerin ist – seit 2008 im Duden verbrieft. Ein Jahr zuvor übernahm erstmals eine Frau das Kommando auf einem Kreuzfahrtschiff: Karin Stahre-Janson wurde zur Kapitänin der **Majesty of the Seas** ernannt. Drei Jahre später zogen die traditionellen Briten nach: Bei **Cunard** führt Inger Klein Thorhauge (geb. Olsen) seither die **Queen Victoria**, und Sarah Breton ist Kapitänin bei **P&O Cruises**. **Royal Caribbean** ernannte 2011 als zweite Kapitänin Lis Lauritzen auf der **Vision of the Seas**. Auch auf einem Expeditionskreuzer hat 2013 eine Frau das Kommando übernommen: Margrith Ettlin, Kapitänin der **Silver Explorer**, erkundet abgelegene Destinationen auch gern mal per Helikopter – eine Pilotenlizenz hat sie nämlich auch.

Kate McCue, seit 2015 Kapitänin bei **Celebrity Cruises**, hat satte 40.000 Instagram-Follower (@captainkatemccue). Vielleicht ist ein Teil ihres medialen Erfolgs aber auch ihrer Katze „Bug Naked" zuzuschreiben, die mit ihr um die Welt reist – und ebenfalls 15.000 Instagram-Follower hat.
Mit Belinda Bennett kommandiert seit 2016 die erste farbige Kapitänin einen Segler von **Windstar Cruises**. Und auch der deutsche Luxus-Windjammer **Sea Cloud II** wird seit 2018 von Kapitänin Kathryn Whittaker geführt. Ebenfalls 2018 wurde Nicole Langosch zur Chefin der **AIDAsol** ernannt – zur ersten deutschen Kapitänin also. Insgesamt beschäftigt **AIDA Cruises** derzeit 14 weibliche nautische Offiziere, man darf also auf weitere Kapitäninnen hoffen. Noch bleiben sie aber seltene Vorbilder: Weltweit sind nämlich gerade mal fünf Prozent der Offiziere Frauen. PG ///

Polar NEWS
UNTERWEGS MIT DEN POLAR-SPEZIALISTEN*
POLARE WUNDERWELTEN ENTDECKEN
EXPEDITIONSKREUZFAHRTEN ARKTIS & ANTARKTIS
POLARNEWS
Am Kaltenborn 49-51
D – 61462 Königstein
TEL + 49 (0) 6174 93 20 07
redaktion@polarnews.de
POLARNEWS
Ackersteinstrasse 20
CH-8049 Zürich
TEL +41 (0) 44 342 36 60
redaktion@polarnews.ch
*Rosamaria & Heiner Kubny
POLAR-REISEN.DE
POLAR-REISEN.CH

GROSSE SHOW: Richard Branson bei einer Pressevorstellung seiner 2020 startenden Virgin Voyages. Mit dem „adults only"-Konzept wird PR-trächtig kokettiert

NUR FÜR ERWACHSENE ist die Aurora (o.) von P&O. Bei Disney (M.) gibt's für die „Großen" einen kinderfreien Pool. Und bei Virgin (u.) ist alles „adults only"

NUR FÜR ERWACHSENE …

„Adults only"-Schiffe etablieren sich – als Gegentrend zu Familienkreuzfahrten

Kreuzfahrten ohne ein einziges Kind an Bord: Immer mehr Reedereien setzen teils oder ganz darauf. Wobei die meisten nicht gar so radikal vorgehen: Sie schaffen lediglich kinderfreie Zonen an den Pools, am Sonnendeck, in Bars und Restaurants. Was wie Diskriminierung von Familien klingen mag, hilft beiden Seiten. Ruhe liebende Passagiere haben die Garantie, dass der Whirlpool nicht von tobenden Kids bevölkert ist. Und Familien verirren sich nicht auf Schiffe, auf denen die Kinder ihre Ferien ohnehin nicht unbeschwert genießen könnten.

Flottenweit dürfen Kinder bei **Viking Ocean Cruises, Saga Cruises** (wo man grundsätzlich nicht unter 50 Jahren buchen darf; Begleitpersonen müssen mindestens 40 sein) und den 2020 startenden **Virgin Voyages** nicht an Bord. Für einzelne Schiffe gilt das bei **P&O Cruises** (**Oriana**, **Arcadia** und ab April 2019 **Aurora**), bei Hapag-Lloyd Cruises (ab 2021 auf der neuen **Hanseatic spirit**)und auf der britischen **Marella Explorer 2** ab Mai 2019. **Fred. Olsen Cruise Lines** hat viele Einzelreisen nur für Erwachsene im Programm.

Am lautesten promotet **Virgin Voyages** des britischen Milliardärs Richard Branson das Konzept – obwohl die Schiffe noch gar nicht fahren. Fast schamlos verspricht man „das bestmögliche Erlebnis ohne die Unberechenbarkeit von Kindern". Nebenbei will man die Kreuzfahrt insgesamt „neu erfinden". Wait and see … FN ///

AUS DORTMUND kam sie in die Karibik – und erfand das etwas andere Cruise-Souvenir

MELLIS TREIBHOLZ-ROUTE

Melanie Van de Mosselaar hatte eine geniale Idee: Aus bunt bemalten Treibholztafeln stellt sie für Kreuzfahrer ein ganz besonderes Karibik-Souvenir her

Eigentlich habe ich nur Augen für Karel's Beach Bar, den bekanntesten Treffpunkt auf Bonaire. Auf der kleinen Karibikinsel haben wir mit der **AIDAdiva** festgemacht. Doch dann bleibe ich vor der Bar stehen: Eine blonde Frau hat am Eingang einen Stand aufgebaut. „Mellis Treibholz Route" steht auf dem Schild. Melli, das ist ihr Name.
Und was sie in der Hand hält, ist vielleicht das schönste Souvenir, das ich je von einer Kreuzfahrt mitgebracht habe. Alle Inseln, die wir mit der AIDAdiva anfahren, hat Melli an einer Schnur aufgereiht. Auf kleinen Treibholzstückchen. Alle karibisch bunt bemalt mit den Namen. Oben drüber steht „AIDAdiva", darunter unsere Stationen, von Barbados bis St. Vincent. Die ganze zweiwöchige Route – Mellis Treibholz-Route eben. Was für eine großartige Idee!
Ich zücke sofort die 30 Dollar und komme mit Melli ins Gespräch. Sie ist aus Dortmund und zog vor zehn Jahren mit ihrem Mann, einem Holländer, hierher. In Deutschland hat Melanie Van de Mosselaar, wie sie mit vollem Namen heißt, Kommunikationsdesign studiert, danach als Fotojournalistin gearbeitet. Dann begann das Abenteuer Karibik, wo sie eigentlich Pferdezucht betreiben wollte.
Als immer mehr Kreuzfahrer nach Bonaire kamen, entstand die Idee. Souvenir nicht „made in China", sondern „made by Melli". Kunst statt Kitsch – echtes Handwerk. Dafür geht sie vor allem an der wilden Nordostküste Bonaires auf die Suche nach geeignetem Holz – am liebsten Hartholz oder solches, das durch Salz und Sonne gehärtet wurde. Wenn sie passende Stücke gefunden hat, wird das Material getrocknet, geschliffen, bemalt und mit Klarlack versiegelt. „Ich lege viel Wert auf Qualität. Ich möchte, dass jede Treibholz-Route, die ich anfertige, ein Unikat ist", sagt Melli. Auch alte Plankenteile von Piratenschiffen sind dabei.
Mellis Treibholzroute hat sich rumgesprochen. Immer mehr Kreuzfahrtgäste geben eine Route in Auftrag; Melli schickt sie in die Heimat nach. Über Facebook sorgen Fans dafür, dass Melli fast immer ausverkauft ist. Zum Glück bin ich nicht gleich in die Bar gegangen … UB ///

Fotos: U. Bahn (3)

„MADE BY MELLI": An den Stränden von Bonaire findet sie ihr Material – und so charmant wie ihre Kunstwerke ist Mellis Firmenlogo

STÄDTE-
HOPPING
OHNE KOFFERPACKEN.
Das Hotel immer dabei. So geht Städtereisen mit A-ROSA.
Nach Wien, Amsterdam, Budapest oder Paris. Zum Shoppen, Erleben und Verlieben. Total entspannt in der eigenen Balkonkabine. Dazu Gourmetküche und Wellness jeden Tag. Und das alles mit der nötigen Sicherheit von Anfang bis Ende.
Neugierig? Mehr Infos unter www.a-rosa.de, in Ihrem Reisebüro oder persönlich unter Tel. 0381-202 6001.
Wenn Städtereise, dann A-ROSA.
aROSA
Schöne Zeit

BUSTOUR ODER KLEINGRUPPE?
Bei großen Schiffen stehen viele Busse an der Pier. Individueller ist es natürlich im kleinen Kreis

LANDGANG MAL ANDERS

Was machen wir in Rom, Athen, Marseille? Nicht nur die Angebote an Bord stehen dafür heute zur Wahl

Europa, Orient, demnächst Asien und Karibik: 170 Ausflüge in knapp 70 Häfen bietet **meine-landausflüge.de** derzeit an. Eine von diversen Agenturen, die **auf-eigene-faust.de**, **land-ahoi.de** oder **getyourguide.de** heißen – und die den Reedereien eher ein Dorn im Auge sind. Denn der Verkauf von Ausflugstickets ist für sie ein wichtiges Geschäft. Eines jedoch, das bei Monopolstellung auch schon mal dazu verlockt, bei den Preisen kräftig zuzulangen.
Dass im Internet-Zeitalter die Alternativen nicht auf sich warten lassen würden, kann nicht überraschen: Dienstleistungen im Netz zu buchen ist heute Alltag. In der Tat sind die Offerten attraktiv: meine-landausflüge.de etwa garantiert, dass in Gruppen von acht bis maximal zwölf Personen gereist wird (im Reedereibus sind es meist 30 oder mehr), dass man pünktlich abgeholt und zurückgebracht wird und dass die Guides hoch qualifiziert sind. Auch mit besonderen Aktionen wie Kochkursen oder nächtlichen Bootstouren wird geworben. Und, last but not least: mit günstigen Preisen! Die Inselrundfahrt auf Madeira etwa gibt es für 29 Euro. Die Reedereien verlangen dafür meistens mehr.
Noch ist das Phänomen zu jung, um es wirklich beurteilen zu können. Berichten Sie uns deshalb, liebe Leser*innen, von Ihren Erfahrungen (redaktion@kreuzfahrtguide.com). Oder versuchen Sie es wirklich auf eigene Faust: Bilden Sie mit Freunden Ihre eigene Kleingruppe – und ordern Sie ein Großraumtaxi samt kundigem Fahrer. Mehr Flexibilität werden Sie auf jeden Fall dabei gewinnen. Und wahrscheinlich auch zu einem günstigen Preis unterwegs sein. JB ///

WORLD EXPLORER: 200 Gäste, 105 Crew-Mitglieder, Eisklasse 1B und richtig viel Platz an Bord

ZUM WOHLFÜHLEN: Alle Kabinen liegen außen, die meisten messen etwa 25 Quadratmeter. Auch die öffentlichen Bereiche sind großzügig gestaltet

NICKO AUF HOHER SEE

Der Flusskreuzfahrtenveranstalter nicko cruises bietet 2019 erstmals auch Hochseereisen an – auf einem schicken Expeditionsneubau

Destinationsorientierte Kreuzfahrt. Was auf dem Fluss selbstverständlich ist, wird nun auch zur Prämisse für die ersten Hochseereisen von **nicko cruises**. Mit dem **World Explorer** bekommt der Stuttgarter Veranstalter von seiner Mutterfirma **Mystic Cruises** ein luxuriöses Expeditionsschiff gestellt, das im Sommer für nicko und im Winter für **Quark Expeditions** unterwegs ist. Ihre Gummistiefel können die nicko-Passagiere jedoch zu Hause lassen: Das Schiff fährt so genannte „soft expeditions" ohne „nasse Anlandungen". Den ersten Sommer über kreuzt der Neubau für 200 Passagiere im Mittelmeer, im Nordland und im Baltikum. Dank seiner überschaubaren Größe kann *der* World Explorer (ja, dieses Schiff ist männlich, nicht weiblich!) beispielsweise an der Tower Bridge in London oder im kleinen Hafen von Marbella anlegen und in den norwegischen Fjorden Innenpassagen fahren. Im Winter können sich nicko-Gäste auf den zweiwöchigen Antarktis-Kreuzfahrten von Quark Expeditions einbuchen.
Ähnlich wie auf dem neuen Flussschiff **nickoVISION** (S. 242) soll es an Bord möglichst entspannt zugehen – mit langen Tischzeiten und freier Sitzplatzwahl. Und das Ganze wird zu einem Tagespreis verkauft, der für diese Schiffsgröße sehr attraktiv ist. Kein Wunder, dass die erste Saison schon gut gebucht ist. PG ///

ZU GAST BEI DEN GÖTTERN – RENAISSANCE DES NILS

Die Tourismusdestination Ägypten atmet auf: Nilkreuzfahrten liegen wieder im Trend

NILE VISION heißt eines der Schiffe, das auf dem Nil wieder für Phoenix Reisen in Fahrt ist. Zum Programm gehören wie früher auch die Pyramiden von Gizeh (o.)

Der Nil war einst das beliebteste Flusskreuzfahrtrevier der Welt. Kein Wunder angesichts der beeindruckenden antiken Baudenkmäler an seinen Ufern: das Tal der Könige mit seinen bis zu 200 Meter tiefen Gruften, der 65 Meter hohe Pylon am Eingang zum Luxor-Tempel, die drei Kilometer lange Sphinx-Allee zum Karnak-Tempel und natürlich die prachtvollen Pyramiden von Gizeh.

Vor den Wirren der Revolution zwischen 2010 und 2013 zählte Ägypten fast 15 Millionen Besucher pro Jahr. Mit dem „Arabischen Frühling" brachen die Zahlen vollständig ein. Doch die Destination erholt sich langsam: 2017 kamen immerhin wieder 8,3 Millionen Gäste, darunter auch viele Deutsche. Erste Veranstalter legen sogar schon wieder Charterflüge speziell für Nilkreuzfahrer auf. Dazu zählt beispielsweise **Phoenix Reisen**, einst der Platzhirsch mit mehr als 40.000 Passagieren auf dem Nil. Ab Winter 2018/19 gibt es wieder Direktverbindungen von Frankfurt nach Luxor. Kai Krämer, Produktmanager Orient bei Phoenix Reisen, erklärt: „Wir freuen uns über steigende Buchungszahlen." Bereits seit 2015 sei die lange Nilkreuzfahrt von Kairo bis Assuan mit einem kleineren Schiff wieder im Phoenix-Programm. Aufgrund der wachsenden Nachfrage werde die Flotte auf dieser Strecke 2019 auf vier Schiffe aufgestockt. Insgesamt fahren über das Jahr verteilt 13 Phoenix-Schiffe auf dem Nil. Das reicht zwar noch nicht an alte Rekorde heran, ist aber ein guter Anfang für ein Land, in dem viele Menschen vom Tourismus leben. PG ///

HOCHSEE REPORTAGEN

YOUR WORLD. YOUR WAY.

your moment.

Für die einen ist es das gemeinsame 5-Sterne Menü zu Beginn einer Reise, die zu vielfältigen und unerwarteten kulinarischen Höhepunkten führt. Für die anderen ist es eine Reise zu exotischen und entlegenen Häfen. Und für Sie sind es die kleinen Dinge. Erleben Sie Ihren Moment.

GENIESSEN SIE DIE FEINSTE KÜCHE AUF SEE AN BORD UNSERER PERSÖNLICHEN UND LUXURIÖSEN SCHIFFE.

HAI SOCIETY

MEHR ALS 15.000 KILOMETER SIND DIE INSELN VON DEUTSCHLAND ENTFERNT: BORA BORA, MOOREA UND TAHITI. DIE BESTE UND GÜNSTIGSTE ART, DIESE SCHÄTZE DER SÜDSEE ZU ERKUNDEN, IST EINE KREUZFAHRT MIT PAUL GAUGUIN CRUISES. UWE BAHN (TEXT & FOTOS) MUSSTE EINE WOCHE DURCH DAS POLYNESISCHE PARADIES KREUZEN ...

AUS DER HAND fressen sie nicht – neugierig sind sie gleichwohl: Begegnung mit Doktorfischen vor Samoa

SEHNSUCHTSSOUND darf man die Klänge wohl nennen, mit denen uns die Insulaner vor Motu Mahana empfangen. Aber was ist es nur, was uns daran bekannt vorkommt?

Direkt vor uns taucht sie aus dem Wasser auf: die Rückenflosse, die schon Generationen von Schnorchlern in Schockstarre versetzt hat. Dann eine zweite, eine dritte, eine vierte. Nach wenigen Minuten sind wir umzingelt von Haien. Es sind Schwarzspitzen-Riffhaie. Die haben hier in der Südsee ihr Zuhause. Touristen sind ihnen nicht fremd, sozusagen ihr täglich Brot. „Wenn ihr die Haie nicht reizt, dann sind sie in der Regel friedlich", sagt der Guide. In der Regel – das beruhigt. Dass ihm keine

DELIKATESSEN DER SÜDSEE: Vor Moorea speisen wir im flachen Wasser der Lagune. Es wird der schönste Tag seit Erfindung der Landausflüge

Gliedmaßen fehlen, verleiht seinen Worten noch mehr Glaubwürdigkeit.

Eine Woche lang kreuzen wir mit der Paul Gauguin durch die Heimat der Haie, die so genannten Society Islands: Tahiti, Bora Bora, Moorea. Allesamt Synonyme für das Paradies. Vielleicht ist dieser Teil von Französisch-Polynesien wirklich einer der schönsten Flecken auf dem gesamten Globus. Noch niemals habe ich so klares Wasser gesehen. Ein Traum in Türkis, in das wir täglich eintauchen werden.

„Hai Society" im Wasser – High Society an Land. Wer eine Woche in einem Resort auf den Society Islands verbringen will, ist schnell 10.000 Euro los. Ein Grund mehr für die Paul Gauguin. Eine Woche kostet pro Person ab 2.504 Euro in der Außenkabine. Cruise only. Maximal 330 Gäste haben Platz auf dem charmanten Schiff. 215 Crew-Mitglieder kümmern sich um uns. Sie haben einen Blick für jedes Detail, ob eine Stoffserviette fehlt oder die Salzmühle klemmt. Ihr Service-Lächeln ist nicht angeschaltet, sondern angeboren. Bekanntlich kam im Pazifik die Freundlichkeit zur Welt. Auf den Philippinen, aber auch hier in Polynesien.

Den ersten Abend hängen wir Europäer in den Sesseln. Rund 26 Stunden Anreise und zwölf Stunden Zeitunterschied – da ist selbst ein Kummer gewohnter Körper wie meiner etwas irritiert. Aber: Die Strapazen sind es wert. Denn hier ist das Ziel wirklich das Ziel, nicht der Weg.

Und dann erklingt sie zum ersten Mal, die Ukulele. Der Sehnsuchtssound der Südsee, dessen Songs ich irgendwo schon mal gehört habe. Aber wo? Die bordeigene Band vertont nicht nur Tahiti, sondern alle Stationen, auf denen wir anlanden. Wie zum Beispiel Motu Mahana. So heißt die kleine Koralleninsel, die der Reederei Paul Gauguin Cruises gehört. Schneeweiß sind die Strände, an denen die großen Palmen wie zum Fotoshooting aufgereiht stehen. Das Wasser ist so türkis, dass Photoshop überflüssig wird. Da musste ich an der Lübecker Bucht schon mal nachhelfen, die ist jetzt 15.700 Kilometer entfernt. Fast ein anderer Planet hier.

Als wir den Fuß auf Motu Mahana setzen, werden wir durch die nächsten Südseeklänge empfangen. Das polynesische Ensemble ist schon da und spielt uns zum Empfang diesen Song, den ich doch kenne … Herrje, wie heißt er? Die Paul-Gauguin-Crew hat die halbe Küche ausgebootet – in kleinen Hütten wird das polynesische Buffet serviert. Aus Palmenblättern hat das Team eine schwimmende Bar gebaut, von der aus Cocktails im klaren Wasser mit einem freundlichen Lächeln gereicht werden. Nennt mich Neptun, so göttlich ist dieser Moment. Wenn bloß nicht dieser Song wäre, der da schon wieder aus der Ukulele erklingt. Immerhin hat mir einer der Musiker verraten, wie das Stück heißt: „Nau Haka". Aha, das hilft mir so nicht weiter.

Am nächsten Tag klärt sich alles in Sekunden auf. Die Paul Gauguin hat ihren Anker vor Bora Bora geworfen. Wir setzen mit dem Tenderboot über in den Hafen Vaitape. Dort wartet Franck im Jeep auf uns, für die Inselsafari. Als wir ihm unsere Herkunft Deutschland verraten, fällt er fast auf die Knie. Und dann betet er die beiden Worte, die alles aufklären: „Tony Marshall!" Der deutsche Schlagersänger ist Gott und Ehrenbürger auf Bora Bora. Er hat mit seinem Lied „Bora Bora" Ende der 70er dieser Insel ein musikalisches Denkmal gesetzt. Franck erzählt, dass Tony hier ein umjubeltes Konzert gegeben hat, bei

SUNDOWNER DE LUXE: Nichts ist schöner, als hier auf dem Achterdeck zu speisen, wenn das Schiff in den Sonnenuntergang fährt

GARTEN EDEN: Bora Bora ist ein Resort-Paradies auf Erden. Hier müssen Adam und Eva ihre Kindheit verbracht haben

dem alle ausgeflippt sind – weil er dabei alle großen Hits der Südsee gesungen hat. Und als Franck den nächsten ansummt, ist alles klar: „Nau Haka" heißt auf Deutsch: „Schöne Maid, hast du heut für mich Zeit …" Und so mutieren die Gesellschaftsinseln an den nächsten Tagen zu den Marshall-Inseln, denn auch „Heute hau'n wir auf die Pauke!" kommt natürlich von hier.

Die Safari mit Franck auf Bora Bora ist dann eine Expedition in den Garten Eden. Nur hier können Adam und Eva ihre Kindheit verbracht haben. Dann stoppt Franck auf einem wunderbaren Aussichtspunkt: Vor uns liegen, wie an der Perlenkette aufgereiht, die kleinen Koralleninseln, umkreist von feinsten Sandstränden. Der Atollgürtel ist zum Kneifen schön. Wir fahren vorbei an Fünf-Sterne-Resorts, deren Zimmer und Suiten auf Pfahlbauten ins Wasser hineingebaut wurden.

Am nächsten Tag ankert das Schiff vor Moorea. Es wird der schönste Tag seit der Erfindung der Landausflüge. Vor der Zauberkulisse der vulkanischen Bergkette der Vulkaninsel ankert die Paul Gauguin, Tenderboote bringen uns zunächst an Land. Dann steigen wir um in das kleine Boot von „Seafari Cruises". Stephan ist der Steuermann, Expeditionsleiter und Inhaber des Unternehmens. Vor ein paar Jahren hat er sich damit selbständig gemacht und seinen alten Job geschmissen.

„Postbeamter im Paradies – das konnte es nicht sein", erzählt er uns. Nun gehören ihm vier Ausflugsboote. In einem sitzen wir. Und drei weitere Crew-Mitglieder. Zwei davon entlässt er mit Harpunen in der Hand am Riff.

Vier Stunden später holen wir sie dort wieder ab. Aufgespießt präsentieren sie uns das Mittagessen: Mahi Mahi und andere Speisefische – Delikatessen der Südsee. Die werden an Bord des Bootes gegrillt, und dann beginnt der „Lunch des Lebens": Stephan und sein Team haben im Türkis des flachen Wassers den Tisch gedeckt. Dort wird der frisch gegrillte Fisch serviert, dazu exotische Salate, Wein, Bier, Mineralwasser. Wir nehmen auf den Stühlen im Wasser Platz. Um uns herum schwimmen Stingrays, Clownfische und auch mal ein kleiner Hai. Mehr geht nicht im Meer. Nur ein solches Foto bei Facebook, und ich verliere auf einen Schlag 500 entsetzte Freunde.

Am nächsten Abend hat die Paul Gauguin wieder im Hafen von Papeete festgemacht. Eine Woche Paradies ist vorbei. Ein letzter Landgang durch die Hauptstadt von Tahiti. Und da klingt es schon wieder, gleich aus der ersten Bar: „Nau Haka!" Wenn ich in anderthalb Tagen wieder zu Hause bin, werde ich sie sofort bei Amazon bestellen: Tony Marshalls Greatest Hits. ///

CREW UND SCHIFF: Die 1998 in Saint-Nazaire gebaute Paul Gauguin fuhr früher einmal für Regent Seven Seas Cruises

MS EUROPA 2
DIE GROSSE FREIHEIT.
SO LEGER
KANN LUXUS SEIN.
Genießen Sie höchsten Komfort und entspannten Lifestyle auf Ihrer Reise mit der EUROPA 2, dem laut Berlitz Cruise Guide 2018 besten Kreuzfahrtschiff der Welt. Dabei erwarten Sie auch auf den entlegensten Trauminseln ein Höchstmaß an individueller Freiheit und unvergessliche Erlebnisse, die unser Reise Concierge für Sie arrangiert. Fernweh geweckt? Besuchen Sie uns auf www.hl-cruises.de/auszeit
HAPAG 18 91 LLOYD
CRUISES

MEIN SCHIFF 1

DER FITNESS-CHECK

TUI CRUISES MEINT ES ERNST. DIE NEUE MEIN SCHIFF 1 VERSCHREIBT SICH DER GESUNDHEIT IHRER GÄSTE KONSEQUENT. WIR NEHMEN DIE HERAUSFORDERUNG AN

VON JOHANNES BOHMANN (TEXT & FOTOS)

GANZ SCHÖN GESUND: Frühsport mit Schärenblick auf der rund ums Heck führenden, leicht ansteigenden Joggingbahn

LEICHT UND LECKER: Ein Bestseller ist das an Bord hergestellte Artisan-Brot. Und in der „Saftwerft" gibt's frische Obstsäfte, Smoothies und Detox-Drinks

M

Melanie Kleins Reich ist 2.000 Quadratmeter groß. Sie herrscht über die Gesundheit auf diesem Schiff – und der sind jene 2.000 Quadratmeter gewidmet. So viele wie auf keinem anderen Schiff der „Wohlfühlflotte" – und wie wahrscheinlich auf wenigen anderen der Welt. Vor vier Jahren hat Melanie bei TUI Cruises angeheuert, und sie freut sich, dass ihr Job gewürdigt wird. „Für Gesundheitsbewusste", sagt sie, „ist dieses Schiff ein Traum. An den Reaktionen der Gäste erleben wir, wie gut es ankommt. Manche nutzen ihre Reise mit uns dazu, ernsthaft an einer Veränderung ihres Lebensstils zu arbeiten."

Gar so hoch soll meine Latte nicht liegen. Meine Winterkilos bin ich gerade losgeworden, und das Joggen klappt auch wieder, na ja, unregelmäßig. Aber ansonsten gefällt mir mein Lebensstil ja ganz gut. Nichtsdestotrotz: Warum die Herausforderung nicht annehmen? Vier Tage sind wir auf einem Kurztörn in der Ostsee unterwegs, von Helsinki über Stockholm nach Kiel. Vier Tage, um dem inneren Schweinehund mal ins Gesicht zu schauen. Dieses Schiff, das man eigentlich auch „Mein Schiff Sport" nennen könnte, ist dafür perfekt. Also ran an den Feind.

„Auf die BEWEI-Radiofrequenztherapie verzichte ich, ebenso auf den Cardioscan für meine Wirbelsäule, der es gut geht. Stattdessen: Saunieren, mindestens einmal am Tag. Bei der Ausfahrt aus Helsinki habe ich den Anfang schon gemacht."

Also blättere ich mit Melanie das Menü durch. Dass modernste Technologie eingesetzt werde, mit „Neugierangeboten", sei für sie ein Plus. Beispiele? Das Virtual-Reality-Vehikel „Icaros", eine Weltneuheit noch fast, in dem man VR-bebrillt sturzfliegen oder U-Boote jagen kann und dabei jeden Muskel des Körpers braucht. Dass es stimmt – dazu später. Oder das EMS-Training, bei dem leichte Stromschläge die Muskulatur entspannen, in einem feuchten Anzug. Die Vorstellung ängstigt mich – das lasse ich aus. Aber „Hypoxi", Fahrradfahren „im Vakuum"? Klingt spannend. Auf die BEWEI-Radiofrequenztherapie jedoch werde ich verzichten, ebenso auf den Cardioscan für meine Wirbelsäule, der es gut geht. Stattdessen werde ich saunieren, mindestens einmal am Tag. Bei der Ausfahrt aus Helsinki habe ich den Anfang am Vorabend schon gemacht: Durch Panoramascheiben auf Finnlands Schären zu blicken, gehüllt in nichts als Schweiß und Fichtennadelduft, kann beglücken.

Und: Ich werde joggen! Auf jener Bahn, die schon von der Pier aus ins Auge springt: 438 Meter ist sie lang, doppelt so lang wie auf allen anderen TUI Cruisern. Und ganz oben am Heck führt sie, leicht ansteigend – „6,7 Prozent", präzisiert Melanie – im weiten Bogen über die Hoheluft Bar hinweg. Gestern, die Bahn fluoreszierte geheimnisvoll, war sie *der* Spot für Pärchen-Selfies. Morgen um sechs wird sie mir gehören.

Sie gehört mir sogar ganz allein; die Mitstreiter, die feierlich zusagten, schlafen wohl doch noch. Nur zwei Nordic Walker sind aktiv – und die obligatorischen Frühschwimmer. Im 25 (!) Meter langen Pool – eine Mein-Schiff-Selbstverständlichkeit mittlerweile, auf die man dennoch nicht oft genug hinweisen kann – kraulen sie ihre Bahnen. Und derweil ziehen, im Morgenlicht wie in Pastell getupft, nach den finnischen nun schwedische Schären vorbei – wir sind in Stockholm angekommen.

Dort wartet Florian auf mich und sechs weitere Sportive: Wir werden Schwedens Hauptstadt per Bike erkunden. 35 Kilometer sollen es werden – und die Sonne strahlt dazu. Bei perfekten Bedingungen also radeln wir

FEIN GESCHLIFFEN: Im „Diamant", wie sich der Lounge-Bereich im Heck des Schiffs nennt, speist man exklusiv – und fast intim im dort zu findenden "Esszimmer" (ob.)

FLORIANS TRUPPE: Stolze 35 Kilometer legen wir auf den Trekkingbikes zurück. Dank Florians (rechts im Bild) Führung ohne Zwischenfall

BEST OF STOCKHOLM: Die Refugien der betuchten Stockholmer stehen im grünen „Djurgården". Das Schloss sehen wir pünktlich zum Wachwechsel

los, auf Trekkingbikes in TUI-Blau, bestaunen alle Sehenswürdigkeiten der Metropole, von Radshus über Opernhaus, Schloss (pünktlich zum Wachwechsel) und Vasa-Museum bis zum wundervollen Djurgården, Stockholms grüner Lunge. Florian gibt den Tourguide, Sportlehrer und Radmechaniker in einem. Und er bringt uns spätnachmittags zurück zum Schiff, wo wir unseren Radlerhunger im Bistro „Ganz schön gesund" stillen dürfen, mit Kichererbsen-Falafel und sous-vide gegarter Hähnchenbrust statt mit Pasta oder Pizza. Dazu der Smoothie „Adonis". Er zeigt allerdings keinerlei Wirkung.

Was man indes nicht sagen kann über den Parforceritt, den Coach Alex anderntags mit mir absolviert. Zum Bootcamp habe ich mich eingetragen, leichtsinnigerweise, was ich aber nicht weiß. Es findet statt in der Arena, der gewaltigen Sporthalle des Schiffs – und lässt mich 45 endlose Minuten ohne Pause springen, hüpfen, rennen, kriechen, klettern, ziehen, strecken … „Will ich denn zu den Navy Seals?", frage ich mich – aber halte durch. Bin stolz. Hab' es geschafft. Puh!

Geschafft habe ich dann auch noch – dank Seetag – das Indoor Cycling, den Vortrag „Ganz schön schlank im Handumdrehen", den „Genuss-Workshop" zum Backen des Artisan-Brots – und: den Icaros! Eine Art fliegende Untertasse, auf die man mich schnallt. Und auf der ich den VR-Bildern mehr nachstürze als -fliege – dabei alle Muskeln derart peitsche, dass ich schon bald um Abbruch bitte. Wie sagte Melanie: „Icaros dauert 20 Minuten, aber wenn man zehn schafft, ist man schon gut." Bei mir sind es exakt acht.

AIDAs NEUE nova

DIESER NEUBAU IST NICHT NUR DIE GRÖSSTE AIDA, DIE JE GEBAUT WURDE. SIE IST AUCH DAS ERSTE SCHIFF, DAS KOMPLETT MIT FLÜSSIGERDGAS BETRIEBEN WERDEN KANN. EIN WICHTIGER SCHRITT IN EINE UMWELTVERTRÄGLICHERE ZUKUNFT DER KREUZFAHRT. IM AUGUST 2018 WURDE DIESE BEI DER TAUFE IN PAPENBURG EINGELÄUTET

VON UWE BAHN

FEUER FREI: Direkt vor der Werfthalle, in der es entstand, wurde das 13. AIDA-Schiff getauft

ALLZEIT GUTE FAHRT! Käpt'n Becker und die Tauffamilie drücken den Knopf für die traditionelle Champagnerflasche

Fotos: U. Bahn (2)

ZU KLEIN für seine Show wäre das Theatrium an Bord der AIDAnova (o.) gewesen: David Guetta (u.) wollten 25.000 Fans hören. Die Tickets waren binnen Stunden vergriffen

A

Auf Kreuzfahrtschiffen gibt es meistens kein Deck 13: Seeleute sind abergläubisch. Bei Schiffstaufen ist das offenbar anders. Für ihr 13. Schiff jedenfalls hat AIDA Cruises richtig aufgefahren. Die simple Idee der Rostocker Reederei: die ausgedockte AIDAnova an ein bestehendes Musikfestival anzudocken. Die Rock-Pop-Events haben in Papenburg seit Jahren Tradition. Wenn ein Neubau vor der Werfthalle liegt und bereit ist für die Überführung durch die Ems, finden sie häufig statt.

Nun das Novum mit der nova: Erstmals wurde ein AIDA-Schiff getauft, das noch längst nicht fertig war. Und zwar dort, wo es zur Welt kam: auf der Meyer Werft. Dazu hatte AIDA Cruises den Star-DJ David Guetta verpflichtet; die 25.000 Tickets waren bereits nach wenigen Stunden vergriffen. Es hat also bestens funktioniert, und von daher ist es auch egal, ob Guetta unter „Musiker“ oder „USB-Stick“ fällt. Seine Show und die Taufe Ende August 2018 waren eine wahrlich gewaltige Light-&-Sound-Inszenierung.

Und es war zugleich ein Comeback. AIDA Cruises ist an den Ort zurückgekehrt, an dem alle sieben Schiffe ihrer so genannten Sphinx-Klasse entstanden sind. Das „Experiment Japan“ ist beendet. In Nagasaki hatte die Mitsubishi Werft die AIDAprima gebaut – und über ein Jahr zu spät abgeliefert. Mit dem Schwesterschiff AIDAperla endete dann die fernöstliche Zusammenarbeit, vermutlich für alle Zeit. Die nächsten AIDA-Großaufträge stehen jedenfalls wieder in den Büchern der Traditionswerft an der Ems. Kosten: immerhin eine knappe Milliarde US-Dollar pro Schiff.

„Helios“ heißt die neue AIDA-Schiffsklasse – und ihr erster Neubau setzt echte Maßstäbe. Zunächst, weil die nova das größte deutsche Kreuzfahrtschiff aller Zeiten ist. Über 6.500 Passagiere haben bei voller Auslastung Platz, verteilt auf eine Tonnage von 183.900 BRZ. Das ist nicht gerade ein Zeichen gegen „Overtourism“, die Überflutung von Häfen durch Kreuzfahrttouristen. Aber das Schiff setzt dafür ein Signal in Sachen Nachhaltigkeit: Es ist der Prototyp eines Kreuzfahrtschiffs, das komplett mit Flüssigerdgas, kurz LNG, betrieben werden kann. Die momentan anscheinend einzige ökologisch machbare Alternative, um das belastende Schweröl auf See und Schiffsdiesel in den Häfen zu vermeiden (s. auch S. 18). Auch mit dieser Technologie ist AIDA Pionier in Deutschland; sogar die Umweltschützer vom NABU haben das gewürdigt. In den Jahren 2021 und 2023 folgen die nächsten beiden LNG-Schiffe der Helios-Klasse; gebaut werden sie ebenfalls auf der Werft in Papenburg, die längst so etwas wie der Kreißsaal der Kreuzfahrt geworden ist.

Kapitän Boris Becker (der wirklich so heißt) wird die AIDAnova nach der

SEEBÄR MIT FAMILIENSINN: Kapitän Boris Becker (links) hat das Kommando auf der AIDAnova. In Papenburg verstand er es, nicht nur sein Schiff perfekt in Szene zu setzen, sondern auch die Taufpaten (rechts): Erstmals wurde hierfür eine vierköpfige Familie rekrutiert. Model Franziska Knuppe (im roten Kleid), im April 2009 Patin der AIDAluna, war als Ehrengast mit von der Partie

Jungfernfahrt in der Premierensaison durch die Inselwelt der Kanaren steuern. Ab April 2019 wird das Schiff dann von Palma de Mallorca aus im Mittelmeer kreuzen, bevor es zum Winter 2019/20 wieder nach Teneriffa und Gran Canaria zurückkehrt.

Aber was ist sonst noch „neu" an der „nova"? Denn nichts anderes heißt nova im Lateinischen oder Portugiesischen ja. Eine Menge, bei genauem Hinschauen: An Bord sind es vor allem einige der insgesamt 17 Restaurants, etwa das Fischrestaurant Ocean's mit seinen Multimediaprojektionen der Unterwasserwelt. Auch einige Bars sind neu, wie etwa die Tokyo Bar oder die feine Rossini Bar. Und der neue Disco-Hotspot liegt auf Deck 7 und heißt „The Cube" – der Würfel. Ganz auf Gitarren und handgemachte Livemusik setzt dagegen die Rock Box Bar gleich gegenüber. Eine David-Guetta-freie Zone sozusagen.

Groß ist die Auswahl an Kabinentypen – mehr als 6.000 Menschen wollen und sollen ja untergebracht werden. So erstreckt sich die neue Penthouse-Suite auf 73 Quadratmetern über zwei Decks, plus großzügiger privater Sonnenterrasse. Familien wohnen dagegen besser in der neuen Verandakabine Deluxe, mit kurzen Wegen zum Kids Club und der bekannten Kindererlebniswelt Four Elements. Dazu gibt es natürlich weiteres Vertrautes wie das Theatrium oder den Beachclub. Nur eben in anderen Dimensionen.

Die AIDAnova ist fast fünfmal größer als die AIDAcara, mit der die Kussmund-Kreuzfahrten anno 1996 begannen. Und wem die Menschenmassen, die die „Neue" befördert, nicht behagen, für den gibt es eine hausinterne Alternative: Im „Selection"-Programm (S. 106) fahren die drei kleinen AIDAs besondere, individuelle Routen. Mit der AIDAmira kommt Ende 2019 sogar noch ein weiteres Schiff zu dieser „Flotte in der Flotte" hinzu, mit Reisen rund um das südliche Afrika. Noch fährt es als „Costa neoRiviera". Aber bald wird es die AIDA Nummer 14 sein. ///

EUROPA TOURNEE

AUCH WENN DER AMERIKANISCHE PRÄSIDENT „AMERICA FIRST" PROKLAMIERT HAT: EINE KREUZFAHRT RUND UM EUROPA IST MEHR ALS NUR EIN BEKENNTNIS. ZWÖLF TAGE, DIE SECHS EUROPÄISCHE LÄNDER VERBINDEN. EINE EUROPA-TOURNEE MIT DER EUROPA 2

VON UWE BAHN (TEXT & FOTOS)

EUROPA 2
LYMINGTON

RUNDUM VERGLAST ist das Hafenbecken in La Coruña – mit „Miradores“, wie man die typischen Glaserker hier nennt. Sie schützen vor dem Regen, der hier häufig fällt. Wir haben Glück: Die Sonne strahlt

S

„Sie wussten nicht einmal, ob sie lebendig zurückkehren würden.“ Christian van Zwamen hat Hochachtung vor den „Kollegen“, die hier in Lissabon vor mehr als 500 Jahren in See stachen. Die Kapitäne der Karavellen waren echte Abenteurer. Sie verließen Europa, um den Seeweg nach Indien zu finden. Eine Reise ins Ungewisse, rund um Afrika – ein gewaltiges Denkmal im Lissaboner Stadtteil Belém erinnert daran. Allerdings: Die Auszeichnung „America first“ hatte den Portugiesen zuvor schon ein Mann aus Genua weggeschnappt: Christoph Kolumbus. Und nicht Donald Trump.

Für diese Kreuzfahrt aber gilt: „Europe first“. Es geht entlang des westlichen Randes von Europa. Mit der „Europa second“ von Hapag-Lloyd Cruises. Und so schlägt denn auch Kapitän van Zwamen an der Mündung des Tejo einen anderen Kurs als die Entdecker ein: gen Norden. Denn Hamburg ist das Ziel. Eine Reise ins Gewisse. Mit Zutaten für ein Abenteuer jedoch durchaus: Wenn Biskaya, Ärmelkanal und Deutsche Bucht schlechte Laune haben, dann werden Schiffe hier schon mal durchgeschüttelt.

Schon am späten Abend passiert die Europa 2 Cabo da Roca, den westlichsten Punkt des europäischen Festlandes. Keiner bekommt es wirklich mit – am Nordkap wäre das wohl anders. Erster Hafen ist das spanische La Coruña. Einst europäische Spitze im Fußball: Der dortige Club „Deportivo“ ließ sogar Real Madrid und Barcelona hinter sich – vor 20 Jahren. Heute freut sich die Stadt über 150.000 Kreuzfahrttouristen im Jahr. Eine überschaubare Zahl, die La Coruña im Vergleich zu anderen europäischen Häfen Luft zum Atmen lässt. Und die 500 Passagiere der Europa 2 verflüchtigen sich schnell in der Altstadt, die in Sichtweite des Cruise Terminals liegt.

BYE-BYE, LISSABON: Über die Tejomündung geht es hinaus. Der Lotse dreht bei, und am Horizont leuchtet die Altstadt im Abendlicht

FLOWER-POWER: Die Kanalinseln sind ein politisches Kuriosum – und ein Fest für die Augen. Hier St. Peter Port, Hauptort der Insel Guernsey

FLÄMISCHES JUWEL: Antwerpen und seine Kneipen erkunden wir zu Fuß

Die Europa 2 ist mittlerweile das siebte Schiff, das den traditionellen Schiffsnamen „Europa" trägt. Sie wurde am 10. Mai 2013 in Hamburg getauft – und ist durch und durch europäisch. Der Luxusliner von Hapag-Lloyd Cruises fährt unter der südeuropäischen Flagge Maltas und wurde im französischen Saint-Nazaire gebaut. Französisch ist auch das kulinarische Epizentrum an Bord: Das Tarragon ist das zurzeit vielleicht beste Restaurant auf einem Kreuzfahrtschiff. Eine Sensation ist die Spezialität „Steak Tartare du Chef". Das Wunderwerk zergeht regelrecht auf der Zunge. Aber auch die weiteren Gänge sind so delikat, dass der Abend bei allen Gästen mit derselben Erkenntnis endet: Die Franzosen sind zu Recht Weltmeister geworden.

Enttäuschend dagegen, was die Biskaya zu bieten hat. Auf dem Weg von Bilbao nach Saint-Malo durchquert die Europa 2 die berüchtigte Bucht. Die enttäuscht: Der Atlantik ist spiegelglatt. Kapitän van Zwamen gibt zu, dass er die Region noch nie so freundlich und zuvorkommend erlebt hat. An einem solchen Tag könnten sogar Stand-up-Paddler hier aufrecht stehen. Etwas mehr Konzentration braucht der Kapitän am nächsten Morgen. Er muss das Schiff an vielen kleinen Inseln und unzähligen Fischerbooten vorbeimanövrieren, ehe der Ankerplatz in Saint-Malo erreicht ist. Hier gaben sich vor 200 Jahren die Korsaren die Klinge in die Hand. Heute gilt für den bretonischen Hafen: Kreuzfahrt statt Kaperfahrt. Die Zeiten haben sich geändert. Auch die Gezeiten. Sie sind nirgends in Europa so extrem wie in Saint-Malo. Zwölf Meter trennen hier das Hoch- vom Niedrigwasser. Gut, dass die Europa 2 auf Reede liegt.

Der größte Luxus an Bord? Es ist der enorm großzügig bemessene Platz für die Passagiere. Was auch immer das gemeinsame Bordleben manchmal erschweren könnte – es verläuft sich alles in der Tonnage von 42.830 BRZ. Gäbe es da nicht die Sansibar im Heck auf Deck 8. Sie ist *der* Treffpunkt und auf dieser Reise einmal mehr der schönste Balkon Europas. Auch bei der Ausfahrt aus Saint-Malo, das mit seiner imposanten Stadtmauer wie eine Festung oder eine Filmkulisse wirkt. Und die endlosen Strände um Saint-Malo herum wirken gerade bei Ebbe fast karibisch.

Die Kanalinsel Guernsey gleich um die Ecke ist unser nächstes Ziel. Deren europäischer Status ist eher zwittrig, nicht nur wegen des Brexits. Guernsey ist als Kronbesitz der königlichen Familie unterstellt und nicht Teil der Europäischen Union. Ein besonderes Konstrukt – vor allem Steuerberater und ihre Klienten mögen das milde Klima. Die Passagiere der Europa 2 erleben hier den Charme von St. Peter Port. An fast jeder Ecke der sympathischen kleinen „Hauptstadt" stehen Straßenmusikanten. Sogar

FEINSCHMECKER-TEMPEL: Das Tarragon ist nicht nur das beste der sieben Restaurants an Bord der Europa 2 – es ist auch das schönste

NICHT GEPLANT war der Halt im Amsterdamer Stückguthafen. Dafür gibt's Champagner für alle

die Beatles sind schon einmal auf der Insel aufgetreten. Einer ihrer Hits hieß „Taxman" …

Die nächste Station unserer Europa-Tournee ist Antwerpen, der zweitgrößte Seehafen Europas. Der Liegeplatz an der Schelde ist perfekt, direkt vor den Toren der Altstadt. Vielfältig ist die Gastronomie, und sie liegt in Gehweite – die belgische Stadt ist für viele Passagiere der Gewinner dieser Tour. Antwerpen hat Flair. Und überall werden beste belgische Biere ausgeschenkt. Besonders originell ist die Kneipe „Elfde Gebod" in einer Seitengasse neben der Kathedrale: Ihr Inneres besteht aus Kruzifixen, Altären und Madonnen. Ein heiliger Ort, um die Trappistenbiere zu testen. Sollten es zu viele gewesen sein – ein Beichtstuhl steht sicher auch irgendwo im „Elften Gebot".

Sie ist also vielfältig, diese Tour mit der Europa 2 um Europa herum. Portugal, Spanien, Frankreich, Belgien – und weiter in die Niederlande, die uns am nächsten Tag allerdings mit dem einzigen „Schönheitsfleck" dieser Reise erwarten – im wahrsten Sinne. Der Liegeplatz befindet sich weit außerhalb von Amsterdam, mitten im Stückguthafen. So sind keine Grachten in Sichtweite, sondern nur Lagerhallen, Gabelstapler und Kräne. Freihandel in der Europäischen Union, hautnah zum Anfassen. Der Leitung des Schiffs ist das spürbar unangenehm – am Abend gibt es Champagner satt. Das Leeren von genügend Gläsern macht zwar aus Nutzfahrzeugen keine Naturstrände, aber die Crew versucht, alles rauszureißen.

Dafür wird die Fahrt nach Hamburg zelebriert. Die Europa 2 fährt die Tagespassage auf der Nordsee und erreicht zum Sonnenuntergang Blankenese. Die Einfahrt in den Hafen, vorbei an Fischmarkt, Landungsbrücken und Elbphilharmonie, ist wieder einmal die vielleicht schönste in ganz Europa. Überall am Ufer stehen Menschen und winken. Nirgends wird die Kreuzfahrt so gefeiert wie in Hamburg. Europe first – das gilt auch für die Hansestadt. Kein schlechtes Ziel also für diese „Europa-Tournee". ///

EUROPÄER UNTER SICH: 370 Crew-Mitglieder kümmern sich um 500 Gäste. Auf wenigen Schiffen machen sie es so perfekt wie hier

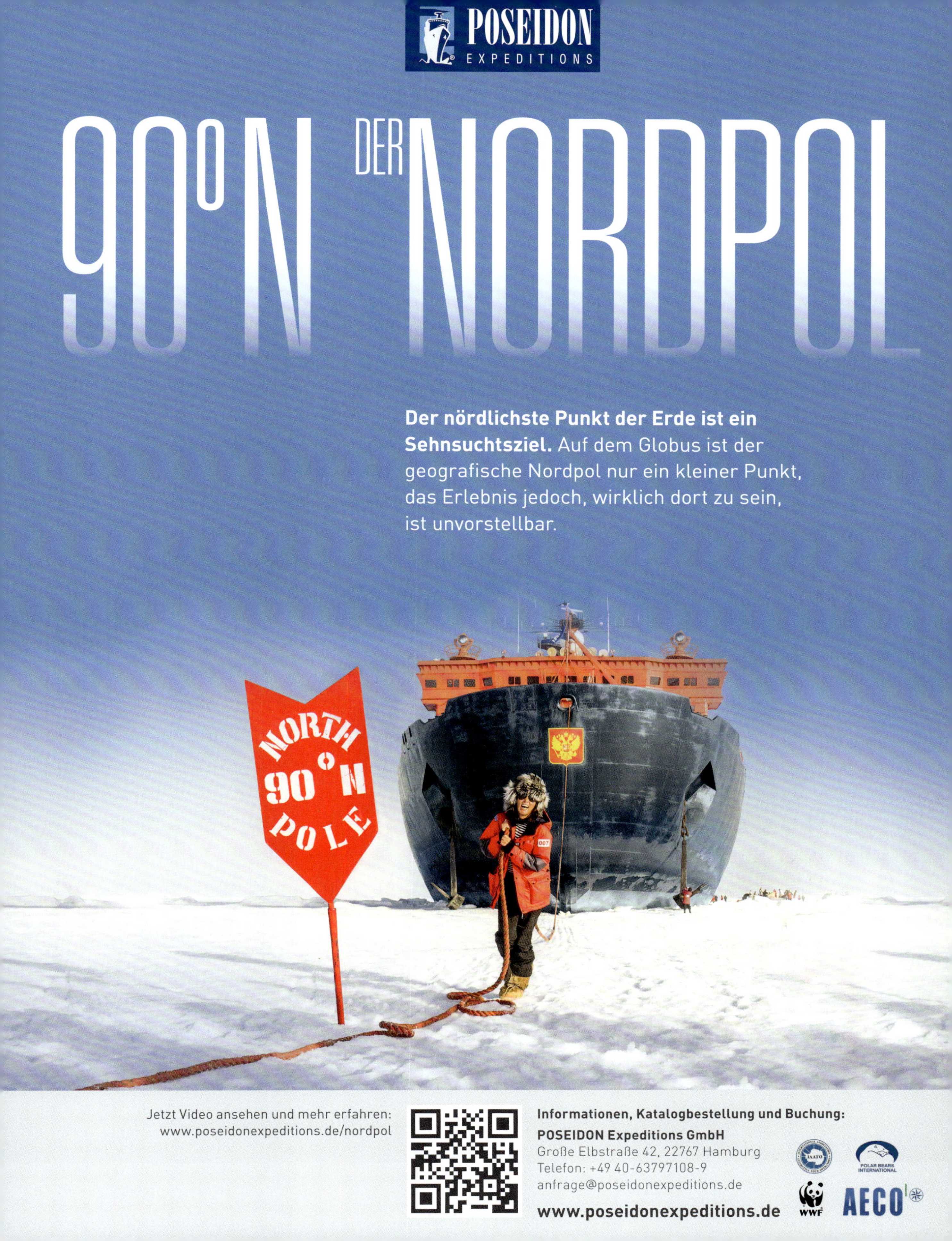
POSEIDON
EXPEDITIONS
90°N DER NORDPOL
Der nördlichste Punkt der Erde ist ein Sehnsuchtsziel. Auf dem Globus ist der geografische Nordpol nur ein kleiner Punkt, das Erlebnis jedoch, wirklich dort zu sein, ist unvorstellbar.
NORTH
90°N
POLE
Jetzt Video ansehen und mehr erfahren:
www.poseidonexpeditions.de/nordpol
Informationen, Katalogbestellung und Buchung:
POSEIDON Expeditions GmbH
Große Elbstraße 42, 22767 Hamburg
Telefon: +49 40-63797108-9
anfrage@poseidonexpeditions.de
www.poseidonexpeditions.de
IAATO
POLAR BEARS INTERNATIONAL
WWF
AECO

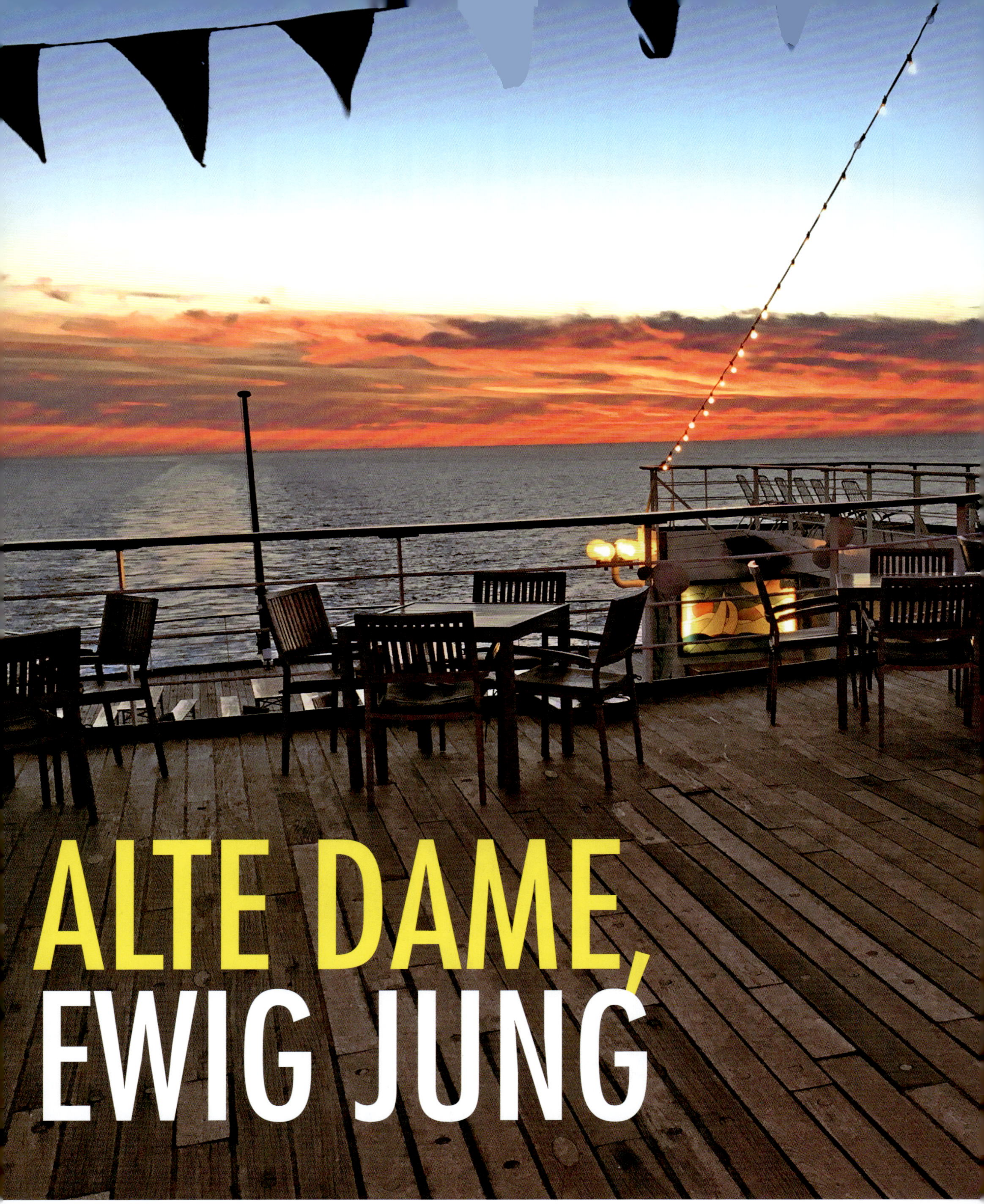

ALTE DAME, EWIG JUNG

NOCH EINE ALTE BEKANNTE: Die „Lille Havfrue" zu besuchen ist in Kopenhagen Pflicht

EIN KLASSIKER WIE WENIGE ANDERE: SEIT 1987 IST DIE ASTOR NUN SCHON MIT DEUTSCHEN KREUZFAHRERN UNTERWEGS. NACH EINEM INTERMEZZO IN GROSSBRITANNIEN IST SIE NUN WIEDER GANZJÄHRIG FÜR DEUTSCHE GÄSTE BUCHBAR

VON JOHANNES BOHMANN (TEXT & FOTOS)

SÜSSE BEGRÜSSUNG: Mit Pralinés aus der Bordkonditorei wird der Gast empfangen. Klares Signal: Das Essen wird gut wie immer sein

A

An der Kieler Förde wurde sie vor über 30 Jahren gebaut. Ein paar Jahre hieß sie Fedor Dostojewski – danach, 1995 war das, wurde sie von Marie-Luise Marjan („Mutter Beimer") ein zweites Mal auf Astor getauft. Lange hatte sie eine Schwester namens Astoria. Und umfassend renoviert wurde sie zuletzt 2010. Stolze 16 Millionen Euro steckte der damalige Eigner, die Premicon AG, dabei in die alte Lady; die großen Suiten vorn auf Deck 6 sind, neben vielem anderen, das Ergebnis. Balkone standen auch auf der Wunschliste, doch dazu kam es leider nicht.

Denn die Zeiten waren turbulent, damals im Schiffsfondsgeschäft – die Astor hat sie jedoch überlebt. Zwar zog Premicon sich zurück, aus TransOcean Tours wurde TransOcean Kreuzfahrten – doch mit fremder Hilfe gelang ein Neustart: 2014 übernahm Cruise & Maritime Voyages (CMV) aus London die Astor und ließ sie mit britischen Gästen im Winter vor Australien und im Sommer in Europa schippern, wo sie deutschen Fans wenigstens für ein paar Monate erhalten blieb. Offenbar hat die CMV-Mutter, die Global Cruise Lines aus Athen, damit eine glückliche Hand gehabt: Seit 2018 ist die Astor wieder ganzjährig zurück im deutschen Markt, beworben mit dem Slogan „Höchst persönlich". Was besagt: Dieses auf wohltuende Weise altmodische Schiff versteht sich als Gegenentwurf zur Anonymität moderner Riesenkreuzer – und es fährt damit gut. Gesteuert von griechischen Kapitänen, mit griechischem Olivenöl im Bordshop, erzeugt im privaten Hain des Athener Eigners, und mit aktuell 26 weiteren Nationalitäten in der Crew. Der Küchenchef zum Beispiel ist Inder, der Schiffsarzt Ukrainer, Cruise Director und Hotelmanager sind Deutsche.

An einem „Schönen langen Wochenende", so der Titel der Reise, wollen wir der alten Bekannten wiederbegegnen. Von Kiel geht es nach Kopenhagen und Warnemünde und durch den Nord-Ostsee-Kanal nach Bremerhaven. „Con-

VIEL PLATZ: Am Heck (Mitte) gibt es über drei Etagen Außenplätze – mit Teakholz unter den Füßen. Unten: an der Pier in Warnemünde

MS EUROPA 2
DIE GROSSE FREIHEIT.
SO LEGER
KANN LUXUS SEIN.
Erleben Sie ein Höchstmaß an persönlichem Freiraum und Komfort sowie perfekten Service an Bord der EUROPA 2. Mit dem laut Berlitz Cruise Guide 2018 weltbesten Kreuzfahrtschiff reisen Sie entspannt zu den schönsten Orten der Welt. Fernweh geweckt? Besuchen Sie uns auf www.hl-cruises.de/freiheit
HAPAG 18 91 LLOYD
CRUISES

NOSTALGIE, DIE PASST:
In Kopenhagen führt ein Ausflug zum Tivoli – Jahrmarktgefühle wie dazumal

CHARMANTES FUNDSTÜCK:
In Warnemünde gibt's Kunst aus dem Automaten – entdeckt am „Alten Strom"

quest of Paradise" ertönt beim Auslaufen in der Förde. So war's immer schon.

Und immer schon antworteten Gäste der Astor auf die Frage „Warum dieses Schiff?" Weil es so gemütlich ist! Weil man Freunde trifft! Weil man weiß, was man bekommt! Die Klaviermusik zum Kaffee, das Quiz mit Annika, die Shuffleboard-Runde mit Erik, den Dämmerschoppen „mit dem besten Bier der Welt, dem Freibier" … Und abends, nach gediegenem Speisen im Waldorf Restaurant oder im Übersee-Club-Buffet, die Tanzmusik des Show-Ensembles oder die Revue „Einmal um die ganze Welt" in der großen Astor Show-Lounge.

Überhaupt, der Platz: Er ist reichlich vorhanden, an Deck, in den öffentlichen Räumen, in den Kabinen – und alles ist fast unfassbar gut gepflegt. Gutbürgerlich darf man das Publikum nennen, das solches goutiert: reifere Jahrgänge, adrett gekleidet, nicht nachlässig, aber auch nicht aufgebrezelt. Und wenn das Waldorf um 18 Uhr öffnet, bilden sich zuverlässig ab 17.30 Uhr die Schlangen. Zuverlässig wird auch dies beibehalten: In den Sitzecken vorm Captain's Club darf man nach Herzenslust rauchen!

Ein Schiff, wen wundert's, das enorm viele Stammgäste hat. Rund 3.000 Mitglieder hat der Repeater-Club Columbus; auf manchen Reisen sind drei von vier Gästen darin registriert. Auf diesem Törn ist eine 81-Jährige dabei, die 41 Astor-Reisen erlebt hat – und ergo im Restaurant den eigenen Stuhl stehen hat. Solchen Fans schenkt die Astor ihr Herz. Den vielen Alleinreisenden auch, die naturgemäß dabei sind: Sie zahlen nur bis zu 25 Prozent Aufschlag, auf manchen Reisen gar keinen. Und zielgruppengerecht sind auch diese Astor-Institutionen: das Hospital, das auch Dialysepatienten das Reisen ermöglicht, die Wellness-Oase, der Friseursalon – und, charmantes Relikt, das Bügelzimmer ganz unten im Schiff!

Traumurlaub unter Segeln
STAR CLIPPERS
Bis zu 20% Frühbucherermäßigung bei rechtzeitigem Buchungseingang
ROUTEN
Asien • Karibik • Panamakanal • Mittelmeer • Ozeanüberquerungen
STAR CLIPPERS
Traumurlaub unter Segeln
NEU
Den neuen Hauptkatalog November 2018 - März 2020 mit vielen Informationen können Sie ab sofort bei uns anfordern.
25 JAHRE
STAR CLIPPERS KREUZFAHRTEN
& MEER
STAR CLIPPERS
KREUZFAHRTEN
Ihr Marktführer für Segelreisen mit Kreuzfahrtkomfort
Beratung und Buchung in Ihrem Reisebüro oder bei:
STAR CLIPPERS KREUZFAHRTEN GMBH
Gebührenfreie Hotline: 00800 / 78 27 25 47 · info@star-clippers.de · www.star-clippers.de

ALTE PRACHT: An der Plaza de San Juan erinnert Cádiz an den Glanz vergangener Tage. Rechts: Ein Hotspot in Málaga ist die Bar Casa Lola

TAPAS-TÖRN

DIE BESTEN TAPAS-BARS ZWISCHEN MÁLAGA UND SEVILLA – DEM WIDMEN SICH DIE LANDGÄNGE DIESER KREUZFAHRT ENTLANG DER COSTA DEL SOL UND DER ALGARVE. AUCH DAS SCHIFF IST EIN BESONDERES: GERADE MAL 42 PASSAGIERE HABEN PLATZ AUF DER KLEINEN HARMONY G VON VARIETY CRUISES

VON UWE BAHN (TEXT & FOTOS)

DREHSCHEIBE DER COSTA DEL SOL: Im Hafen von Málaga (links) startet unser Törn mit der Harmony G

H

„Harmony G?" Der spanische Taxifahrer runzelt die Stirn. Nie gehört. Sonst kennt er sie alle, die bekannten Verdächtigen. Costa, MSC, AIDA. Die liegen draußen am großen Terminal von Málaga. Aber ein Kreuzfahrtschiff mit nur 21 Kabinen? Ein Spanier in einem gelben Leibchen ist die Rettung, er weist uns den Weg. Die Harmony G hat direkt vorn am Hafenbecken festgemacht, neben dem Fährterminal. Sie sieht eher aus wie eine Privatyacht. Über die leicht klapprige Gangway betrete ich das Schiff. Das Zuhause für eine Woche. Die Orientierung geht schnell: Oben das Sonnendeck, darunter das Upper Deck mit der Lounge und den Außenplätzen, auf denen der dumpfe Motor eindeutig zu laut dröhnt. Darunter das Main Deck mit dem Restaurant, der Minirezeption und der Marina zum Ausbooten mit den Schlauchbooten. Eine Etage tiefer das Lower Deck. Die Kabinen sind auf diese drei Decks verteilt. Das war's.

Am Abend gehe ich durch die Altstadtgassen Málagas. El Pimpi ist die Pflichtstation, die legendäre Bodega der Stadt. Sie ist auch das Stammlokal von Antonio Banderas, dem nach Picasso zweitberühmtesten Sohn der Stadt. Aber dann bleibe ich doch vor der Casa Lola stehen. Vor dem Eingang der Tapas-Bar hat sich eine lange Schlange gebildet. So viele Menschen können sich nicht irren. Ich reihe mich ein und bekomme nach einer halben Stunde einen der acht begehrten Außenplätze direkt an der Calle Granada. „Sei kein Macho, trink Gazpacho!" Der Kellnerspruch hat mich überzeugt. Dazu ein paar Pintxos, diese kleinen belegten Baguette-Häppchen, und ein Glas Rosado. Oder zwei. Der Tapas-Törn kann beginnen.

Am nächsten Morgen ein erstes Beschnuppern mit den anderen Passagieren. Das Schiff ist nur zur Hälfte gefüllt, wir sind 21 Personen. Die meisten davon kommen aus den USA. So wie Joey. Er ist Ende 60, hat mit Rentenfonds das Geld für seine eigene Rente verdient. Wie ein Rentner sieht er nicht aus: Joey hat die längsten Haare an Bord und kommt aus L. A. „Ich war damals in Woodstock dabei", erzählt er mir. Zum perfekten Outfit fehlt nur die Blume im Haar. Außerdem spielt Joey Drums in einer Woodstock-Tribute-Band. Das passt doch: 2019 feiert das Festival 50-jähriges Jubiläum.

Unser nächster Hafen heißt Puerto Banús, die Harmony G liegt auf Reede. Mit Zodiacs werden die Passagiere an Land geshuttelt. Ich nehme dort für 1,18 Euro den Linienbus nach Marbella. Nicht auf den Spuren von Schicki und Micki, die historische Altstadt soll es sein. Und natürlich Tapas. In vielen Restaurants in der weiß getünchten „Old Town" kleben die Bewertungen von TripAdvisor. Die User-Reviews des Internetportals sind zur gängigen Währung für Qualität geworden, trotz Fake-Gefahr. Mein Smartphone mit der Trip Advisor-App wird zur Wünschelrute. Und so spüre ich in einer steilen Seitengasse das El Patio de Mariscal auf. Können fast 2.000 Bewertungen mit exzellenten Votings völlig danebenliegen? In

SONNE DES SÜDENS: In Sevilla (o.: Calle Mateos Gago) ist es im Sommer sehr heiß. Ein Mittel dagegen: kalte Gazpacho

ARIE FÜR DIE GÄSTE: Im Patio de Mariscal in Marbella zeigt die Köchin ihr künstlerisches Talent

diesem Fall liegen sie richtig: Die spanischen Speisen sind raffiniert und leicht, der Salat mit Ziegenkäse und Honig ist wirklich lecker. Als dann die Köchin im Patio nach getaner Arbeit noch eine Arie singt, ist das Gesamterlebnis perfekt. Mailänder Scala in Marbella. Restaurantbesitzer Juan Mariscal kennt seine Klaviatur. Und TripAdvisor.

Wieder an Bord der Harmony G, treffen wir uns alle bei Nikolaos auf der Brücke. „Open Bridge", wie es auf kleinen Schiffen heißt. Der griechische Kapitän erklärt seine Armaturen, neben denen ein gut gefüllter Aschenbecher steht. Wir nehmen Kurs auf Gibraltar. Das Wasser ist seicht und spiegelglatt, und ich darf an der Bugspitze den Leonardo DiCaprio mimen. Woodstock-Joey erzählt mir, dass „Riders on the Storm" von den Doors der ultimative Soundtrack für die See sei. Ein paar Stunden später haben wir den Song – und Joey trägt ein Pflaster hinterm Ohr. Es werden unruhige Stunden, die sich erst legen, als wir in den Fluss Guadalquivir einbiegen.

Das große Plus der kleinen Schiffe: Sie können fast bis ins Zentrum von Sevilla fahren. Die Stadt empfängt uns mit 39 Grad im Schatten. Es fehlt die frische Meeresbrise – 50 Kilometer sind es bis zur Küste. Dafür ist Sevilla ein Schatz. Wer Architektur und Kultur liebt, findet sie hier geballt. Und es ist ein Eldorado für Tapas-Touristen. In der Calle Mateos Gago reiht sich eine Bar an die andere. Die Bodega Santa Cruz ist eine Institution. Der Verzehr wird mit Kreide auf den Tresen geschrieben. „Schwamm drüber" gilt hier erst bei „La cuenta, por favor". Heute ist die Stimmung in der Bodega besonders, denn auf dem Fernseher flimmert Fußball. Der FC Sevilla schlägt Real Madrid mit 3:0. Die Harmony G verlässt eine glückselige Stadt.

Am nächsten Abend dann Cádiz. Nur vier Stunden Zeit, also Tapas auf die Schnelle: eine Portion „Jamón Ibérico" im Feinkostladen El Cicuco auf die Hand. Hier an der Plaza de San Juan de Dios beginnt das Gassengewirr von Cádiz. Durch das irrt Joey – hoffnungslos verloren. Zwei selbstlose Studenten schleppen ihn schließlich zu einem Taxi, das ihn in letzter Minute zum Terminal bringt. Dann legen wir ab und erreichen am nächsten Tag Portimão in Portugal – das Ende der Reise.

Die Griechen von Variety Cruises haben ihre Nische gefunden. Ihre acht kleinen Kreuzfahrtschiffe sind nicht perfekt, aber sie haben Flair und Herz. In familiärer Runde sitzen wir zum Abschiedsbarbecue auf der Harmony G. Es gibt „griechische Tapas": Souflaki, Zaziki und Auberginen. ///

VARIETY CRUISES ÜBER:
SeaTravel
Telefon +49 40 37 41 23 55
E-Mail: info@seatravel.de
Web: www.seatravel.de

Seit über 40 Jahren
Ferien mit
Member of Quality Group
PHOENIX
REISEN GMBH BONN
Der Prospekt "MS Amera 2019" erscheint Anfang November 2018, der Hauptkatalog "Seereisen 2020" Mitte Dezember 2018.
PHOENIX magazin
Vorfreude auf die Prinzessin
MS AMERA Spezial
Neue Norwegen-Routen
Wunder der Welt
WILLKOMMEN AN BORD -
WILLKOMMEN ZU HAUSE!
NEU bei Phoenix – MS Amera
SEEREISEN 2019
Willkommen an Bord – Willkommen zu Hause!
Amadea • Albatros • Artania • Deutschland
FLUSS & KÜSTEN 2019
Willkommen an Bord – Willkommen zu Hause!
ORIENT 2019
KULTUR & BADEN
Ägypten • Marokko • Tunesien • Israel
Jordanien • Türkei • VA Emirate/Oman
Persien • Kaukasus • Zentralasien • Indien
In Ihrem Reisebüro finden Sie diese Kataloge für Ihren Urlaub mit Phoenix Reisen!
Internet: www.PhoenixReisen.com • Telefon: (0228) 9260-200

GANZ NAH DRAN auf den neuen Expeditionskreuzern von Hapag-Lloyd – dank gläserner Balkone im Eis und dank Zodiac-Erkundungen am Amazonas

F

Fünf bei PONANT (einer davon ein Eisbrecher!), vier bei Hurtigruten, drei bei Hapag-Lloyd, außerdem die Hondius, die Celebrity Flora, die Coral Adventurer … Und mit der Scenic Eclipse springt sogar ein Flussreisen-Veranstalter auf den Zug auf: Scenic aus Sydney (S. 100). Kein Zweifel also: Die Expedition boomt – für sie wird gebaut wie nie zuvor. Denn die Nachfrage, so heißt es, sei größer als das Angebot. Und die Klientel nicht nur groß, sondern auch solvent genug, um bis zu 1.000 Euro pro Nacht zu zahlen, die eine Expedition nun einmal kostet. Es seien Reisende, die schon alles gesehen hätten. Und die vom Schiff den Luxus des letzten echten – wenn auch wohlbehüteten – Abenteuers erwarten. Ein Gefühl, wie es keine goldene Rolex und kein Maßanzug aus der Savile Row bieten können. Auch Statussymbole wandeln sich …

Oder ist es einfach nur ein Gegentrend? Zu jenen „Big Ships", die seit dem Start der Oasis of the Seas anno 2009 alle Aufmerksamkeit auf sich zogen? Die mit Passagierzahlen von nun über 7.000 das Schiff zum Funpark zur See gemacht haben, so dass es selbst zum Ziel der Reise wurde, anstelle der angelaufenen Häfen? Bestimmt spielt das mit hinein. Bei „Small Ships", zu denen ja nicht nur die Expeditionskreuzer zählen, sondern auch Warmwasser-Yachten à la SeaDream, Seabourn oder demnächst auch die Ritz-Carlton Yacht Collection, ist nicht das Schiff das wichtigste Ziel, sondern – wieder, möchte man sagen – die Destination, die es anläuft.

EXPEDITION AHOI!

NEUBAUTEN IM DUTZEND: SCHIFFE, DIE ABENTEUER VERSPRECHEN, SCHEINEN GEFRAGTER DENN JE. WIE GEWOHNT FAHREN SIE INS EIS UND AN DEN AMAZONAS – ABER NICHT MEHR AUSSCHLIESSLICH

VON JOHANNES BOHMANN

MEILENSTEINE: Hurtigrutens Roald Amundsen (o. links bei der ersten Erprobungsfahrt; rechts das Pooldeck) startet 2019 als erstes Hybrid-Expeditionsschiff der Welt. Und als „ersten Luxuseisbrecher der Welt" kündigt PONANT die Commandant Charcot an (u. links). 2021 soll sie fertig sein

Und die soll, bitte schön, so entlegen wie möglich sein. Was vor allem heißt: Ins Eis muss es gehen, zu den überhaupt nur per Schiff zu erreichenden Eisbären hüben und den Pinguinen drüben. Das war bei den Champions der Expedition, von der Bremen über die Fram bis zur Silver Discoverer, schon immer so und ist es auch weiterhin. Dass neben der Nordwest- nun auch die Nordostpassage rund um Sibirien auf der „Bucket List" steht, macht der Klimawandel möglich. Ein Schelm, der Böses dabei denkt …

Und doch erblickt man, wenn man genauer hinschaut, auch erfreuliche Veränderungen. Nicht mit dem Amazonas oder den chilenischen Fjorden – die waren schon immer Expeditionsstandard. Wohl aber mit den Azoren und den Kapverden, mit den Great Lakes Nordamerikas, mit den Westküsten Irlands und Schottlands, die Hapag-Lloyds Hanseatic inspiration und Hanseatic nature besuchen werden. Sogar eine viertägige „Expedition" zu den Friesischen Inseln ab/bis Hamburg ist dabei: Es dürfte spannend werden, wie die Hamburger dieses Abenteuer gestalten. Ähnliches bei PONANT: Bei den Franzosen stehen Südsee und Ferner Osten hoch im Kurs. Papua-Neuguinea, die Molukken, außerdem Japan, China und Vietnam sollen die neuen Explorers erkunden – „intensiv", d. h. mit langen Hafenaufenthalten und bei einer Größe von maximal 184 Passagieren in fast familiärem Ambiente. Darauf also darf man sich freuen: Im kleinen Kreis werden solche „Once in a Lifetime"-Erlebnisse zu Reisen unter Freunden.

NOCH NÄHER DRAN sollen Gäste der Scenic Eclipse kommen: Das Schiff hat ein eigenes U-Boot dabei …

Und dass man es ernst meint mit dem Versprechen, dabei Außergewöhnliches nicht nur zu betrachten, sondern auch zu verstehen, ist ebenfalls Teil des neuen Luxusverständnisses: Neues lernen zu dürfen, so könnte man es fast sagen, kann auch ein Luxus sein. Auf den Hapag-Lloyd-Neubauten jedenfalls soll deshalb die „Ocean Academy" ein echtes Highlight an Bord werden: eine interaktive Wissenslounge, in der man rund um die Uhr lernen und staunen darf. Wie auch, ganz hautnah, vorn am Bug: Auf dem Decksumlauf dort steht man am vordersten Punkt des Schiffs, vor sich nur die Natur. Und ist dabei näher dran am Eis – oder den Robbenbänken der Friesischen See – als der Kapitän selbst. ///

IRISCHES DOPPEL

DUBLIN UND BELFAST SIND DIE BEIDEN WICHTIGSTEN HÄFEN IRLANDS. AUCH SIE PROFITIREN VOM AKTUELLEN KREUZFAHRTBOOM. BELFAST IST ZUDEM AUF EWIG MIT DER TITANIC VERBUNDEN: HIER WURDE SIE GEBAUT. UND DUBLIN STEHT VOR ALLEM FÜR EINES: MUSIK

VON UWE BAHN (TEXT & FOTOS)

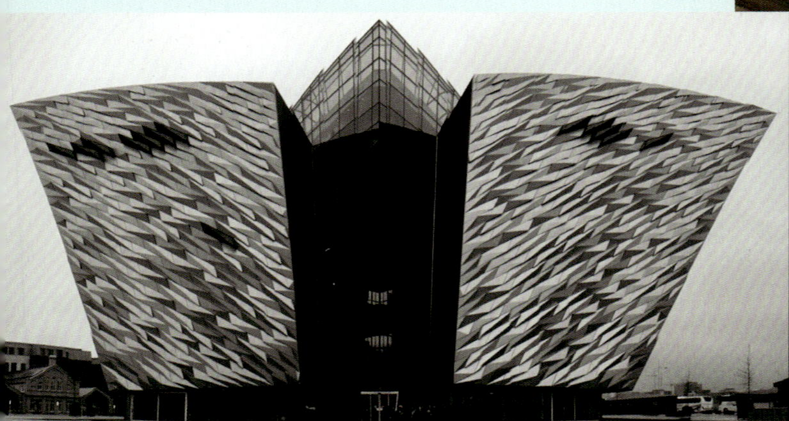

MIT 27 METERN ist die Ausstellung „Titanic Belfast" exakt so hoch wie das Schiff, um das es geht

20 RETTUNGSBOOTE hatte die Titanic. Eines von ihnen ist heute in Belfast zu besichtigen

B

BELFAST. „She was alright when she left here“, lese ich auf dem Plakat. Der Slogan steht an vielen Stellen der Stadt. Er ist Belfasts Bekenntnis zu dem Schiff, das hier auf der Werft Harland & Wolff gebaut wurde. Als die Titanic am 2. April 1912 Belfast verließ, war sie also intakt. Dem ist so. Zwölf Tage später setzte Captain Edward John Smith sie gegen den Eisberg im Nordatlantik. Der Rest ist Geschichte. Ein Drama, das für Belfast lange ein Trauma war.

Heute teilt die Stadt die Titanic-Tragödie mit der Welt. Genau an der Stelle, an der das Schiff gebaut wurde, steht seit 2012 das „Titanic Belfast“: eine interaktive Erlebniswelt, für die das Wort „Museum“ fast eine Beleidigung ist. Über fünf Millionen Besucher haben hier bisher die Belfaster Schiffbaugeschichte und die Entstehung der Titanic nacherlebt. Das Gebäude ist mit 27 Metern exakt so hoch wie die Titanic vom Kiel bis zur Brücke. Es sieht aus, als würde der Bug eines riesigen Schiffs einen Eisberg spalten. Die Symbolkraft setzt sich im Inneren fort. Es scheinen keine Etagen zu sein, sondern Decks, verziert mit Stahlplatten, wie sie auch für die Konstruktion der Titanic benutzt wurden. Die Fahrt im Aufzugkäfig simuliert, wie hoch das Baugerüst in der Werft war. Der Lärm, die Stahlglut und die künstliche Hitze lassen erahnen, dass die Werftarbeit bei Harland & Wolff alles andere als eine „Erlebniswelt“ war. 10.000 Menschen waren in Lohn und Brot; die Reederei White Star Line gab drei Schiffe der Olympic-Klasse hier in Auftrag. Der

TEMPLE BAR heißt Dublins berühmtes Livemusik-Viertel. Erinnerungen an große Bands gibt's im Irish Rock 'n' Roll Museum – zum Beispiel den Bass von Thin Lizzy

Blick aus dem Fenster auf den Bauplatz ist fast gespenstisch. Mit Farbe sind die Umrisse der Titanic und ihres Schwesterschiffs Olympic eingezeichnet. Wie die Markierung einer gerade abtransportierten Leiche in einem TV-Krimi.

Nur wenige Hundert Meter Luftlinie entfernt liegt der Kreuzfahrtterminal von Belfast. Auch die Kreuzfahrtschiffe von heute befahren den Lagan – den Fluss, in den die Titanic beim Stapellauf eintauchte. In diesem Jahr sind es 117 Schiffe, mehr als 200.000 Kreuzfahrtpassagiere besuchen 2018 Belfast. Und finden weitere Spuren des Unglücksliners in der Stadt: Die ehemaligen Räume des Headquarters von Harland & Wolff sind seit 2017 das Titanic Hotel. Im großen Zeichenbüro, in dem einst die Titanic auf dem Papier entstand, werden jetzt Cocktails serviert. Auf Eis! Aus dem Titanic-Trauma ist der Titanic-Tourismus geworden. Und Belfast boomt – wie die Kreuzfahrt.

DUBLIN. Schon mein erster Besuch 1988 in dieser Stadt galt der Musik. Ich war beim „Grand Prix Eurovision de la Chanson", wie der ESC damals noch hieß. Und es gewann eine junge Sängerin namens Céline Dion für die Schweiz. Jene Frau, die knapp zehn Jahre später als Weltstar „My heart will go on" sang, die Hymne aus dem „Titanic"-Film. So schließt sich der Kreis zur irischen Insel.

Genau zur selben Zeit hatte eine Band aus Dublin mit dem Album „The Joshua Tree" den Rockgipfel der Welt erklommen: U2. Und nun sitze ich im Clarence Hotel, und der Hotelmanager Michael O'Connor erzählt mir, ich hätte Bono knapp verpasst. Gestern saß er hier an der Bar. Der Sänger von U2 hat das Hotel zusammen mit seinem Gitarristen The Edge im Jahre 1992 gekauft. Manager Michael kommt selbst aus der Musik, hat jahrelang mit Johnny Logan gearbeitet, der ja zweimal den „Grand Prix" für Irland ersungen hat. Natürlich sind U2 ein anderes Kaliber.

Nach einer Fahrstuhlfahrt und ein paar Stufen erreichen wir die U2-Penthouse-Suite und die Dachterrasse des Clarence Hotels. Hier oben hat die Band „Beautiful Day" für „Top of the Pops" eingespielt. Der YouTube-Clip auf Michaels iPhone belegt es. Der Fluss Liffey, der direkt vor dem Hotel entlangfließt, war umsäumt von Menschenmassen.

Die strömen heute täglich an der anderen Seite des Hotels entlang, durch das berühmte Viertel Temple Bar. Dort stehen schon mittags irische Barden auf der Bühne und singen feuchtfröhlich Traditionelles. „Dirty Old Town" klingt aus jedem zweiten Laden hier. Passagiere der Hamburg und der Mein Schiff 3 können auf ihren Landgängen mitfeiern. Die beiden deutschen Kreuzfahrtschiffe stehen in der Liste der 157 Schiffsanläufe für Dublin in diesem Jahr.

Auf musikalische Spurensuche geht es im Irish Rock 'n' Roll Museum. Van Morrison, Thin Lizzy oder Enya sind nur drei der prominenten „local heroes" dort. Irlands Musik ist weit mehr als nur „Wild Rover" in den Pubs. Keiron Black, Szenekenner und selbst Musiker, fördert in seiner „East Side Tavern" neue Bands des Landes, die U2s von morgen. Wer es geschafft hat, spielt dann in Läden wie dem Olympia vor 2.000 Leuten.

U2 kommen Ende des Jahres in ihre Heimat, haben bereits viermal die große 3Arena mit insgesamt 52.000 Tickets ausverkauft. Aber vielleicht geben sie ja noch eine Zugabe. Auf der Dachterrasse des Clarence Hotels.

HAVANNA, STADT DER KONTRASTE

Manche Orte ziehen einen sofort in ihren Bann – Havanna gehört definitiv dazu. Schon bei der Ankunft im Hafen (oben) beginnt das Staunen. Über eine Stadt voller Kontraste, über Häuser und Straßen wie aus einer anderen Zeit – und über die ansteckende Fröhlichkeit der Menschen. Wo sonst legen Freunde, die sich auf der Straße treffen, spontan ein Tänzchen ein? Wo sind die Musik und die Liebe zu ihr so spürbar wie hier? Natürlich, der Tourismusboom, den Kuba derzeit erlebt, verändert vieles. Und Schiffe wie die Veendam (gr. Foto rechts) erscheinen vielen Kubanern noch wie Wesen aus einer anderen Welt. Wie winzig sind dagegen ihre Fahrradtaxis! Wenigstens ein Stück weit sollte man mit ihnen Kubas Hauptstadt erkunden.

LA VIDA KUNTERBUNT

KURS KARIBIK MIT DER VEENDAM VON DER HOLLAND AMERICA LINE! ZU ERLEBEN GIBT ES: EINE KUNTERBUNTE WELT, GEWÜRZT MIT EXOTISCHEN GERÜCHEN, PULSIERENDER MUSIK, KULINARISCHEN JUWELEN … UND MIT LEBENSFROHEN MENSCHEN

VON SVENJA PETERS (TEXT & FOTOS)

PASTELL AM PRADO

In der Altstadt hat Havanna sich herausgeputzt – ein paar Straßen weiter sieht das Bild oft ganz anders aus. Doch hier am Paseo del Prado, der einmal das Vorbild für die „Ramblas" in Barcelona gewesen sein soll, regieren die Farben. Pastelltöne stehen dabei hoch im Kurs! An den Fassaden ebenso wie beim Lack für die geliebten Oldtimer, die – man glaubt es kaum – tatsächlich das Straßenbild in Havanna prägen.

„Vom Boot springen wir ins glasklare Wasser – und wollen gar nicht wieder raus.“

TÜRKISES PARADIES – VON CIENFUEGOS HINÜBER ZU DEN CAYMAN-INSELN

Von der Hauptstadt in die Provinz: Die Veendam besucht Cienfuegos an Kubas Südküste. 150.000 Einwohner zählt die Stadt – die aber weltentrückt verschlafen wirkt, trotz malerischer Kolonialbauten (links oben) und interessanter Museen. Das Taxi bringt uns an diesem Tag zum Strand „Playa Rancho Luna“ (links unten), wo in einfachen Hütten unter Palmen typisch kubanisches Essen serviert wird – ein Genuss! Tags darauf dann: die Cayman-Inseln mit dem „Seven Mile Beach“ (rechts oben), einem endlosen, fast perlweißen Band, das zum langen Barfußspaziergang verlockt. Und dann geht es mit dem Ausflugsboot, spontan gebucht in Georgetown, der „Hauptstadt“ der Caymans, hinaus in die türkisfarbene Pracht. Vom Boot springen wir ins glasklare Wasser – und wollen gar nicht wieder raus …

„Keep your crew happy, so everyone is happy.“ Colm Ryan, Kapitän

UNSER SCHIFF – DIE VEENDAM

1.350 Gäste, 1996 gebaut, 2012 umfassend renoviert, knapp 60.000 BRZ – das sind die „Key Facts" zur Veendam, unserem Schiff. Und: Aus 28 Nationalitäten besteht die Crew! Wie bringt man solche Vielfalt zum fast familiären Miteinander zusammen, das wir an Bord erleben? Dazu Colm Ryan, der Kapitän: „Most important is a sense of humor. And: Keep your crew happy, so everyone is happy." Wir erleben es ja auch: Die Atmosphäre ist wirklich entspannt, der Service überragend. Schnell werden wir mit Namen angesprochen und fast wie Freunde begrüßt. Und exzellent ist die Küche! Die Gerichte sind auf die angelaufenen Häfen ausgerichtet – kubanische Gerichte also an den drei Kuba-Tagen dieser Reise: Carne Fria, Paella Marinera Cubana oder Calamares Fritos. Dass besonders Kuba die Gäste berührt, ist zu spüren. Die meisten von ihnen sind Amerikaner – und erst seit Kurzem ist es für sie möglich, die Insel mit dem Schiff zu besuchen.

Jetzt mit Berge & Meer auf Kreuzfahrt gehen.
50€
Gutschein
für eine Reise von Berge & Meer
Ihr Gutschein-Code*: Kreuzfahrt
Einlösbar bis zum 30.11.2019 unter: www.berge-meer.de oder Tel. 0 26 34/962 60 01 tägl. 8 – 22 Uhr
*Nur 1 Gutschein pro Buchung direkt bei Berge & Meer einlösbar. Keine Barauszahlung möglich. Nicht einlösbar auf bestehende Buchungen und auf Kaufgutscheine. Nicht kombinierbar mit weiteren Rabatten. Mindestreisepreis: 450 €

PRACHTKULISSE: Wenn Kreuzfahrtschiffe den Hafen von Palma verlassen, hat man die Kathedrale direkt vor der Reling

MALLORCA
FÜR KREUZFAHRER

PALMA DE MALLORCA IST EINER DER WICHTIGSTEN KREUZFAHRTHÄFEN IM MITTELMEER. DIE INSEL IST SCHNELL ZU ERREICHEN, VIELFÄLTIG UND ATTRAKTIV – UND EIGNET SICH DAMIT BESTENS FÜR EIN VOR- UND NACHPROGRAMM

VON UWE BAHN (TEXT & FOTOS)

N

Nur ein- oder ausschiffen? Dafür ist Mallorca eigentlich viel zu schade. Wer von der Insel nur den Flughafen und den Transferbus sieht, der verpasst eine Menge. Schon die Hauptstadt Palma ist eine Perle – und das Tramuntanagebirge mit seinen idyllischen Dörfern wieder eine ganz andere Welt. Oder die Buchten, die kleinen „Calas" im Südosten rund um Santanyí. Selbst die Playa de Palma überrascht immer mehr. Es entstehen viele stilvolle Hotels, gehobene Gastronomie, und auch die Kultur ist weit mehr als Ballermann & Bierkönig.

Allein AIDA Cruises startet 2019 stolze 105-mal in Palma de Mallorca eine Reise; nur in Hamburg beginnen mehr Kreuzfahrten mit dem Kussmund. Für alle, die ihre Kreuzfahrt ab Mallorca mit einem Landurlaub verlängern wollen – hier sind unsere Tipps für die Insel:

PALMA DE MALLORCA

Die Hauptstadt Mallorcas ist für viele eine der schönsten Städte am Mittelmeer. Der Hafen Porto Pi liegt zentral, von dort sind es nur wenige Fahrminuten mit dem Taxi ins Zentrum der Altstadt. Ein Mietwagen ist für den Stadturlaub überflüssig, zumal Parkplätze rar und zeitlich limitiert sind. Wer ein paar Tage in Palma verbringen möchte, findet gerade in den Altstadtgassen individuelle und stilvolle Boutiquehotels.

Ein besonderes Haus ist das Hotel Cort, direkt gegenüber vom Rathaus an der Plaça de Cort. In dem ehemaligen Bankgebäude sind 16 geschmackvolle

Zimmer und Suiten untergebracht. Auf der kleinen Dachterrasse gibt es Liegen und einen Minipool. Im Restaurant herrscht Pariser Bistro-Flair – auf gastronomisch hohem Niveau. Auch das Frühstück ist besonders und weit entfernt vom Standard. Das Hotel Cort hat viele Außenplätze direkt am ältesten Olivenbaum von Palma. Es ist zudem der ideale Ausgangspunkt, um die Stadt zu erkunden. Viele Sightseeing-Highlights wie die Kathedrale oder der Passeig del Born sind fußläufig zu erreichen.

Eine Taxifahrt lohnt sich zum In-Viertel Santa Catalina. Die kleine Markthalle ist *der* beliebte und belebte Treffpunkt, gerade am Samstagmittag ist an den Tapas-, Sushi- und Seafood-Ständen Happy-Hour-Stimmung. Der Geheimtipp für den Fisch „frisch von der Theke" befindet sich in einem Vorort von Palma. Im Restaurant La Parada del Mar in Cala Major können Steinbeißer, Seezunge & Co. frisch von der Auslage bestellt werden. Dort wird direkt abgewogen und erstaunlich günstig abgerechnet. Vorher einen Tisch zu reservieren ist äußerst klug. Vielleicht schaut der spanische König Felipe ja auch vorbei … Seine Sommerresidenz, der Marivent-Palast, liegt genau gegenüber.

NAH AM WASSER: Zwischen Altstadt und Yachthafen verläuft der Paseo Marítimo (o.). An seinem Ende geht's links ab zu den Kreuzfahrtschiffen

PLAYA DE PALMA

Ein paar Kilometer östlich von Palma liegt der Küstenstreifen, der Mallorcas Image über Jahrzehnte geprägt hat. „Ballermann & Bierkönig" waren die Synonyme für den Sauftourismus von Kegelclubs und Fußballmannschaften, Sangria und Schlager die Einheitskultur. Dass es dort auch stilvoll zugehen kann, zeigt „Palma Beach". Es ist das neue Qualitätslabel für die Region. Der Mallorquiner Juan Ferrer sammelt unter diesem Dach alles, was Stil und Qualität hat. 14 Hotels gehören mittlerweile zu Palma Beach, wie das Fünf-Sterne-Hotel Llaut Palace oder das Designhotel Pure Salt Garonda. Weitere entstehen gerade oder sind aufwendig renoviert worden, wie die RIU-Hotels. Moderner Lifestyle auch in Restaurants und Bars wie dem Chiringuito Beach House, wo sich die neue Szene zur „Tardeo-Party" trifft. Diese Läden könnten auch in Miami Beach stehen. „Wir wollen feiern mit Stil", beschreibt Juan Ferrer den neuen Zeitgeist. Die Zukunft

HOTEL CORT: Das Boutiquehotel in Palmas Altstadt war einmal eine Bank. Vorm Haus steht der älteste Olivenbaum der Insel

an der Playa de Palma hat jedenfalls schon begonnen.

IM WESTEN

Der neue Hotel-Hotspot von Mallorca liegt oberhalb von Port de Sóller: das Bikini Island & Mountain Hotel. Das Design sucht seinesgleichen auf der Insel: Woodstock 2.0 mit einer Menge Flower-Power – Retro meets Future auf Mallorca. Auf der Treppe, die zum Hotel hinaufführt, steht Stufe für Stufe der Text des Eagles-Hits „Hotel California". Das große Peace-Zeichen im Pool erinnert an ein Hippie-Hotel. Aber dies ist ein hippes Hotel. Das zeigt sich auch im Restaurant Neni mit seiner modernen israelisch-orientalischen Küche. Von den Terrassen schweift der Blick über den ganzen Hafen von Port de Sóller. Und aus dem Vinylzimmer nebenan klingt kratzig von der Schallplatte „Let the Sunshine" aus dem Musical „Hair".

Die Anreise ist theoretisch sogar mit dem Zug möglich: von Palma mit dem „Roten Blitz" nach Sóller, von dort weiter mit dem „Orangenexpress" zum Hafen. Überhaupt lässt sich das Inselinnere – zum Beispiel die drei besten Mallorca-Märkte in Sineu am Mittwoch, in Inca am Donnerstag oder in Santa Maria am Sonntag – gut auf Schienen entdecken. Denn alle drei Orte sind auch Bahnstationen, der „Hauptbahnhof" liegt an der Plaça d'Espanya in Palma.

IM SÜDOSTEN

Wer von einem AIDA-Schiff kommt, wird sich im Robinson Club nicht groß umgewöhnen müssen. Schließlich galt Robinson über Jahre als Festlandsvorbild für die damaligen Clubschiffe der ersten AIDA-Generation. Der Robinson Club Cala Serena liegt auf einer Halbinsel nördlich von Cala d'Or. Er hat insgesamt

SANTA CATALINA heißt eines der hübschesten Viertel von Palma. Orangenbäume säumen die Gassen, farbenfroh gestrichen sind die Fassaden der Häuser

FRISCH VON DER THEKE gibt es Steinbeißer, Seezunge & Co. im Restaurant La Parada del Mar. Es liegt in Palmas hippem Vorort Cala Major

BLAUE VERFÜHRUNG: An der Cala Serena liegt der Robinson Club. Sein kleiner Strand ist öffentlich, weitere Traumbuchten gibt es nebenan

PERFEKT FÜR EINEN ANSCHLUSSAUFENTHALT: der Robinson Club an der Cala Serena (l.) oder das Bikini Resort in Port de Sóller

306 Wohneinheiten; besonders originell sind im neuen Teil die Themensuiten, etwa die „Bikersuite" mit Jukebox und viel Rock-'n'-Roll-Interieur. Die weitläufige Anlage (120.000 Quadratmeter!) hat ein großes Angebot an Aktivitäten, von Tennis bis Tauchen. Sogar eine eigene Driving Range für die Golfer gehört zum Club, ebenso ein Wellness-/Fitnessbereich und vier Pools. Neben dem kleinen öffentlichen Strand gibt es in der Nachbarschaft weitere wunderbare Strände wie die Cala Sa Nau.

Auch eine professionelle Bike-Station findet sich im Robinson Club, denn Mallorca ist eine Radfahrerinsel. Für Durchtrainierte ein einzigartiges Erlebnis sind die 510 Meter Anstieg zum Kloster Sant Salvador – auch eine Art „Kreuzfahrt". Aber der Blick vom Klosterberg ist spektakulär, er reicht bis auf die vorgelagerte Insel Cabrera. Wer will, der kann seinen Urlaub sogar dort oben verbringen: Das Petit Hotel Hostatgería Sant Salvador im Kloster hat 20 Doppelzimmer und zwei Apartments. Hier zu wohnen ist ein echter Kontrast zu einer Kreuzfahrt mit 2.000 Passagieren …

UNTERKÜNFTE

Hotel Cort
Plaza de Cort, 11, Palma
Tel.: +34 971 21 33 00
www.hotelcort.com

Bikini Island & Mountain Resort
Carrer de Migjorn, 2, Port de Sóller
Tel.: +34 971 63 17 00
www.bikini-hotels.com

Llaut Palace
Av. d'América, 2, Palma
Tel.: +34 971 59 60 70
www.hotelllautpalace.com

Robinson Club Cala Serena
Av. Calo Petit, 1, Cala d'Or
Tel.: +34 971 16 90 00
www.robinson.com

Petit Hotel Hostatgería Sant Salvador
Felanitx, Tel.: +34 971 51 52 60
www.santsalvadorhotel.com

GASTRONOMIE

Mercat de Santa Catalina
Plaza de Navegació, 20, Palma

La Parada del Mar
Avenida de Joan Miró, 244, Palma
Tel.: +34 971 59 27 06
www.laparadadelmar.com

Restaurant Neni (im Hotel Bikini)
Carrer de Migjorn, 2, Port de Sóller
Tel.: +34 971 63 17 00
www.bikini-hotels.com

El Chiringuito Beach House
Carrer de Miquel Pellisa, 1, Palma
Tel.: +34 971 74 56 72
www.elchiringuitobeachouse.com

FÜRS SONNENBAD über den Dächern von Palma: die Dachterrasse des Hotel Cort

SILJA LINE

www.e-hoi.de

Kreuzfahrten für jeden Kreuzfahrertyp

BEI E-HOI KOMMEN SOWOHL PARTYFANS ALS AUCH FAMILIEN MIT KINDERN, SPORTBEGEISTERTE ODER LUXUSURLAUBER MIT GEHOBENEN ANSPRÜCHEN AUF IHRE KOSTEN!

Wer clever ist, der bucht Kreuzfahrten bei e-hoi.de! Denn „cruise clever" beginnt bei uns schon mit der Auswahl Ihrer Traumreise. Sie profitieren von exklusiven Sonderpreisen und von nur bei e-hoi buchbaren Kreuzfahrtpaketen inklusive Flug.

Darüber hinaus haben wir die passende Kreuzfahrt für jeden Kreuzfahrertyp in unserem Angebot! Für traumhafte Seereisen in aller Welt stellen die e-hoi Experten regelmäßig Kreuzfahrtpakete mit attraktivem Rahmenprogramm zusammen – z. B. mit Livekonzerten bekannter Stars auf hoher See, spektakulären Sportevents, speziellen Familienprogrammen oder Helikopterflügen für Luxusurlauber.

Fans von Livekonzerten und Partykreuzfahrten aufgepasst! Vom 29.09. bis 03.10.2019 findet auf einer nordischen Route zwischen Kiel, Göteborg, Oslo und Bremerhaven bereits die dritte Auflage der Eventreise **Stars del Mar** statt (www.e-hoi.de/stars-del-mar). Und Stars del Mar 2019 wird im wahrsten Sinne fantastisch! Denn Die Fantastischen Vier werden – neben weiteren Top-Acts – mit ihrem ersten Livekonzert auf See für das Konzerthighlight schlechthin an Bord sorgen. Neben dem grandiosen Entertainmentprogramm genießen die Partygäste der Mein Schiff 3 selbstverständlich auch das „TUI Premium Alles Inklusive"-Konzept an Bord. Die Party kann also kommen!

Auch **Familien mit Kindern** und Jugendlichen kommen mit dem e-hoi Familienspecial auf ihre Kosten. Wie wäre es mit einer attraktiven Kombination „Stars del Mar & Center Parcs

Fotos: Crystal Cruises (1), Robert Grischek (1), Shutterstock (2)

Nordseeküste“? Diese können Sie in einigen Bundesländern zum attraktiven Herbstferientermin buchen. Sie genießen die Eventkreuzfahrt in einer komfortablen Familienkabine, bevor sie im Anschluss erholsame Urlaubstage in dem familienfreundlichen Center Parc am Wattenmeer verbringen – in einem gemütlichen Ferienhaus für bis zu sechs Personen.
Einen entspannten Osterurlaub auf See mit der ganzen Familie verheißt unser Familientipp 2019 – fünf Tage Nordeuropa an Bord der MSC Poesia ab/bis Warnemünde (www.e-hoi.de/58723). Dank des attraktiven Reisetermins von Karfreitag bis Osterdienstag verbringen Sie hier die Feiertage im Kreis Ihrer Liebsten. Weitere **Familienvorteile** wie Kinderfestpreise, zahlreiche kostenlose Highlights für Groß und Klein sowie die bekannt familienfreundlichen Reiseziele Skandinaviens versprechen eine perfekte Osterreise für mehrere Familiengenerationen oder befreundete Familien.
Ein Muss für Wintersportfans: Bereits zum dritten Mal haben die e-hoi Kreuzfahrtexperten für März 2019 ein attraktives Paket aus einer Kurzkreuzfahrt mit Color Line ab/bis Kiel und dem Besuch der norwegischen Hauptstadt Oslo sowie des Biathlon-Weltcups geschnürt (www.e-hoi.de/60016). Beobachten Sie die Stars in der Loipe aus nächster Nähe! Oder feuern Sie im Rahmen unserer Kombination „Kurzkreuzfahrt und Skispringen“ die besten Skispringer auf zwei Events am legendären Holmenkollen an.
Puren Luxus für Kreuzfahrer mit gehobenen Ansprüchen verheißt hingegen die e-hoi hin & weg Reise „Mittelmeer & Côte d'Azur“ (www.e-hoi.de/59767). An Bord des bekannten Luxusschiffs Crystal Serenity genießen Sie All-inclusive-Verpflegung mit Gourmet-Vollpension – hier ist sogar der Champagner inklusive. Sie besuchen unter anderem die mondänen Häfen von Saint-Tropez und Monte-Carlo, bevor ein atemberaubender Helikopterflug längs der Küste von Monaco nach Nizza den krönenden Abschluss dieser Luxusreise bildet.
Kurzum: Ob Sie auf der Suche nach einer Eventkreuzfahrt, einer Familienreise oder einem besonderen Naturerlebnis sind – ein Blick auf die e-hoi Website lohnt sich auf jeden Fall das ganze Jahr! Wir arbeiten permanent an der Erweiterung unserer Kreuzfahrtpakete mit spannenden Rahmenprogrammen. Bei e-hoi, dem Spezialisten für die clevere Kreuzfahrtbuchung, kommt jeder Kreuzfahrertyp auf seine Kosten!

Foto: J. Bohmann

SCHIFFS PORTRÄTS

SALZWASSER

DER MARKT

Vier Big Player teilen sich 90 Prozent des weltweiten Angebots an Hochseeschiffen: Carnival, Royal Caribbean, Norwegian und MSC Cruises. Dank zahlreicher Neubauten verschieben sich die Machtverhältnisse in den nächsten Jahren

Knapp 300 Kreuzfahrtschiffe fahren derzeit über die Weltmeere, die meisten unter der Regie eines Großkonzerns. Mehr als 100 Schiffe gehen allein auf das Konto der **Carnival Corporation** aus Miami. Als erster Coup gelang dem Marktführer 1989 die Übernahme der Holland America Line. Neben der „Hausmarke" Carnival Cruise Line zählen inzwischen der italienische Big Player Costa, aber auch die Edelmarken Cunard und Seabourn zum Portfolio. Eine Machtübernahme durch den größten Konkurrenten, Royal Caribbean, konnte 2003 durch den Einkauf von Princess Cruises verhindert werden. Zugleich verleibte sich Carnival auch P&O Australia und die bekannteste deutsche Marke ein: AIDA Cruises. Insgesamt stellt die Carnival Corporation zurzeit rund 247.000 Betten zur Verfügung, weitere 18 Schiffe sind bestellt.

Gigant Nummer zwei startete in den 1970er-Jahren als norwegische Gesellschaft: **Royal Caribbean Cruises**. 1997 kaufte das inzwischen amerikanisch-norwegische Unternehmen Celebrity Cruises, 2007 kam die Nobelmarke Azamara hinzu. Die französische Beteiligung Croisières de France ging 2017 in der spanischen Tochter Pullmantur auf. 2009 stieg Royal Caribbean mit 50 Prozent bei TUI Cruises ein, 2018

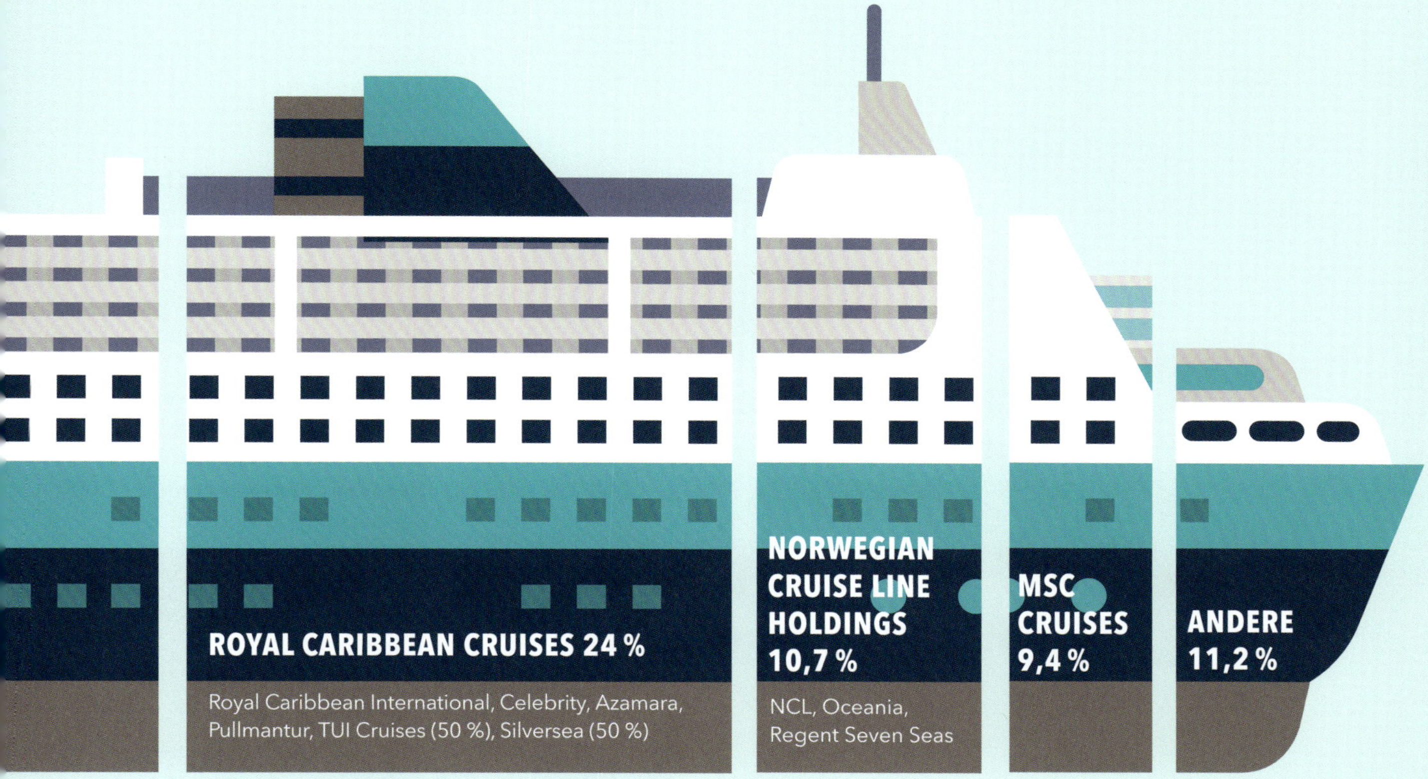

folgte der analoge Schritt beim monegassischen Luxusanbieter Silversea Cruises. Auf all seinen Schiffen kann der Konzern zurzeit rund 133.000 Betten anbieten. Geplant sind aktuell sechs Neubauten plus vier Schiffe für TUI Cruises und zwei für Silversea Cruises.

Rang drei der Giganten halten derzeit die **Norwegian Cruise Line Holdings** aus Miami – mit den Marken Norwegian Cruise Line, Oceania und Regent Seven Seas. Das Konglomerat zählt aktuell rund 59.000 Betten, sechs weitere Neubauten sind bestellt.

Der vierte große Player ist im Gegensatz zu den anderen nicht börsennotiert, sondern ein Familienunternehmen: **MSC Cruises** mit Sitz in Genf. Es gehört der Familie Aponte aus Neapel, die auch in der Containerschifffahrt ganz oben mitspielt. Aktuell zählt das Unternehmen 16 Schiffe mit rund 52.000 Betten. Doch der Investitionsplan sieht bis 2027 noch acht weitere Schiffe mit knapp 40.000 Betten vor. Damit wird MSC an die dritte Position des Weltmarkts aufrücken.

Aber auch neue Teilnehmer drängen mit weiteren Neubauten auf den Markt, wie beispielsweise der Flusskreuzfahrtgigant Viking, Richard Bransons Virgin-Imperium und die Hotelkette Ritz-Carlton. PG ///

NEUE SCHIFFE

21 NEUE HOCHSEESCHIFFE STARTEN 2019 – VOM KLEINEN EXPEDITIONSKREUZER BIS HIN ZUM MEGALINER FÜR DEN ASIATISCHEN MARKT. DIE HIGHLIGHTS IM ÜBERBLICK

EINE NEUE KLASSE FÜR EXPEDITIONEN

Auf dem Decksumlauf sind die Passagiere der Natur noch näher, und an der beheizten Badezimmerwand trocknen nasse Parkas im Nu – die Expeditionsneubauten von **Hapag-Lloyd Cruises** lassen keine Wünsche offen. Die **Hanseatic nature** wird im April in Hamburg getauft, die **Hanseatic inspiration** folgt im Oktober in Antwerpen. Das Adults-only-Schiff **Hanseatic spirit** kommt 2021.

BEWÄHRTES KONZEPT

2019 starten mehrere Schwesterschiffe bereits bekannter Einheiten:

- MSC Bellissima MSC Cruises
- Mein Schiff 2 TUI Cruises (Foto)
- Le Bougainville PONANT
- Le Dumont-d'Urville PONANT
- Sky Princess Princess Cruises
- Norwegian Encore Norwegian Cruise Line
- Carnival Panorama Carnival Cruise Line
- Viking Jupiter Viking Cruises

GIGANTEN FÜR CHINA

Der chinesische Kreuzfahrtenmarkt ist für viele Reedereien ein Zukunftsträger. Um die Bedürfnisse der potentiellen Passagiere perfekt zu erfüllen, bauen sie daher spezielle Schiffe. Im August 2019 legt die **Spectrum of the Seas** (Foto) von **Royal Caribbean** mit 2.123 Kabinen, asiatischem Gastrokonzept und Karaokebar an Bord in Richtung Heimathafen Shanghai ab. Hier trifft sie auf die **Costa Venezia**, die sich im März mit einer Vision von Venedig und vielen Shoppingmöglichkeiten auf den Weg macht. Ein Schwesterschiff folgt 2020.

100

Passagiere passen an Bord der **Celebrity Flora**. Der umweltfreundliche Neubau fährt ganzjährig rund um die Galapagosinseln.

NATUR PUR

174 Passagiere, höchste Eisklasse und jede Menge Natur. Die **Hondius** ergänzt ab der Arktissaison 2019 als größtes Schiff die Flotte des niederländischen Expeditionsanbieters **Oceanwide Expeditions.** Neben Suiten mit eigenem Balkon gibt es an Bord auch Viererkabinen mit Bullaugen.

LUXUS IM EIS

So schön kann Expedition sein: Das Owner's Penthouse auf der **Scenic Eclipse** misst stattliche 195 Quadratmeter und bietet eine 60 Quadratmeter große Terrasse mit Privat-Jacuzzi. Der Sechs-Sterne-Neubau mit 114 Suiten startet etwas verspätet im Januar 2019, gefolgt von einem Schwesterschiff 2020. Es handelt sich um die Hochsee-Premiere von **Scenic Cruises**, deren luxuriöse Flusskreuzer bereits in Europa schwimmen.

ITALIEN ZUR SEE

Nach dem 70-jährigen Firmenjubiläum gönnt sich die italienische Reederei **Costa Crociere** ein neues Flaggschiff: Die **Costa Smeralda** wird im November 2019 in Savona getauft. Das neue Colosseo für Shows in der Mitte des Schiffs erinnert an das Theatrium auf den Schiffen der Konzerntochter **AIDA Cruises**.

2.444

Kabinen gibt es an Bord der **MSC Grandiosa**, dem ersten Schiff der Meraviglia-Plus-Klasse. Nach seiner Taufe im November in Hamburg ist der Neubau mit Cirque-du-Soleil-Shows und einem 98,5 Meter langen LED-Himmel ab Genua im Mittelmeer unterwegs.

UND SONST SO?

Bereits im Dezember 2018 hat das Expeditionsschiff **World Explorer** (Foto) Fahrt aufgenommen, auf dem deutschsprachigen Markt taucht es allerdings erst im Mai 2019 nach der Übergabe von **Quark Expeditions** an nicko cruises auf. Mit ein wenig Verspätung starten 2019 auch die bereits für 2018 angekündigten Hybridschiffe von **Hurtigruten**: Die **Roald Amundsen** und die **Fridtjof Nansen** bieten Platz für bis zu 530 Passagiere. Auf dem britischen Markt macht unterdessen die **Spirit of Discovery** von sich reden: Um auf dem Saga-Neubau für 999 Gäste mitfahren zu dürfen, muss man mindestens 50 Jahre alt sein. Wer lieber am anderen Ende der Welt mit englischsprachigen Passagieren auf Kreuzfahrt gehen möchte, der bekommt mit der **Coral Adventurer** des australischen Veranstalters **Coral Expeditions** ab April 2019 die Chance. Von Englisch zu Deutsch wechselt die Bordsprache auf der **Prinsendam** – sie startet im Sommer 2019 nach einem Verkauf von der **Holland America Line** als „neues Schiff" bei **Phoenix Reisen**.

WELCHES SCHIFF PASST ZU MIR?

Bei der Beantwortung dieser entscheidenden Frage sollen Ihnen die folgenden 100 Seiten helfen: 116 Hochseeschiffe in detaillierten Porträts

Weltweit gibt es heute fast 300 Kreuzfahrtschiffe auf hoher See. Wir haben 116 ausgewählt, die für deutschsprachige Passagiere im Jahr 2019 von Interesse sind. Diese Schiffe betrachten wir im Detail, in von Fachjournalisten verfassten Porträts, mit allen wichtigen Daten, Fakten und Kennzahlen – und mit Bewertungen im „Profil", in dem in je sechs Kategorien bis zu fünf Punkte („Anker") vergeben werden. Diese Aufteilung ermöglicht Ihnen die Auswahl des Schiffs, das am besten zu Ihnen passt. Und sie ersetzt die – problematische – Bewertung mit einer „Gesamtnote" in „Sternen" oder Ähnlichem. Die Ankerpunkte definieren wir wie folgt:

INFOTAINMENT & ENTERTAINMENT

1 Anker	einfache Unterhaltung; Musik, Spiele etc.
2 Anker	Bordprogramme mit Künstlern und/oder Lektoren
3 Anker	gehobene Bordprogramme mit Künstlern und/oder Lektoren
4 Anker	professionelle Bordprogramme, Lektorate/ Vorträge; zusätzliche Angebote wie z. B. Diskothek, Kino o. Ä.
5 Anker	hochklassige Bühnenshows in großen Theatern; Lektorate/Vorträge; professionelles Equipment; viele Zusatzangebote

SPORT & WELLNESS

1 Anker	Gymnastik ohne spezielle Geräte
2 Anker	einfache Sportgeräte vorhanden; kein Wellnessangebot
3 Anker	Fitnessbereich und Wellnessangebot mit Betreuung; Pool(s) und Sauna vorhanden
4 Anker	Fitnessbereich und Wellnessangebot mit professioneller Betreuung; Zusatzangebote wie z. B. Joggingpfad, Spielflächen für Ballsport o. Ä.
5 Anker	hochklassig geführter Fitness-, Spa- und Wellnessbereich; großzügiger Pool bzw. Pool-Landschaft; Zusatzangebote wie Mountainbikes, Kletterwand, Golfsimulator o. Ä.

GASTRONOMIE

1 Anker	einfachstes Angebot in schlichtem Ambiente
2 Anker	solides Angebot ohne besonderen Anspruch
3 Anker	gutes Angebot in gepflegtem Ambiente
4 Anker	anspruchsvolles und vielfältiges Angebot in niveauvollem Ambiente
5 Anker	herausragendes Angebot auf Sterneniveau in exklusivem Ambiente

FAMILIENFREUNDLICHKEIT

1 Anker	für Kinder eher ungeeignet
2 Anker	für Kinder bedingt geeignet; keine speziellen Einrichtungen
3 Anker	Kinder willkommen; einfache Einrichtungen und/oder Aktivitäten für Kinder
4 Anker	Kinder willkommen; gute Einrichtungen und Aktivitäten mit professioneller Betreuung
5 Anker	Kinder willkommen; vorbildliche Einrichtungen und Aktivitäten mit professioneller Betreuung; Zusatzangebote wie z. B. Babysitter

SERVICE

1 Anker	nur passive Gästebetreuung
2 Anker	solider Service auf einfachem Niveau
3 Anker	guter Service in Restaurants, Kabinen und allen anderen öffentlichen Bereichen
4 Anker	freundlicher und professioneller Service; jederzeit aufmerksames und ansprechbereites Personal
5 Anker	perfekter Service – der Gast ist König

ROUTING

1 Anker	eine ganzjährig befahrene feste Route
2 Anker	zwei im Wechsel ganzjährig befahrene feste Routen in einem Fahrgebiet
3 Anker	im Wechsel ganzjährig befahrene feste Routen in unterschiedlichen saisonalen Fahrgebieten
4 Anker	ganzjährig wechselnde Routen in aller Welt, aber ohne neue und/oder besondere Häfen und Fahrgebiete
5 Anker	kreative Routen in aller Welt mit wenigen Wiederholungen und ungewöhnlichen Häfen und Fahrgebieten in jedem Jahr

MIT UNS SETZEN SIE AUF DAS
RICHTIGE PFERD
Als international erfahrener Dienstleister im Hotel- und Crew-Management auf Kreuzfahrtschiffen des Premium-Segments dürfen wir auf langjährige Partnerschaften vertrauen.
Von der Konzeption und Planung über Einkauf und Logistik bis hin zur perfekten Umsetzung im täglichen Betrieb schaffen wir in enger Zusammenarbeit mit unseren Kunden reibungslose Abläufe und erstklassigen Service an Bord. Mit der richtigen Portion Leidenschaft, Engagement und Erfahrung sorgen die administrativen und logistischen Abteilungen an Land ebenso für größte Kundenzufriedenheit wie die sea chefs Crews an Bord der von uns betreuten Hochsee- und Fluss-Schiffe.
Setzen Sie auf das richtige Pferd – setzen Sie auf sea chefs!
sea chefs
Besuchen Sie uns auf:
seachefs.com
Welt. Klasse. Team.

SCHIFFE, DATEN, FAKTEN – HINWEISE ZU DEN PORTRÄTS

Auf den ersten Blick mag manches verwirrend erscheinen – doch die wichtigsten Kennzahlen eines Schiffs geben objektiv Auskunft über seine Stärken und Schwächen. Um Ihnen eine Hilfestellung zu geben, haben wir für Sie Profile erstellt. Wie man sie richtig deutet, erfahren Sie hier:

DATEN & FAKTEN

BRZ 141.000	**Crew-Mitglieder** 1.346
Länge 330,10 m	**PCR (Pass. pro Crew)** 3,2
Breite 47,25 m	**PSR (Platzangebot)** 32,5
Indienststellung 2013	**Passagierdecks** 17
Bordsprache Englisch	**Restaurants** 9
Passagiere 3.560/4.340	**Bars** 121

Kabinen	1.780 (1.438 außen, 342 innen), davon 40 Suiten u. 306 Minisuiten mit Balkon, 360 Deluxe-Balkonkab., 732 Balkonkab.; Größen: 15–60 m²
Sport & Wellness	3 Pools, 6 Whirlpools, Fitnesscenter, Lotus Spa und Sanctuary für Erwachsene, Driving Range, Putting Green, Jogging
Info-/Entertainment	Showtheater, Casino, Nightclub, „Movies under the Stars", Bibliothek, Internetcafé, Kinderclub
Dresscode	meist leger, zwei formelle Abende
Preis pro Nacht	€ 81 bis € 587; Durchschn. € 162
Info	Princess Cruises München, Tel. (089) 51 70 34 50 www.princesscruises.de

PROFIL

Info-/Entertainment
Sport & Wellness
Gastronomie
Familienfreundlichkeit
Service
Routing

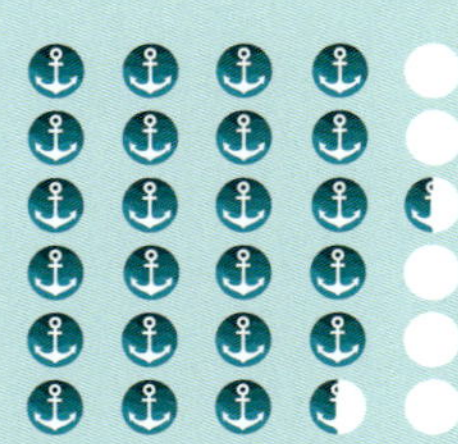

BRZ: Die Bruttoraumzahl bezeichnet die Größe der Schiffe. Früher sprach man von BRT (Bruttoregistertonnen), doch die Raumzahl ist präziser und wird daher auch im „internationalen Schiffsmessbrief" für jedes Schiff geführt

Passagiere: Soweit verfügbar, stehen hier zwei Werte. Der erste nennt die Gästezahl bei Standardbelegung aller Kabinen und Suiten, der zweite die Maximalbelegung, d. h. inklusive aller Zustell- und Oberbetten

Preis pro Nacht: Werte auf Basis einer Stichtag-Datenbankabfrage eines führenden Internetportals für Kreuzfahrten. Siehe dazu auch die hintere Buchinnenklappe

Profil: Zu den Kriterien siehe Seite 102.

PCR (Passenger Crew Ratio): Diese Kennzahl misst das Verhältnis zwischen Passagieren und Crew-Mitgliedern. Z. B. hier: Auf 1 Crew-Mitglied kommen 3,2 Passagiere. Spitzenwerte liegen bei 1,2 bis 1,6 – schlechte Werte bei 3,5 und höher

PSR (Passenger Space Ratio): Diese Kennzahl gibt Auskunft über den Platz, der einem einzelnen Passagier rein rechnerisch an Bord zur Verfügung steht. Dafür wird die Tonnage durch die Gästezahl (Standard-Vollbelegung) geteilt. Bei Werten unter 10 ist das Platzangebot sehr beengt, bei Werten über 40 sehr großzügig

Passagierdecks: Gezählt werden nur die Decks, die auch für Passagiere zugänglich sind, also keine reinen Crew- und Maschinendecks

AIDA Cruises

Selection, Sphinx, Hyperion, Helios: In vier Klassen präsentert sich die deutsche Nummer eins

1996 fiel der Startschuss: Mit der ersten **AIDA** (der heutigen **AIDAcara**) führte die **Deutsche Seereederei** aus Rostock die „Clubschiff"-Idee ein – und warf mit ihr (fast) alles über Bord, was bis dahin in der deutschen Kreuzfahrt etabliert war. Statt Bedienung am Tisch gab es Buffets, Dresscodes wurden abgeschafft, man duzte die Gäste sogar. Dafür rückten professionelles Entertainment, Sport und Wellness ins Zentrum. Und mit dem Kussmund am Bug erhielten die nach Umwegen (u. a. über die britische **P&O**) 2003 unter das Dach der **Carnival Corporation** geschlüpften Schiffe der AIDA Cruises ihr geniales Markenzeichen. AIDA ist heute deutscher Marktführer, eine Position, die man durch immer wieder überraschende Ideen zu halten weiß. Dazu zählen das Theatrium und das Brauhaus zur See bei der **Sphinx-Klasse** oder der Beachclub unter einfahrbarem Foliendach, der die **Hyperion**-Schiffe zu Allwetter-Linern macht. Sie setzten auch in der Umwelttechnik neue Standards, die die **AIDAnova**, das erste Schiff der neuen **Helios-Klasse**, noch toppt: Mit zwei Costa-Neubauten (S. 116) zählt sie zu den ersten Kreuzfahrtschiffen, die ausschließlich mit Flüssigerdgas (LNG) betrieben werden können. Aber auch die Oldies behält man im Blick: Als **AIDA Selection** betitelt, fahren die drei ersten AIDAs Routen abseits der Rennstrecken. Und mit der **AIDAmira**, die zurzeit noch als **Costa neoRiviera** in Fahrt ist, kommt Ende 2019 ein viertes „Selection"-Schiff hinzu.

Schiff	Baujahr	Passagiere
AIDAcara	1996	1.180/1.340
AIDAvita	2002	1.266/1.528
AIDAaura	2003	1.266/1.528
AIDAdiva	2007	2.050/2.500
AIDAbella	2008	2.050/2.500
AIDAluna	2009	2.050/2.500
AIDAblu	2010	2.194/2.500
AIDAsol	2011	2.194/2.500
AIDAmar	2012	2.194/2.500
AIDAstella	2013	2.260/2.250
AIDAprima	2016	3.286/3.300
AIDAperla	2017	3.286/3.300
AIDAnova	2018	5.200/6.600

TYPISCH AIDA: großzügige Wellnessbereiche, hochklassige Shows in eigener Regie – und der Kusssmund am Bug

AHOI, AIDA CARA - in Kopenhagen

Foto: J. Bohmann

DATEN & FAKTEN AIDA CARA

BRZ 38.557	**Passagiere** 1.180
Länge 193,00 m	**Crew-Mitglieder** 370
Breite 27,60 m	**PCR (Pass. pro Crew)** 3,6
Indienststellung 1996	**PSR (Platzangebot)** 28,5
Renovierung laufend	**Passagierdecks** 11
Bordsprache Deutsch	**Restaurants/Bars** 3

Kabinen	633 (422 außen, 211 innen) davon 60 mit Balkon, 2 Suiten
Sport & Wellness	Pool, Golf, Basketball, Volleyball, Jogging, Tauchen, Biking, Fitnesscenter, Tischtennis, Mountainbikes für Landausflüge
Info-/Entertainment	täglich wechselnde Vorstellungen des AIDA-Show-Ensembles, Poolpartys, Livebands, DJ, Disco
Dresscode	leger bis sportlich-elegant
Preis pro Nacht	€ 75 bis € 694; Durchschnitt € 171
Info	AIDA Cruises, Rostock Tel. (0381) 20 27 07 22 www.aida.de

PROFIL

Info-/Entertainment	⚓⚓⚓⚓
Sport & Wellness	⚓⚓⚓⚓
Gastronomie	⚓⚓⚓½
Familienfreundlichkeit	⚓⚓⚓⚓½
Service	⚓⚓⚓
Routing	⚓⚓⚓⚓

AIDA Selection AIDAcara, aura & vita

„Selection" heißt das Motto für die kleinen AIDAs: Slow Cruising zu besonderen Zielen

Die heutige **AIDAcara** ist die Mutter der Kussmund-Flotte. Im finnischen Turku gebaut, startete sie 1996, damals schlicht **AIDA** genannt; den Zusatz **cara** bekam sie erst, als 2002/03 die (fast baugleichen, in Wismar gefertigten) Schwestern **AIDAvita** und **AIDAaura** folgten. Bis zur Ankunft der Sphinx-Klasse mit der **AIDAdiva** 2007 galt das Trio als der Inbegriff für die neue „Clubschiff"-Lässigkeit in der deutschen Kreuzschifffahrt; auch deshalb haben die drei für je rund 1.200 Gäste konzipierten Schiffe viele sehr treue Fans. Und noch immer ist die **cara** Pionierin: Im Herbst 2017 ging sie als erstes AIDA-Schiff auf Weltreise – und präsentiert nun gemeinsam mit **aura** und **vita** das „AIDA Selection"-Programm: ganzjährig Kreuzfahrten abseits der gängigen AIDA-Routen, mit kompetenten Lektoren an Bord und breitem, auch sportivem Landgangsangebot. So fahren cara und aura sogar im Winter nach Norwegen, die vita erkundet Südostasien und Amerikas Große Seen. Und weil das so gut ankommt, wird ein viertes Schiff konzernintern zu den Selection-Schiffen verschoben: Per Ende 2019 überlässt die AIDA-Mutter Costa ihre **Costa neoRiviera** den Rostockern. Als **AIDAmira** wird sie rund ums südliche Afrika im Einsatz sein.

Fahrgebiete 2019

AIDAcara: im Winter Norwegen sowie Kanaren, im Sommer Nordeuropa, ab Herbst Kanaren. **AIDAaura**: ebenfalls Norwegen in Winter, Nordeuropa im Sommer. **AIDAvita**: Südostasien, Mittelmeer und Nordeuropa – und im Herbst die Großen Seen.

PROTOTYP: die AIDAdiva 2007 in der Meyer Werft in Papenburg

AIDA Sphinx-Klasse

AIDAdiva, luna, bella, mar, sol, blu & stella

Sieben Schiffe, ein Konzept: Am Theatrium in der Schiffsmitte erkennt man sie

Mit der Taufe der **AIDAdiva** in Hamburg begann 2007 die Ära der neuen Sphinx-Klasse aus der Meyer Werft. 2008/09 gesellten sich die **AIDAbella** und **luna** dazu; bis zur **stella** folgten noch vier weitere. Herzstück aller ist das Theatrium, ein Mix aus Marktplatz und Theater, wo (Vorteil für die Passagiere wie für die Reederei) während der Shows fleißig konsumiert werden kann. Das AIDA-Ensemble präsentiert hier (und auf einer Zweitbühne auf dem Sonnendeck) sein teils an TV-Formate angelehntes Programm; dazu zählen auch Kunstauktionen und die Vorstellung der Landausflüge. Auf **AIDAblu**, **sol**, **mar** und **stella** gibt es zudem eine Institution, die auf die deutsche Volksseele zielt: das Brauhaus, in dem bei Oktoberfestatmosphäre an Bord gebrautes „AIDA Zwickel" serviert wird. Ebenfalls neu bei dem Quartett sind das orientalische Buffetrestaurant East und der vergrößerte Spa-Bereich. Auf allen sieben Sphinx-Schiffen ausgebaut wurde die Privatsphäre der Gäste: Fast die Hälfte der Kabinen hat einen Balkon (auf Anfrage mit Hängematte). Und wem es am Buffet zu voll ist, der findet gegen Aufpreis Alternativen im Gourmetrestaurant Rossini, in der Sushi-Bar und im Buffalo Steak House.

Fahrgebiete 2019

diva & luna: Karibik, Nordeuropa, US-Ostküste; **bella**: Südostasien, Nordeuropa, Mittelmeer; **mar & sol**: Mittelmeer & Nordeuropa; **blu**: Indischer Ozean & Mittelmeer; **stella**: Kanaren & westl. Mittelmeer.

DATEN & FAKTEN AIDADIVA

BRZ 68.200	**Passagiere** 2.050/2.500
Länge 252,00 m	**Crew-Mitglieder** 646
Breite 32,20 m	**PCR (Pass. pro Crew)** 3,9
Indienststellung 2007	**PSR (Platzangebot)** 27,3
Renovierung laufend	**Passagierdecks** 13
Bordsprache Deutsch	**Restaurants/Bars** 7/11

Kabinen	1.025 (666 außen, 359 innen), davon 439 mit Balkon, 18 Suiten; Größen: 13,5–44 m²
Sport & Wellness	3 Pools, 4 Jacuzzis, Wellnessbereich, Behandlungskabinen/Spa-Suite, Golfabschlag, Volleyball, Jogging, Fitness, Tauchen, Biken
Info-/Entertainment	Theatrium mit täglich wechselnden Shows, Poolpartys, Livebands, DJ, Disco, Casino, Vorträge, Bord-TV und -Radio, 4-D-Kino
Dresscode	leger bis sportlich-elegant
Preis pro Nacht	€ 87 bis € 668; Durchschnitt € 108
Info	AIDA Cruises, Rostock Tel. (0381) 20 27 07 22 www.aida.de

PROFIL

Info-/Entertainment	⚓⚓⚓⚓½
Sport & Wellness	⚓⚓⚓⚓⚓
Gastronomie	⚓⚓⚓½
Familienfreundlichkeit	⚓⚓⚓⚓⚓
Service	⚓⚓⚓
Routing	⚓⚓⚓

AUSLAUFEN IN HAMBURG: die AIDAprima in ihrer Jungfernsaison

Foto: B. Kolb

DATEN & FAKTEN AIDAPRIMA

BRZ 125.000	**Passagiere** max. 3.300
Länge 300,00 m	**Crew-Mitglieder** 900
Breite 37,60 m	**PCR (Pass. pro Crew)** 3,6
Indienststellung 2016 (prima), 2017 (perla)	**PSR (Platzangebot)** 38,5
	Passagierdecks 16
Bordsprache Deutsch	**Restaurants/Bars** 12/18

Kabinen	1.643 in 14 versch. Kategorien (u. a. Verandakabinen, Familien-Suiten, Lanaikabinen mit Wintergarten); Größen 20–50 m²
Sport & Wellness	Wasserpark mit mehreren Pools, Organic Spa, Fitnesscenter, Eislaufbahn, Sportplatz, Joggingpfad, Kletterwand, Skywalk u. v. m.
Info-/Entertainment	Theatrium mit Lichtershows, Casino, LED-Shows, Livemusik, Vorträge, Kurse u. v. m.
Dresscode	kein vorgeschriebener Dresscode
Preis pro Nacht	€ 76 bis € 714; Durchschn. € 178
Info	AIDA Cruises, Rostock Tel. (0381) 20 27 07 22 www.aida.de

PROFIL

Info-/Entertainment	⚓⚓⚓⚓◐
Sport & Wellness	⚓⚓⚓⚓⚓
Gastronomie	⚓⚓⚓◐○
Familienfreundlichkeit	⚓⚓⚓⚓⚓
Service	⚓⚓⚓○○
Routing	⚓⚓◐○○

AIDA Hyperion-Klasse

AIDAprima & AIDAperla

Feste Wochenrouten ab Hamburg, Barcelona oder Mallorca: AIDAs Hyperion-Schiffe

Bis zur **AIDAnova** waren die in Japan gebauten **AIDAprima** und **perla** die größten deutschen Cruiseliner. Zu den Highlights dieser auch für schlechtes Wetter konzipierten Schiffe zählt der überdachte Beachclub auf Deck 15, zwar ohne echten Strand, dafür aber mit Palmen und Pool. Abends verwandelt er sich in eine Großraumdisco mit Livemusik, dann flimmern dort farbige Lichteffekte unterm UV-durchlässigen Foliendach. Innovativ auch das Lanaideck, eine nach oben offene Promenade mit vielen Außenplätzen, die fast rund um das Schiff reicht. Das Schiffsheck gehört den Familien. Four Elements heißt hier die drei Decks hohe Action-Zone mit Klettergarten, Pools und Wasserrutschen. Ganz das Gegenteil ist das Patiodeck, der Ruhebereich für Suitengäste und Bewohner der Panoramakabinen auf Deck 16. Ein Schmuckstück ist der (aufpreispflichtige) Organic Spa: Er dürfte führend auf den Meeren sein. Maßstäbe setzen die Schiffe auch bei der Umweltverträglichkeit. Sie können mit Flüssigerdgas betrieben werden und haben Landstromanschlüsse; zudem gleiten sie energiesparend auf einem Luftblasenteppich. Kritikpunkt: Auf den Restaurantdecks und in anderen öffentlichen Bereichen ist das Gedränge bei Vollbelegung manchmal groß.

Fahrgebiete 2019

AIDAprima: Kanaren bis April, danach westl. Mittelmeer ab/bis Mallorca. **AIDAperla:** westl. Mittelmeer ab/bis Mallorca oder Barcelona bis April, danach Metropolen Westeuropas ab/bis Hamburg oder Rotterdam.

AUFBRUCH IN EINE NEUE GENERATION: die AIDAnova

AIDA Helios-Klasse: AIDAnova

Die AIDAnova ist das weltweit erste Schiff, das komplett mit LNG-Flüssiggas fahren kann

Sie ist das derzeit größte deutsche Kreuzfahrtschiff und das erste der Helios-Baureihe. Zwei weitere Schiffe der Serie folgen 2021 und 2023. Die AIDAnova wurde am 31. August 2018 auf der Meyer Werft in Papenburg getauft, wo auch die weiteren Helios-Schiffe gebaut werden. Sie sind ein Meilenstein in umweltfreundlicherer Technologie: Denn die nova und ihre kommenden Schwestern können zu 100 Prozent mit LNG (Flüssigerdgas; S. 18) betrieben werden, im Hafen und auf See. Bei höchster Auslastung haben mehr als 6.500 Passagiere auf dem Neubau Platz. Sie können in 17 verschiedenen Restaurants speisen. Neu sind dabei eine Street-Food-Meile und das Churrascaria-Steakhouse, in dem auf offenem Feuer gegrillt wird. Auch einen Teppanyaki-Grill gibt es nun an Bord, wo auf großen heißen Platten mit entsprechender Show direkt am Tisch zubereitet wird. Das bekannte Brauhaus hat jetzt einen großen Biergarten mit Blick aufs Meer. Weiter an Bord sind der Beachclub und das Theatrium, dessen Kapazität deutlich erhöht wurde. Das neue TV-Studio hat jetzt Platz für 500 Zuschauer, die dort Gameshows, Kochsendungen und Comedy verfolgen können. Neu ist auch der Ort für rockige Livemusik, die „Rock Box Bar" mit englischer Pub-Atmosphäre.

Fahrgebiete 2019

Jungfernsaison nach der Taufe in Papenburg und der Hamburg-Premiere vor Madeira und den Kanaren (bis Februar), danach westl. Mittelmeer ab/bis Barcelona oder Mallorca, ab November wieder Kanaren.

DATEN & FAKTEN AIDA NOVA

BRZ 183.900	**Crew-Mitglieder** 1.500
Länge 337,00 m	**PCR (Pass. pro Crew)** 3,5
Breite 42,00 m	**PSR (Platzangebot)** 35,4
Indienststellung 2018	**Passagierdecks** 18
Bordsprache Deutsch	**Restaurants** 17
Passagiere 5.200/6.600	**Bars** 23

Kabinen	2.600 (1.880 außen, 720 innen) in 21 Kategorien, z. B. Innenkabine (10 m²), Verandakabine (22–32 m²), Penthouse-Suite (73 m²)
Sport & Wellness	Pools, Day Spa über 2 Decks mit Sauna, Tepidarium, Rasul, Massage etc., Wasserspaß im Four Elements, Fitnessstudio, Sportdeck, Joggingparcours
Info-/Entertainment	TV-Studio, „Mystery Room", Rock Box Bar, Beach Club, Theatrium mit wechselnden Shows, Disco
Dresscode	leger bis sportlich-elegant
Preis pro Nacht	€ 104 bis € 640; Durchschn. € 197
Info	AIDA Cruises, Rostock Tel. (0381) 20 27 07 22 www.aida.de

PROFIL

Info-/Entertainment
Sport & Wellness
Gastronomie
Familienfreundlichkeit
Service
Routing

Aktuell noch nicht bewertet

DIE DRITTE IM BUNDE: Mit der Pursuit hat Azamara seit 2018 ein weiteres Schiff im Markt

DATEN & FAKTEN AZAMARA PURSUIT

BRZ 30.277	**Passagiere** 690/702
Länge 180,45 m	**Crew-Mitglieder** 404
Breite 25,46 m	**PCR (Pass. pro Crew)** 1,7
Indienststellung 2001	**PSR (Platzangebot)** 43,1
Renovierung 2018	**Passagierdecks** 8
Bordsprache Englisch	**Restaurants/Bars** 5/5

Kabinen	351 (325 außen, 26 innen), davon 200 mit Veranda und 46 Suiten mit Butlerservice; Größen: 14,7–73,7 m^2
Sport & Wellness	2 Pools, The Sanctum Spa (u. a. Thalasso, Akupunktur, Hot Stone), Beautysalon, Fitnessclub, Tischtennis, Jogging, Pilates
Info-/Entertainment	Showprogramme, Vorträge zu den Landausflügen, Bibliothek, DJ, Karaoke, Pianobar, WLAN
Dresscode	sportlich-leger bis elegant
Preis pro Nacht	€ 159 bis € 3.690; Durchschn. € 475
Info	Azamara Club Cruises Tel. 0800 724 03 47 www.azamaraclubcruises.de

PROFIL

Info-/Entertainment	⚓ ⚓ ⚓ ◐ ○
Sport & Wellness	⚓ ⚓ ⚓ ◐ ○
Gastronomie	⚓ ⚓ ⚓ ⚓ ◐
Familienfreundlichkeit	⚓ ◐ ○ ○ ○
Service	⚓ ⚓ ⚓ ⚓ ○
Routing	⚓ ⚓ ⚓ ⚓ ⚓

Azamara Club Cruises

Drei stylishe Boutiquecruiser für besondere Erlebnisse – vor allem bei den Landprogrammen

Die Frage hörte man unter den – auch immer mehr aus dem deutschsprachigen Raum kommenden – Anhängern der 2007 gegründeten Tochter des US-Konzerns Royal Caribbean immer wieder: Wann gesellt sich zu den beiden Upper-Premium-Schiffen **Azamara Journey** und **Azamara Quest** ein weiteres, um die reedereitypischen ausgefeilten Routings endlich erweitern zu können? Mit der **Azamara Pursuit**, einem Umbau der **Adonia** von **P&O**, wurde der Flottenausbau nun Realität. Wer Massenbespaßung auf See und kurze Landaufenthalte nicht mag, sollte sich dieses elegante Trio im Stil eines edlen Country Clubs anschauen. Die moderate Schiffsgröße – es werden nur je 700 Gäste beherbergt – erlaubt auch den Besuch von Häfen abseits der Rennstrecken in gediegener, entspannt-familiärer Atmosphäre, oft mit Aufenthalten über Nacht. Dazu gehört eine exklusive Abendveranstaltung an Land namens „AzAmazing Evenings" – ein Inklusivangebot, das es sonst fast nirgends in der Kreuzfahrt gibt. Die Bordinfrastruktur ist überraschend vielfältig und komplett, nur die Standardkabinen, vor allem deren Badezimmer, sind recht kompakt. Zum Paket gehören auch täglich wechselnde Weine sowie ausgewählte Spirituosen und Biere.

Fahrgebiete 2019

Pursuit: bis April Südamerika, bis Nov. Mittelmeer und wieder Südamerika. **Quest**: bis Mai Karibik, bis Okt. Mittelmeer, dann via Singapur nach Australien. **Journey**: Südostasien, Nordeuropa und Mittelmeer.

Carnival Cruise Line

Die Gründungsgesellschaft der heutigen Carnival Corporation ist ein Big Player in der Karibik

Gemessen an ihren Passagierzahlen ist die Carnival Cruise Line (CCL) eine der größten Kreuzfahrtreedereien der Welt – und die Erfinderin des Funship-Konzepts. Es wurde geboren, als das erste Carnival-Schiff, die **Mardi Gras**, 1972 bei seiner Jungfernfahrt auf eine Sandbank lief: Um die Gäste bei Laune zu halten, ließ Firmenchef Ted Arison sie rund um die Uhr unterhalten. Mit dieser Idee stieg Carnival unter Teds Sohn Micky Arison zum Kreuzfahrtgiganten auf: Die Konzernmutter **Carnival Corporation** vereint heute zwölf Kreuzfahrtlinien unter einem Dach. CCL ist eine von ihnen: Ihre Schiffe sind überwiegend ab US-Häfen im Einsatz, sie bieten eine bunte Fantasiewelt und locken mit vielen Inklusivleistungen beim Essen, mit perfektem Entertainment, hervorragenden Kinder- und Jugendclubs und vielem mehr. Die meisten Gäste sind Nordamerikaner; alle Menükarten und Programme sind aber auch in deutscher Sprache erhältlich. In europäischen Gewässern sind Carnival-Schiffe selten anzutreffen – auch der Neubau **Carnival Horizon**, weitgehend baugleich mit der **Carnival Vista** von 2016, kreuzt 2019 ganzjährig ab/bis Miami. Insgesamt besitzt CCL 25 Schiffe; das aktuell älteste, die **Carnival Ecstasy**, ist seit 1991 in Fahrt. Die Flotte seit 2004:

Schiff	Baujahr	Passagiere
Carnival Miracle	2004	2.124/2.680
Carnival Valor	2004	2.974/3.730
Carnival Liberty	2005	2.974/3.730
Carnival Freedom	2007	2.974/3.730
Carnival Splendor	2008	3.006/3.914
Carnival Dream	2009	3.690/4.630
Carnival Magic	2011	3.690/4.630
Carnival Breeze	2012	3.690/4.630
Carnival Sunshine	1996/2013	3.002/3.758
Carnival Vista	2016	3.954/4.700
Carnival Horizon	2018	3.954/4.700
Carnival Panorama	2019	3.954/4.700

DIE FUNSHIPS: Spaß und Action an Bord und an Land. Hauptfahrgebiet ist die Karibik; erstklassig sind die Shows

CARNIVAL HORIZON: Kurs Karibik

DATEN & FAKTEN CARNIVAL HORIZON

BRZ 133.596	**Crew-Mitglieder** 1.450
Länge 322,50 m	**PCR (Pass. pro Crew)** 2,7
Breite 37,19 m	**PSR (Platzangebot)** 34,0
Indienststellung 2018	**Passagierdecks** 14
Bordsprache Englisch	**Restaurants** 9
Passagiere 3.934/4.700	**Bars** 13

Kabinen	1.967, davon 752 innen, 1.141 außen, 77 % mit Balkon, 74 Suiten; Größen: 17–52 m²
Sport & Wellness	3 Pools, 6 Whirlpools, Wasserrutsche, Spa, Dampfbad/Sauna, Minigolf, Hochseilgarten, Sportplatz, Joggingbahn u. v. m.
Info-/Entertainment	Shows im Las-Vegas-Stil, vielfältige Livemusik, IMAX- und 4-D-Kino, Bibliothek, Disco, Casino, Shops, Kunstauktionen
Dresscode	sportlich-leger bis elegant
Preis pro Nacht	€ 90 bis € 1.227; Durchschnitt € 141
Info	Carnival Cruise Line München, Tel. (089) 51 70 31 30 www.carnivalcruiseline.de

PROFIL

Info-/Entertainment	⚓⚓⚓⚓⚓
Sport & Wellness	⚓⚓⚓⚓½
Gastronomie	⚓⚓⚓⚓
Familienfreundlichkeit	⚓⚓⚓⚓⚓
Service	⚓⚓⚓½
Routing	⚓⚓⚓

Carnival Horizon & Carnival Vista

Breites Angebot für Familien, gutes Essen, guter Service – und viel Bezug zu Sonne und Meer

Die baugleichen Carnival-Schiffe **Horizon**, **Vista** und (ab 2019) **Panorama** zelebrieren kubanisches Flair, voran in der grandiosen Havana Bar inklusive Pool am Heck mit künstlichen Palmen und Strohhütten. Angrenzend liegen die Havana-Kabinen mit Terrasse und privater Hängematte. Das Familienangebot ist umfangreich: Spezielle Kabinen haben Sitz- und Spielecken, eine Familien-Lounge bietet Snacks und Spiele, und im Clubhouse (Deck 12) gibt es Tischtennis, Billard, Bowling, Minigolf und Tischkicker. Gleich daneben: ein Hochseilgarten und der „Skyride“, zwei an Schienen hängende Fahrradgondeln, in denen man übers Deck strampeln kann. Noch mehr Spaß gibt's im großen Wasserpark. Wer Ruhe sucht, genießt den Serenity-Bereich mit Aussicht nach vorn. Viel Bezug zum Meer bietet die breite Promenade mit Bars, Restaurants und Ruhebereichen. Das Schiff ist im positiven Sinn amerikanisch: Der Service ist aufmerksam und freundlich, das Essen sehr gut. Was noch? Eine riesige Video-Installation in Form eines Cocktailglases im Atrium, das große IMAX-Kino, eine Craft-Beer-Brauerei, Livemusik und Shows im Theater auf sehr hohem Niveau sowie ein buntes Angebot an Bars und Restaurants, viele davon zuzahlungsfrei. Neu auf der Carnival Horizon sind effiziente „intelligente“ Aufzüge, bei denen der Gast sein Fahrtziel vorab per Display auswählt.

Fahrgebiete 2019

Ganzjährig in der Karibik: **Carnival Vista** ab/bis Galveston/Texas, **Carnival Horizon** ab/bis Miami.

Celebrity Cruises

Die Cruise Line der iPhone-Generation – seit Herbst 2018 mit dem ersten Edge-Class-Schiff

Das „X" am Schornstein erinnert an die griechischen Wurzeln der Reederei: Ihr Gründer John Chandris führte das „X" (wie „Chi" für Chandris) im Firmenlogo. Es wurde beibehalten, als Celebrity Cruises 1989 entstand – und 1997 von **Royal Caribbean** übernommen wurde. Die Schiffe der heute weltweit verkehrenden Flotte zeichnen sich durch eine betont elegante, internationale Atmosphäre und ein exzellentes Preis-Leistungs-Verhältnis aus. Ein Qualitätssprung gelang mit der **Solstice-Klasse** (2008 – 2012), deren innovatives Design ein kosmopolitisches, trendbewusstes Publikum begeistert. Klassische Schiffe sind dagegen die älteren Liner der **Millennium-Klasse** (2000 – 2002). Vor Galápagos ist der Boutiquecruiser **Celebrity Xpedition** im Einsatz, seit 2017 unterstützt von den beiden Yachten **Celebrity Xploration** und **Xperience**. Als neuerlichen Quantensprung, vergleichbar mit der Solstice-Klasse, präsentiert sich die neue **Edge-Klasse**. Mit der **Celebrity Edge**, gebaut bei STX in Saint-Nazaire und nicht, wie die Solstice-Schiffe, auf der Meyer Werft in Papenburg, ist sie im Herbst 2018 gestartet. Sie basiert zwar auf dem Solstice-Design, wartet aber auch mit so spektakulären Innovationen auf, dass man zu Recht von einer neuen Schiffsklasse sprechen darf.

Schiff	Baujahr	Passagiere
Celebrity Millennium	2000	2.052/2.368
Celebrity Summit	2001	2.052/2.368
Celebrity Infinity	2001	2.052/2.368
Celebrity Xpedition	2001	100
Celebrity Constellation	2002	1.950/2.300
Celebrity Solstice	2008	2.852/3.145
Celebrity Equinox	2009	2.852/3.145
Celebrity Eclipse	2010	2.852/3.145
Celebrity Silhouette	2011	2.852/3.145
Celebrity Reflection	2012	2.852/3.145
Celebrity Xploration	1982/2017	16
Celebrity Xperience	2007/2017	48
Celebrity Edge	2018	2.918/3.381

TRENDIGES DESIGN und der Lawn Club kennzeichnen die Solstice Class. Unten: Überführung aus der Werft auf der Ems

MAGIC CARPET: Die Plattform ist da, wo man sie braucht

DATEN & FAKTEN

BRZ 129.500
Länge 306,00 m
Breite 39,00 m
Indienststellung 2018
Bordsprache Englisch
Passagiere 2.918/3.381
Crew-Mitglieder 1.320
PCR (Pass. pro Crew) 2,2
PSR (Platzangebot) 44,4
Passagierdecks 14
Restaurants 16
Bars 10

Kabinen	1467 Kabinen, davon 131 innen, 1.160 außen (1.012 mit Balkon), 176 Suiten; Größen: 12–176 m²
Sport & Wellness	Pool, Designer-Spa mit SEA Thermal Suite, Friseur/Barbier, Beauty-Treatments, Aqua-Class-Kabinen, Fitnesscenter
Info-/Entertainment	Shows im Bordtheater, Nachtclub „Eve at Eden", Resort-Deck mit Open-Air-Events, Kinder- und Teens-Club „Camp at Sea"
Dresscode	sportlich-elegant
Preis pro Nacht	€ 143 bis € 10.088; Durchschnitt € 370
Info	Celebrity Cruises Tel. 0800 724 03 46 www.celebritycruises.de

PROFIL

Info-/Entertainment
Sport & Wellness
Gastronomie
Familienfreundlichkeit
Service
Routing

Aktuell noch nicht bewertet

Celebrity Edge

Innovative Konzepte, mondänes Ambiente: Das Schiff setzt neue Maßstäbe im Premium-Markt

Mit der Premiere der Celebrity Edge erfindet die amerikanische Reederei einige Bereiche des klassischen Kreuzfahrtschiffs neu. Der Prototyp ist kleiner als die Solstice Class und damit flexibler bei den Routen. Das Pooldeck orientiert sich konsequent zum Meer. Die Eden Lounge am Heck ist ein großzügiger, mehrstöckiger Raum mit Restaurant, Mixology-Bar, vertikalem Garten und einer diagonal verlaufenden Flanierrampe. Im Rooftop Garden fusionieren die Rooftop Terrace der Millennium Class und der Lawn Club der Solstice Class, es gibt echte Pflanzen und Baumskulpturen als Miniaturbühnen für Livemusiker. Auffälligstes Feature aber ist sicher der Magic Carpet – eine zwischen Deck 16 und 2 verschiebbare Plattform seitlich außen am Schiff, einsetzbar als Tender-Plattform, Restaurant oder Pooldeck-Erweiterung. Fast alle Restaurants sind neu, darunter auch eines, in dem die 3-D-Comicfigur „Le Petit Chef" das Essen virtuell direkt am Tisch zubereitet. Innovativ – und mit aufwendigen Änderungen der Schiffsarchitektur verbunden – sind auch die „Infinite Balcony"-Kabinen. Sie sind durch absenkbare Panoramafenster und Glasfalttüren variabel mit Wintergarten, Terrasse oder Balkon nutzbar. Gesteuert und kontrolliert werden soll das alles via Handy-App.

Fahrgebiete 2019

Ihre erste Saison verbringt die Celebrity Edge in der Karibik, bevor sie von Mai bis Oktober 2019 im westlichen und östlichen Mittelmeer fährt.

Foto: U. Bahn

IN DER ÄGÄIS ZU HAUSE: die Celestyal Olympia vor der Insel Patmos

Celestyal Cruises

All-inclusive unterwegs in der Ägäis mit **Celestyal Crystal** und **Celestyal Olympia**

Bei ihren Reisen zwischen den griechischen Inseln und inzwischen auch wieder an die türkische Küste steuern die überschaubar großen Schiffe auch Häfen an, die für die ganz großen Schiffe unerreichbar sind. An Land haben die Gäste erfreulich viel Zeit – für organisierte Ausflüge oder für eigene Aktivitäten. Die **Celestyal Crystal**, einst gebaut als Ostseefähre, ist in einem gut gepflegten Zustand. Die Kabinen sind schön eingerichtet und funktional ausgestattet. Die Grandsuiten haben neben einem Balkon auch einen privaten Whirlpool. Griechische Gastfreundschaft und Kultur stehen im Mittelpunkt. Das Bordprogramm von Sport über Tanz-, Sprach- und Kreativkurse begeistert. Neben zwei À-la-carte-Restaurants mit freundlichem Service gibt es auch ein Buffet. Pool, Whirlpool, Spa und Sauna sorgen für Entspannung. Im Reisepreis enthalten sind neben einem gut dimensionierten Getränkepaket je nach Reisedauer (3, 4 oder 7 Tage) auch Ausflüge. Das Exkursionsangebot reicht von Stadtrundgängen bis zu Bootstouren mit Bademöglichkeit und zu Jeepausflügen. Auf den Celestyal-Schiffen geht es leger zu. Das Schiff spricht internationale Gäste an, so dass Englischkenntnisse von Vorteil sind. Ein deutschsprachiger Reiseleiter ist bei allen Reisen mit an Bord.

Fahrgebiete 2019

3-, 4- und 7-tägige Ägäis-Reisen. Zustieg in Piräus, Heraklion/Kreta oder Kuşadası. Neu: „Atemberaubende Ägäis", „3 Kontinente" auch nach Ägypten und Israel.

DATEN & FAKTEN CELESTYAL CRYSTAL

BRZ 25.611	**Passagiere** 960
Länge 162,00 m	**Crew-Mitglieder** 406
Breite 25,60 m	**PCR (Pass. pro Crew)** 2,2
Indienststellung 1980	**PSR (Platzangebot)** 26,7
letzte Renovierung 2017	**Passagierdecks** 9
Bordsprache Englisch	**Restaurants/Bars** 3/5

Kabinen	480 Kabinen, davon 163 innen, 264 außen, 53 mit Balkon, davon 43 Juniorsuiten, 8 Suiten, 2 Deluxe-Suiten, Größen: 11–36 m²
Sport & Wellness	Pool, Whirlpool, Fitnesscenter, Sauna, Massagen, Beautysalon
Info-/Entertainment	abendliche Shows, Casino, Boutique, Duty-free-Shop, Sprach-, Tanz- und Kreativkurse, Internet (gegen Gebühr)
Dresscode	überwiegend leger
Preis pro Nacht	€ 96 bis € 288; Durchschnitt € 171
Info	Celestyal Cruises, München Tel. (089) 82 08 02 80 www.celestyalcruises.de

PROFIL

Info-/Entertainment	⚓⚓⚓◐○
Sport & Wellness	⚓⚓◐○○
Gastronomie	⚓⚓⚓○○
Familienfreundlichkeit	⚓⚓○○○
Service	⚓⚓⚓◐○
Routing	⚓⚓⚓○○

COSTA'S FINEST: Ziele in aller Welt, farbenfrohe Interieurs – und eine stolze Tradition (unten: Anlauf in Kiel anno 1976)

Costa Kreuzfahrten

Tradition trifft Innovation: Costas Neubauten setzen auf umweltfreundlichen LNG-Antrieb

2018 wurde gefeiert: Die Traditionsreederei aus Genua wurde stolze 70 Jahre alt. 14 Schiffe zählt die Flotte 2019, darunter die Neubauten **Costa Smeralda** und **Costa Venezia** (für den asiatischen Markt) für je fast 6.600 Passagiere – und mit umweltschonendem LNG-Antrieb. Aus Asien kehrt die **Costa Fortuna** zurück; sie kreuzt 2019 wieder für europäische Gäste ab/bis Savona. Zugleich wechselt die **Costa neoRiviera** als **AIDAmira** zum Jahresende zu AIDA Cruises. Costas Markenzeichen ist der gelbe Schornstein, Markenbotschafterin ist Popstar Shakira. Das Stammpublikum sind Italiener, je nach Route kommen Gäste aus aller Herren Länder hinzu; Durchsagen in fünf Sprachen sind deshalb die Regel. Zu Ferienzeiten reisen viele Kinder mit (sie dürfen bis zu 18 Jahren gratis an Bord!). Um deutschsprachiges Publikum kümmert man sich vom Deutschland-Büro in Hamburg aus sehr intensiv. Bis 2012 merkte man den Interieurs der Schiffe die Handschrift der **Carnival Corporation** aus Miami an, die Costa 2000 übernahm. Mit der 2014 gestarteten **Costa Diadema** (rechts) aber wurde nach dem Motto „Italy's Finest" das betont italienische Borderlebnis wieder in den Vordergrund gerückt. Neu bei Costa ist eine interaktive Bord-App. Und: Seit 2017 sind Trinkgelder im Reisepreis inkludiert.

Schiff	Baujahr	Passagiere
Costa neoRomantica	1991/2015	1.308/1.726
Costa neoRiviera	1996/2013	1.248/1.727
Costa Victoria	1996	1.928/2.394
Costa Fortuna	2003	2.950/3.470
Costa Mediterranea	2003	2.112/2.680
Costa Magica	2004	2.950/3.470
Costa Pacifica	2009	3.100/3.780
Costa Luminosa	2009	2.260/2.862
Costa Deliziosa	2010	2.260/2.862
Costa Favolosa	2011	3.100/3.780
Costa Fascinosa	2012	3.016/3.800
Costa Diadema	2014	3.724/4.947
Costa Venezia	2019	6.518 /6.580
Costa Smeralda	2019	6.518 /6.580

2014 IN GENUA: Feuerwerk zur Taufe

Costa Diadema

Fröhliches Bordleben und viel Platz für Kinder: „Italy's Finest" im Mittelmeer und in Arabien

Das aktuelle Costa-Flaggschiff kommt deutlich dezenter daher als frühere Flottengeschwister; nur im blau leuchtenden Atrium leistet es sich einen kraftvollen Akzent. Die Restaurants und Bars auf den Decks 4 und 5 öffnen sich mit Außenpavillons zu einer wohltuend breiten Promenade. Die Kabinen sind hell und zweckmäßig, wenn auch eine Spur zu nüchtern. Das macht aber das genussbetonte, fröhlich-bunte Borderlebnis wett. Themenabende von der „Weißen Nacht" bis zum Maskenball und das bewusst italienisch gefärbte Bühnenprogramm garantieren gute Unterhaltung. Man speist zu festen Zeiten im Fiorentino oder Adularia; zur zweiten Tischzeit ist die Stimmung deutlich ausgelassener. Und am Gala-Abend entpuppt sich mancher Kellner als „Pavarotti light" und schmettert zwischen den Gängen Klassiker wie „Volare". Flexible Zeiten gelten im Corona Blu und am Buffet (das auf Deck 10 allerdings einen Lärmpegel wie zur Rushhour in Rom hat). Aufpreispflichtig sind ein Clubrestaurant und das Samsara-Wellnessrestaurant, im japanischen Teppanyaki jonglieren Showköche mit Messern und Pfeffermühlen. Ein großes Herz, typisch Costa, hat die Diadema für Kinder: Ihr Spiel- und Planschbereich mit Ritterburg und Piratenschiff ist vorbildlich.

Fahrgebiete 2019

Bis zum Herbst 6-Nächte-Törns ab/bis Savona oder Rom im westl. Mittelmeer, mit Zustiegsmöglichkeit auch in den Routenhäfen. Im Winter erstmals Arabische Emirate mit Dubai, Abu Dhabi und Qatar.

DATEN & FAKTEN

BRZ 132.500
Länge 306,00 m
Breite 37,20 m
Indienststellung 2014
Bordspr. It., Dt., Engl., Frz.
Passagiere 3.724/4.947

Crew-Mitglieder 1.253
PCR (Pass. pro Crew) 3,9
PSR (Platzangebot) 26,8
Passagierdecks 13
Restaurants 7
Bars 11

Kabinen	1.862, davon 838 mit Balkon, 75 Suiten mit Balkon, 254 Außenkabinen mit Meerblick, 687 Innenkabinen
Sport & Wellness	2 Pools, 4 Whirlpools, Fitnessclub, Samsara Spa über zwei Decks (Sauna, Solarium, Thalasso-Therapie, Massagen etc.), Sportplatz, Joggingtrack u. v. m.
Info-/Entertainment	Theater, Casino, 4-D-Kino, Disco, Grand-Prix-Simulator, Shoppingcenter, Videospiele, Kinderclub
Dresscode	sportlich-leger; Gala-Abende
Preis pro Nacht	€ 82 bis € 540; Durchschnitt € 190
Info	Costa Kreuzfahrten Hamburg, Tel. (040) 570 12 13 16 www.costakreuzfahrten.de

PROFIL

Info-/Entertainment	⚓⚓⚓⚓
Sport & Wellness	⚓⚓⚓⚓½
Gastronomie	⚓⚓⚓½
Familienfreundlichkeit	⚓⚓⚓⚓⚓
Service	⚓⚓⚓
Routing	⚓⚓½

KURS AUF HAMBURG: auf der Unterelbe

DATEN & FAKTEN COSTA PACIFICA

BRZ 114.425	**Passagiere** 3.008/3.780
Länge 290,00 m	**Crew-Mitglieder** 1.110
Breite 35,50 m	**PCR (Pass. pro Crew)** 2,7
Indienststellung 2009	**PSR (Platzangebot)** 37,9
Renovierung regelmäßig	**Passagierdecks** 13
Bordspr. u. a. It., Dt., Engl.	**Restaurants/Bars** 5/11

Kabinen	1.504 Kabinen, davon 91 mit direktem Spa-Zugang, 524 mit Balkon, 58 Balkonsuiten, 12 Suiten mit Spa-Zugang; Größen: 14–35 m²
Sport & Wellness	3 Pools, 5 Whirlpools, Joggingparcours, Samsara Spa
Info-/Entertainment	Theater über 3 Decks, Casino, Diskothek, Grand-Prix-Rennsimulator, Kinderclub
Dresscode	sportlich-leger, Gala-Abende
Preis pro Nacht	€ 83 bis € 389; Durchschnitt € 160
Info	Costa Kreuzfahrten Hamburg, Tel. (040) 570 12 13 16 www.costakreuzfahrten.de

PROFIL

Info-/Entertainment	⚓⚓⚓◐○
Sport & Wellness	⚓⚓⚓⚓◐
Gastronomie	⚓⚓⚓○○
Familienfreundlichkeit	⚓⚓⚓⚓○
Service	⚓⚓⚓○○
Routing	⚓⚓⚓⚓○

Costa Pacifica & Costa Favolosa

Von Kiel ins Nordland mit überdachten Pools, attraktivem Spa und italienischer Kulinarik

Notenschlüssel, Instrumente, Klaviertasten: Die **Costa Pacifica** spielt mit Assoziationen zur Musik als durchgängigem Designthema und präsentiert sich in kräftigen Farbtönen mit viel Gold. (Die fast baugleiche **Costa Favolosa** ist dagegen von einem fiktiven Märchenschloss inspiriert.) Echtholzböden machen das Promenadendeck schon fast zu einer Rarität unter modernen Schiffen. Der Hauptpool ist windgeschützt zwei Decks hoch verglast und verfügt über ein zurückfahrbares Glasdach. Am Heck gibt es einen offenen Pool inklusive Wasserfall und Whirlpools oberhalb auf terrassenförmigen Decks. Kinder toben sich am Wasserspielplatz aus. Außerdem gibt es eine Wasserrutsche mit – für die Eltern praktisch – benachbartem Whirlpool. Für Unterhaltung sorgen auf beiden Schiffen ein Formel-1-Rennsimulator, ein 4-D-Kino, ein großes Showtheater sowie viel Livemusik in den Bars. Das Samsara Spa gehört in seiner großzügigen Gestaltung mit Thalasso-Pool und japanischem Teehaus zu den attraktivsten auf hoher See. Viel Wert legt Costa auf gutes, italienisches Essen. Mozzarella wird frisch an Bord produziert, ebenso „Gelato“ nach Rezepten eines Eisweltmeisters – und die Menüs im Hauptrestaurant konzipiert Starkoch Bruno Barbieri.

Fahrgebiete 2019

Die **Pacifica** fährt, aus Karibik und Mittelmeer kommend, im Sommer ab Kiel gen Norwegen und Baltikum; zum Winter geht es nach Brasilien. Die **Favolosa** lädt im Sommer zu Abfahrten in Warnemünde ein.

ZU GAST IN HAMBURG: am Cruise Center Atona

Costa Mediterranea

Fröhlich bunt und mit einem Herz für Kinder: Costas Schiff für Bremerhaven im Sommer 2019

Wer ein Costa-Schiff erleben will, wie sie früher waren, der buche in diesem Sommer die Costa Mediterranea. Ab Bremerhaven kreuzt sie gen Norwegen, England, Schottland und bis hinauf nach Island – und bietet dabei eine bunte italienische Fantasiewelt auf den Wellen. Als Leitmotiv standen italienische (vorrangig venezianische) Adelspaläste Pate; Joe Farcus, lange Chefdesigner der Costa-Mutter Carnival, hat es in typisch überbordender Manier zusammengestellt. Ein erster Blickfang findet sich schon in der Lobby: ein 25 Meter hohes Kunstwerk des Italieners Gigi Rigamonti, mit an alte Altarbilder erinnernden Figuren. Bunt also und fröhlich soll die Mediterranea sein, mit viel Show, Animation und Action, vor allem auch für Kinder und Teens: In Altersgruppen aufgeteilt, werden sie in ihrem Club bespaßt. Gegessen wird in vier Restaurants (im Hauptrestaurant übrigens mit zwei formellen Gala-Abenden), die ebenfalls opulent dekoriert sind: Eine Pizzeria gibt sich neoklassizistisch, die Bar Roero barock. Kurzum: Wer ein quirliges Kreuzfahrterlebnis sucht, ist hier richtig – wer es laut nicht mag, dagegen nicht. Vor allem zu Ferienzeiten gilt dies: Dann sind viele Kinder an Bord; Costa lockt Familien mit attraktiven Konditionen.

Fahrgebiete 2019

Winter und Frühjahr in Dubai/im Arabischen Golf, dann ab Mitte April Nord- und Westeuropa ab/bis Bremerhaven oder Amsterdam. Im Herbst rund um Westeuropa und übers Mittelmeer via Suez in den Indischen Ozean (Seychellen, Madagaskar, La Réunion).

DATEN & FAKTEN

BRZ 85.619	**Passagiere** 2.114/2.680
Länge 292,50 m	**Crew-Mitglieder** 920
Breite 32,20 m	**PCR (Pass. pro Crew)** 2,4
Indienststellung 2003	**PSR (Platzangebot)** 40,5
Renovierung 2013	**Passagierdecks** 12
Bordspr. u. a. It., Dt., Engl.	**Restaurants/Bars** 4/12

Kabinen	1.057, davon 40 Wellness-Außenkabinen mit Balkon, 4 Wellness-Suiten, 620 Balkonkabinen, 54 Suiten mit Balkon; Größen: k. A.
Sport & Wellness	3 Pools, 4 Whirlpools, Samsara Spa (Sauna, Massagen), Fitnessraum; Wasserrutsche, Sportplatz
Info-/Entertainment	Shows im Theater, Casino, Disco, Tanz, Bibliothek, Kinderclub, Vorträge, Spiele, Internet-Point
Dresscode	sportlich-leger bis elegant
Preis pro Nacht	€ 87 bis € 430; Durchschnitt € 179
Info	Costa Kreuzfahrten Hamburg, Tel. (040) 570 12 13 16 www.costakreuzfahrten.de

PROFIL

Info-/Entertainment	3 von 5
Sport & Wellness	3 von 5
Gastronomie	3 von 5
Familienfreundlichkeit	4 von 5
Service	3 von 5
Routing	4 von 5

SPITZENGASTRONOMIE in luxuriösem Ambiente und Ziele in aller Welt (Mitte: Quebec City) – dafür steht Crystal Cruises

Crystal Cruises

Der japanische Luxusanbieter expandiert demnächst mit eisgängigen Megayachten

Im Luxussegment sind die Schiffe dieser aus Japan stammenden Reederei (der Sitz der Kreuzfahrtsparte ist jedoch Los Angeles) eine feste Größe: Sie zählen zu den besten der Welt. 2015 ging Crystal in den Besitz der **Genting-Hong-Kong-Gruppe** über – und diese startete gleich ein großes Ausbauprogramm, beginnend mit dem Kauf des Yacht-Cruisers **Crystal Esprit** und gefolgt vom Bau mehrerer Flusskreuzfahrtschiffe, die auch in diesem Segment neue Maßstäbe setzen wollen (S. 234). Damit aber nicht genug: 2020 wird die erste von drei neuen Megayachten mit Eisklasse für je 200 Passagiere starten; sie entstehen bei den MV Werften in Wismar, Rostock und Stralsund. Die **Crystal Endeavor** und ihre Schwestern richten sich an ein jüngeres, aktives Publikum – und sie sollen die größten Suiten an Bord haben, die es im Expeditionsbereich gibt. Außerdem sind drei Schiffe einer neuen Diamond Class geplant, die Raum für jeweils 800 Passagiere bieten und ab 2022 starten sollen.

Doch auch die beiden älteren Hochseeschiffe **Symphony** und **Serenity** werden von den größtenteils US-amerikanischen Passagieren für ihre intensiven Routen mit einer großen Vielfalt an Landausflügen und exzellenten Lektorenvorträgen geschätzt. Die Gäste wissen aber auch zu genießen, denn Crystal gehört in Sachen Kulinarik zu den Spitzenreitern auf hoher See. Und das großzügige All-inclusive-Konzept lässt sogar den Champagner in Strömen fließen.

Schiff	Baujahr	Passagiere
Crystal Symphony	1995	848
Crystal Serenity	2003	980
Crystal Esprit	2015	63

WELTWEITE ROUTEN: Auch Alaska gehört im Sommer dazu

Crystal Symphony & Crystal Serenity

Nach einer Renovierung bieten die beiden Klassiker mehr Penthouses und neue Restaurants

Luxuskreuzfahrt mit Nostalgiefaktor: Die beiden beliebten Hochseeschiffe von Crystal wirken an manchen Abenden wie aus einer anderen Zeit. Zum Nachmittagstee gibt es Livemusik, und am Abend führen Ambassador Hosts die Damen übers Parkett. Das Entertainment ist klein und fein, mehr Wert legen die gut situierten Passagiere auf das vielfältige „Enrichment" – vom Lektorenvortrag über den Malkurs bis hin zum Social-Media-Seminar. Die günstigen Suiten der japanischen Schiffe sind relativ klein, daher wurden während der letzten Werftzeit im Herbst 2017 auch einige zu Penthouses mit Butlerservice umgebaut, und die Passagierkapazität wurde gesenkt. Neuerungen gibt es auch bei der preisgekrönten Kulinarik: Das Hauptrestaurant Waterside bietet mehr Tische für zwei oder vier Personen in einer offenen Sitzung. Das Sushi-Restaurant von Nobu Matsuhisa heißt nun Umi Uma und kann wie das italienische Spezialitätenrestaurant Prego von den Penthouse-Gästen jederzeit kostenlos besucht werden, und das Lido Café wandelt sich abends zu einer brasilianischen Churrascaria. Gleich nebenan befindet sich das neue, chinesisch inspirierte Silk, abends wird eine Reservierung empfohlen. Und an einem Punkt zeigt sich die Reederei aktueller denn je: Das Wi-Fi ist nun im Reisepreis inkludiert.

Fahrgebiete 2019

Beide Schiffe gehen auf Weltreise und treffen sich in Sydney. Die **Symphony** fährt dann in Nordamerika und nach Alaska, die **Serenity** in Europa.

DATEN & FAKTEN CRYSTAL SYMPHONY

BRZ 51.044	**Passagiere** 848
Länge 238,10 m	**Crew-Mitglieder** 566
Breite 30,20 m	**PCR (Pass. pro Crew)** 1,5
Indienststellung 1995	**PSR (Platzangebot)** 60,2
Renovierung 2017	**Passagierdecks** 8
Bordsprache Englisch	**Restaurants/Bars** 6/7

Kabinen	424 Suiten, davon 105 Penthouses, 148 mit Balkon, 171 mit Fenster; Größen: 19–92 m²
Sport & Wellness	2 Pools, 2 Jacuzzis, Fitnesscenter, Spa mit Sauna, Dampfbad und Beautysalon, Tennis, Golfabschlag
Info-/Entertainment	Shows, Konzerte, Comedy, Kino, Kurse, Casino, Gentlemen Hosts
Dresscode	leger, elegant oder informell
Preis pro Nacht	€ 263 bis € 2.739; Durchschnitt € 582
Info	Aviation & Tourism International Tel. (06023) 91 71 50 www.atiworld.de Vista Travel, Tel. (040) 30 97 98 40 www.vistatravel.de

PROFIL

Info-/Entertainment	⚓⚓⚓½
Sport & Wellness	⚓⚓⚓
Gastronomie	⚓⚓⚓⚓⚓
Familienfreundlichkeit	⚓⚓⚓
Service	⚓⚓⚓⚓⚓
Routing	⚓⚓⚓⚓

KLASSISCHE ELEGANZ und der rote Schornstein gehören zum Cunard-Style, ebenso wie ein kostenloses Suiten-Frühstück

Cunard Line

Ein legendärer Transatlantik-Liner und klassische Kreuzfahrten prägen die britische Carnival-Marke

Bereits 1840 entwickelte der Kanadier Samuel Cunard im Auftrag der britischen Krone einen Transatlantik-Liniendienst, um den Postweg zwischen England und Amerika zu beschleunigen. Diese legendären Passagen fährt das Cunard-Flaggschiff **Queen Mary 2** noch heute – seit dem intensiven Werftaufenthalt 2016 „remastered". Sie ist aber, wie die jüngeren Schwestern, auch auf klassischen Kreuzfahrten unterwegs. Und wenn sie den Hamburger Hafen besucht, stehen die Menschen noch immer am Ufer und winken – die „Queen" fasziniert alle. Kein Wunder, zählt Cunard doch zu den traditionsreichsten Kreuzfahrtmarken der Welt. Alle Cunard-Schiffe bieten Cruising auf britische Art, mit High Tea, Gentlemen Hosts usw., auch wenn die Firma inzwischen zur **Carnival Corporation** zählt. Zum klassischen Stil gehört auch eine Einteilung der Kabinen in verschiedene Klassen mit jeweils eigenen Restaurants. Gleichzeitig frischen Themenreisen das Bordleben auf – 2019 findet beispielsweise eine Fashion Cruise statt. Außerdem gibt es neue Kooperationen, etwa mit dem Kaffeehersteller illy, der Maschinen in den Suiten bereitstellt, oder der Schokoladenmarke Godiva. Speisekarten und Tagesprogramme in deutscher Sprache gehören zum Standard, auf vielen Reisen gibt es weitere deutschsprachige Angebote wie etwa Lektorenvorträge. Zu den Highlights 2019 gehören eine 33-tägige Nordamerikareise mit vorheriger Atlantiküberquerung ab Hamburg mit der **Queen Mary 2** und die erste Alaskasaison der **Queen Elizabeth**. Und 2022 kommt eine vierte Queen – der lang erwartete Neubau!

Schiff	Baujahr	Passagiere
Queen Mary 2	2004	2.695/k. A.
Queen Victoria	2007	2.061/k. A.
Queen Elizabeth	2010	2.081/k. A.

SAN FRANCISCO – Traumkulisse für die Queen

Queen Mary 2

Der letzte Transatlantik-Liner heißt als einziges Hochseeschiff auch Hunde willkommen

Üppig ist das Raumangebot, groß die Abwechslung im Bordprogramm der bekanntesten Cunard-Queen. Das klassische Stufenheck und traditionelle Bälle in Abendgarderobe lassen vergangene Zeiten wieder aufleben. Aber das Bordleben wird auch lockerer: Jenseits der „formal nights“ herrscht kein Krawattenzwang mehr, und den Fünf-Uhr-Tee gibt es gegen Zuzahlung auch als Champagner-Variante. Bei einer intensiven Renovierung wurden 2016 alle Kabinen aufgewertet und 50 zusätzliche untergebracht, darunter 15 Einzelkabinen. Die größte Veränderung erfuhr Deck sieben: Das Buffetrestaurant wurde völlig neu gestaltet und bietet abends nun fünf statt bisher drei À-la-carte-Zuzahlungsalternativen. Der Winter Garden lädt im neuen Design als Carinthia Lounge zum Verweilen ein, hier gibt es nun auch leichte, hochwertige Snacks. Ein Deck höher ist das Todd English wie auf den anderen Queens dem französischen Verandah-Restaurant gewichen, damit unterstreicht die Reederei ihre internationaler werdende Ausrichtung. Auch für die tierischen Gäste wurde mit zehn neuen Unterkünften sowie einem New Yorker Hydranten und einer Liverpooler Straßenlaterne auf dem „Gassi-Deck“ gesorgt. Einziges Ärgernis: Die Getränke sind auf der „QM2“ zum Teil arg überteuert.

Fahrgebiete 2019

Zu Jahresbeginn Weltreise „westbound“ ab/bis Southampton. Am 10. Mai Start der Transatlantik-Saison; sechs Passagen beginnen oder enden in Hamburg. Im August Kreuzfahrt zu den norwegischen Fjorden.

DATEN & FAKTEN

BRZ 151.800	**Passagiere** 2.695/k.A.
Länge 345,00 m	**Crew-Mitglieder** 1.178
Breite 41,00 m	**PCR (Pass. pro Crew)** 2,3
Indienststellung 2004	**PSR (Platzangebot)** 56,3
Renovierung 2016	**Passagierdecks** 13
Bordsprache Englisch	**Restaurants/Bars** 9/12

Kabinen	1.355, davon 293 innen, 813 Balkonkabinen, 172 Suiten; Größen: 15–209 m²
Sport & Wellness	Pools, Golfsimulator, Basketball, Shuffleboard, Tischtennis, Laufpfad, Spa und Fitnesscenter
Info-/Entertainment	Planetarium, Casino, Theater/Kino, Nachtclub, Ballsaal, Kinderclub, täglich wechselndes Showprogramm, Bingo/Spiele etc.
Dresscode	tagsüber casual, abends formell oder informell
Preis pro Nacht	€ 90 bis € 3.130; Durchschnitt € 242
Info	Cunard Line Hamburg, Tel. (040) 41 53 35 55 www.cunard.de

PROFIL *

Info-/Entertainment	5
Sport & Wellness	4
Gastronomie	4
Familienfreundlichkeit	3
Service	3,5
Routing	3,5

* **Grill Class:** Gastronomie & Service 4,5 Anker

DIE QUEEN ELIZABETH zu Besuch in Travemünde

DATEN & FAKTEN QUEEN ELIZABETH

BRZ 90.900	**Passagiere** 2.081
Länge 294,00 m	**Crew-Mitglieder** 1.005
Breite 32,00 m	**PCR (Pass. pro Crew)** 2,1
Indienststellung 2007	**PSR (Platzangebot)** 44,1
Renovierung 2018	**Passagierdecks** 12
Bordsprache Englisch	**Restaurants/Bars** 8/10

Kabinen	1.045 (158 innen, 738 mit Balkon), davon 127 Suiten; Größen: 14–198 m²
Sport & Wellness	2 Pools, Driving Range/Putting Green, Shuffleboard, Tischtennis, Laufpfad, Spa, Fitness, Fechtkurse
Info-/Entertainment	Computercenter, Bibliothek, Casino, Theater/Kino, Nachtclub/Disco, Video, Kids/Teen Zone, Cunardia
Dresscode	tagsüber casual, abends formell oder informell
Preis pro Nacht	€ 91 bis € 2.490; Durchschnitt € 253
Info	Cunard Line Hamburg, Tel. (040) 41 53 35 55 www.cunard.de

PROFIL *

Info-/Entertainment	⚓ ⚓ ⚓ ⚓ ○
Sport & Wellness	⚓ ⚓ ⚓ ⚓ ○
Gastronomie	⚓ ⚓ ⚓ ⚓ ○
Familienfreundlichkeit	⚓ ⚓ ⚓ ○ ○
Service	⚓ ⚓ ⚓ ⚓ ○
Routing	⚓ ⚓ ⚓ ⚓ ○

Queen Elizabeth & Queen Victoria

Frisch renoviert, können sich auch die beiden kleineren Cunard-Liner sehen lassen

Die **Victoria** überzeugt als Gesamtkunstwerk im Stil der viktorianischen Ära. Beim ersten großen Umbau im Sommer 2017 erhielt die kleinste Cunard-Queen 43 neue Kabinen der Kategorie Britannia Club, deren Passagiere wie die Suitengäste in einem eigenen Restaurant ohne festgelegte Tischzeiten speisen. Auch alle anderen Kabinen wurden renoviert und mit Kaffee- bzw. Wasserkocher ausgestattet. Neun Kabinen stehen weiterhin Alleinreisenden zur Verfügung. Auf dem Sonnendeck gibt es nun mehr geschützte Bereiche und moderne Loungemöbel. Zum Glück bleibt aber auch Bewährtes erhalten, etwa der Queens Room über zwei Decks für die nostalgischen Themenbälle. Auch die jüngste Queen, die **Elizabeth**, atmet Geschichte: Auf allen Decks erinnern Fotos und Ausstellungsstücke an die Zeit, in der eine Kreuzfahrt noch ein Luxusgut war. 2010 von der Queen höchstpersönlich getauft, punktet die „Lizzy" mit einem Country Garden auf dem Achterdeck, der zu Rasen-Krocket oder Boule einlädt. Auf demselben Deck liegen die Grill-Class-Suiten mitsamt eigenem Restaurant mit Außenbereich. Und beim letzten Werftaufenthalt spendierte die Reederei auch der „Lizzy" neun Kabinen für Einzelreisende.

Fahrgebiete 2019

Queen Elizabeth: Weltentdeckerreise in Asien, ab Mai Alaska, dann Mittelamerika, ab August Nord- und Ostsee. **Queen Victoria**: Zu Jahresbeginn Südamerika, ab April Nord- und Ostsee sowie norwegische Fjorde ab/bis deutsche/n Häfen, dann Mittelmeer.

* **Grill Class:** Gastronomie & Service 4,5 Anker

AUSSEN NOSTALGISCH, INNEN BUNT: Disney Magic im Mittelmeer

Disney Cruise Line

Zu Hause in Florida, aber auch 2019 wieder in Europa zu Gast: Micky & Co. auf hoher See

Sie sind als schwimmende Funparks konzipiert – und haben doch das Flair traditioneller Oceanliner. Mit ihrem goldverzierten Rumpf und Schornsteinen, an denen Mickys Konterfei prangt, sind sie echte Hingucker. Sie treten als doppelte Zwillinge auf: **Disney Magic** und **Disney Wonder** (1998/99) als die älteren, kleineren – **Disney Dream** und **Disney Fantasy** (2011/12) als die jüngeren, größeren. Und 2018 wurde gemeldet: 2021 bis 2023 kommen drei neue Schiffe hinzu, die die Kapazität der Flotte fast verdoppeln werden. Gemeinsam ist allen: So klassisch das Äußere, so bunt ist es an Bord. Kindern wird dort ein Paradies bereitet, mit originalen Disney-Shows, 3-D-Kino, großen Kinderclubs mit bestens geschulten Betreuern, Babysitting schon ab drei Monaten – und großen, mit separater Toilette versehenen Kabinen. Doch auch Erwachsene fühlen sich bei Disney wohl. Für sie gibt es kinderfreie Pools sowie originelle Bars und Restaurants, in denen als Clou das „Rotational Dining" gilt: Allabendlich kann man zwischen verschiedenen Themenrestaurants wechseln – und die Kellner kommen mit! Die Bordsprache ist Englisch, der Service herzlich, das Ambiente amerikanisch – und die Preise für den Spaß sind stattlich, u. a. mit 12 US$ Trinkgeld pro Tag und Person. Dafür aber sind Micky, Goofy, Donald Duck & Co. allgegenwärtig.

Fahrgebiete 2019

Die **Disney Magic** besucht von Juni bis September das Mittelmeer und Nordeuropa. Die Schwestern kreuzen in der Karibik und vor Nordamerika bis Alaska.

DATEN & FAKTEN DISNEY MAGIC

BRZ 83.969
Länge 293,80 m
Breite 32,00 m
Indienststellung 1998
Renovierung 2016
Bordsprache Englisch

Passagiere 2.713
Crew-Mitglieder 950
PCR (Pass. pro Crew) 2,9
PSR (Platzangebot) 30,9
Passagierdecks 11
Restaurants/Bars 4/7

Kabinen	875 (262 innen, 613 außen), davon 22 Suiten, 384 mit Balkon; Größen: 16,8–90 m²
Sport & Wellness	3 Pools, 6 Whirlpools, Senses Spa für Erwachsene, Chill Spa für Teens, Sportdeck/Basketball, Sauna, Massage, Wasserrutsche Aqua Dunk
Info-/Entertainment	Disney-Musicals, Kinderanimation (ab 3 Mon.), 3-D-Kino, Musicals im Theater, Feuerwerk auf See u. v. m.
Dresscode	ungezwungen
Preis pro Nacht	€ 159 bis € 3.407; Durchschn. € 421
Info	USA: www.disneycruise.disney.go.com. Deutschland: u. a. zu buchen über www.kreuzfahrten.de oder Dertour, Tel. (069) 153 22 55 33

PROFIL

Info-/Entertainment	⚓⚓⚓⚓ (4 von 5)
Sport & Wellness	⚓⚓⚓⚓ (4 von 5)
Gastronomie	⚓⚓⚓⚓ (4 von 5)
Familienfreundlichkeit	⚓⚓⚓⚓⚓ (5 von 5)
Service	⚓⚓⚓⚓ (4 von 5)
Routing	⚓⚓⚓⚓ (4 von 5)

AUCH EIN EX-„TRAUMSCHIFF“: die Berlin im Mittelmeer

DATEN & FAKTEN BERLIN

BRZ 9.570	**Passagiere** 412/456
Länge 139,00 m	**Crew-Mitglieder** 180
Breite 17,50 m	**PCR (Pass. pro Crew)** 2,3
Indienststellung 1980	**PSR (Platzangebot)** 23,2
Renovierung 2013/14	**Passagierdecks** 6
Bordsprache Deutsch	**Restaurants/Bars** 2/5

Kabinen	206, davon 158 außen, 48 innen, 2 Grand-Suiten, 4 Junior-Suiten, Größen: 14–37 m²
Sport & Wellness	Sauna, Fitnesscenter, Massagen gegen Gebühr, Außenpool, Friseur, Bordarzt; Lift zu 4 der 6 Passagierdecks
Info-/Entertainment	Shows mit Einzelkünstlern, Lektorenvorträge, Livemusik, große Bibliothek, leichte Animation
Dresscode	sportlich-leger bis formell
Preis pro Nacht	€ 77 bis € 976; Durchschnitt € 225
Info	FTI Cruises, München Tel. (0361) 518 03 43 00 www.fti-cruises.com

PROFIL

Info-/Entertainment
Sport & Wellness
Gastronomie
Familienfreundlichkeit
Service
Routing

FTI Cruises: Berlin

Das gemütliche Ferienschiff für legeres und zugleich stilvolles Reisen

Echtes Kreuzfahrt-Feeling mit persönlichem Ambiente: Das schätzen Stammgäste an der kleinen Berlin. Ruhig und gediegen geht es zu an Bord des ehemaligen ZDF-„Traumschiffs“, das ohne viel Schnickschnack auskommt und doch seinen ganz eigenen Charme besitzt. Natürlich ist die Dame, erbaut 1980, in die Jahre gekommen, aber der letzte Werftaufenthalt Ende 2017 hat ihr wieder etwas frischen Wind verliehen, vor allem was die öffentlichen Räume betrifft. Das Restaurant, in dem in zwei Sitzungen à la carte gespeist wird, wirkt heller und moderner. Ein echter Hingucker ist immer noch die riesige Bibliothek im Kolonialstil, ebenso die Sirocco-Lounge, in der tagsüber Lektorenvorträge, abends Shows und musikalische Unterhaltung stattfinden. Getanzt wird auch im Yacht Club, und der perfekte Ort für einen Sundowner ist das Lido-Deck mit kleinem Außenpool hinter dem Veranda-Buffet. Insgesamt bietet die Berlin sehr großzügige Außenbereiche, lediglich die neu gestaltete Berlin-Lounge auf dem Sonnendeck trifft mit ihrem geschlossenen Charakter nicht jeden Geschmack. Solide eingerichtet sind die Standardkabinen, in den Grand- und Junior-Suiten spiegeln sich die 80er-Jahre. Fitness und Sauna, ein kleiner Shop, ein Friseursalon und ein Massagebereich runden das Angebot an Bord ab.

Fahrgebiete 2019

Bis März Karibik mit Kuba ab/bis Havanna, dann via Azoren ins Mittelmeer (ab/bis Nizza), Mai bis September Nordeuropa, im Spätherbst wieder Mittelmeer.

AUF SOMMERKREUZFAHRT in der Kieler Förde

Hansa Touristik: Ocean Majesty

Kleiner Wohlfühlklassiker mit vielen Routen, die von deutschen Häfen aus starten

Klassische Kreuzfahrttradition trifft moderne Elemente: Der Stuttgarter Veranstalter Hansa Touristik kombiniert auf seinem einzigen Hochseeschiff Kapitänsabende mit offenen Tischzeiten und der Möglichkeit, alle Reisen mit Getränkepaket zu buchen. Tischwein und Wasser sind ohnehin im Preis inbegriffen, alle weiteren Nebenkosten moderat. Alternativ zum À-la-carte-Restaurant im Schiffsbauch kann man auf dem Lidodeck jede Mahlzeit vom Buffet unter Heizstrahlern genießen. Mittags gibt es hier ein frisches Light Lunch, abends werden Themenbüfetts passend zur Route aufgetischt. Das Entertainment reicht von der Jazzmatinee bis zum Talkformat „Nachtcafé" in der Observation Lounge. In der Bellinis Cigar Lounge werden zahlreiche Sportereignisse live übertragen, und am Sonntagabend läuft hier auch der „Tatort". Auf fast allen Reisen fahren Kinder und Jugendliche kostenlos in der Kabine der Eltern mit, für sie gibt es auch ein Programm an Bord. Schönes Detail: Die Balkonkabinen haben in der letzten Werftzeit alle eine Glasverkleidung und eine Espressomaschine erhalten. Ein Wermutstropfen: Aufgrund vieler Türschwellen ist das Schiff für Rollstuhlfahrer ungeeignet.

Fahrgebiete 2019

Nord- und Ostsee ab Mai, inklusive Grönland, Island und Spitzbergen. Neu ist eine Kreuzfahrt in Südschweden. Saisonabschluss im Mittelmeer, mit einer Genussreise rund um Italien und einer Reise zu den griechischen Inseln mit Kanal von Korinth.

DATEN & FAKTEN OCEAN MAJESTY

BRZ 10.417	**Passagiere** 500/548
Länge 136,00 m	**Crew-Mitglieder** 235
Breite 19,20 m	**PCR (Pass. pro Crew)** 2,1
Indienststellung 1995	**PSR (Platzangebot)** 20,8
Renovierung 2016	**Passagierdecks** 8
Bordsprache Deutsch	**Restaurants/Bars** 2/5

Kabinen	274 (193 außen, 81 innen), 8 mit Balkon, 185 mit Fenster oder Bullauge; Größen: 14–23 m²
Sport & Wellness	Wellnessbereich mit Sauna, Massage und Beautysalon, Shuffleboard, Joggingpfad
Info-/Entertainment	Animation, Show, Unterhaltung, Tanz, Sat-TV, Kino
Dresscode	sportlich-leger, elegant nur an zwei Gala-Abenden
Preis pro Nacht	€ 133 bis € 433 Durchschnitt € 234
Info	Hansa Touristik Stuttgart, Tel. (0711) 22 93 16 90 www.hansatouristik.de

PROFIL

Info-/Entertainment	⚓⚓⚓○○
Sport & Wellness	⚓⚓○○○
Gastronomie	⚓⚓⚓○○
Familienfreundlichkeit	⚓⚓⚓○○
Service	⚓⚓⚓◐○
Routing	⚓⚓⚓◐○

FÜR HÖCHSTE ANSPRÜCHE: Restaurant auf der Europa 2, Jeeptour in Namibia, „Dinner in the Sky" über der Elbe

Hapag-Lloyd Cruises

Der Tradition verpflichtet, aber auch zukunftsorientiert: die führende deutsche Luxusreederei

Wer sich auf Albert Ballin, den Erfinder der modernen Kreuzfahrt, als Gründer berufen kann, darf stolz auf die Tradition sein: So gesehen ist Hapag-Lloyd mit seiner nun 126 Jahre langen Geschichte die deutsche Nummer eins. Das gilt auch, was die Konsequenz in der Umsetzung des Luxusanspruchs betrifft: Hapag-Lloyd steht für ein individuelles Erlebnis, exzellenten Service, kulinarische Höchstleistungen (notabene im Restaurant Dieter Müller auf der **Europa**) und anspruchsvolle Programme, inzwischen auch für Familien und egal ob bei Themenreisen zu Golf, Politik oder klassischer Musik. Oder bei Expeditionen ins Eis – auch wenn die nach einem Zwischenfall auf Spitzbergen im Sommer 2018, bei dem ein Crew-Mitglied der **Bremen** einen Eisbären in Notwehr erschoss, in der öffentlichen Diskussion stehen. Unglücklicherweise zu einem Zeitpunkt, zu dem das Expeditionssegment ausgebaut wird: Zwei neue Entdeckerschiffe starten 2019, die **Hanseatic nature** und die **Hanseatic inspiration** (S. 72). Ihre Namen erinnern an die **Hanseatic**, die 25 Jahre für Hapag-Lloyd fuhr und seit Ende 2018 für **One Ocean Expeditions** in Kanada kreuzt. Auf klassischen Routen sind dagegen die **Europa** und die **Europa 2** unterwegs – für viele weiterhin das schönste Kreuzfahrtschiff der Welt. Auf ihr wird Luxus erfreulich lässig interpretiert, und Pop-Events wie z. B. „Europa 2 Unplugged" sollen auch ein jüngeres Publikum überzeugen.
Eine Besonderheit: Hapag-Lloyd ist der einzige Anbieter, der auch Kreuzflüge im Programm hat: mit einem Privatjet namens – natürlich – **Albert Ballin**.

Schiff	Baujahr	Passagiere
Bremen	1990	155
Europa	1999	400
Europa 2	2013	514
Hanseatic nature	2019	230
Hanseatic inspiration	2019	230

WELTENBUMMLERIN: hier vor der Küste Kamtschatkas

Bremen

Klein, robust, familiär – und anspruchsvoll auch im Detail: das perfekte Schiff für Weltentdecker

Sie gilt als echte „Love Brand“ bei Hapag-Lloyd Cruises. Will sagen: Die kleine, robuste Bremen hat eine treue Fangemeinde, eine Familie fast; entsprechend ist die Atmosphäre an Bord. Im Fokus aller stehen die Ziele, zu denen das Schiff kreuzt. Dank höchster Eisklasse fährt es in der Arktis und Antarktis oft einfach weiter, wenn andere schon umdrehen müssen. Versierte Lektoren und eine sehr gute Küche gehören zum Rahmenprogramm der Naturschauspiele. Der beheizte Pool auf dem rundum verglasten Pooldeck erlaubt ein Bad auch in kalten Regionen. Als Dresscode gilt „smart casual“, Abendrobe ist nicht gefragt. Die Panoramalounge (mit kleiner Bar) am höchsten Punkt des Schiffs gewährt beste Aussichten und dient auch für Vorträge der Fachlektoren. Um draußen nichts zu verpassen, bleiben dabei die Vorhänge oft geöffnet. Komfortable Kabinen, eine offene Brücke und großzügige Außendecks bieten beste Voraussetzungen für den Naturgenuss. Passend dazu kreiert Hapag-Lloyd immer wieder neue Premierenrouten mit Sehnsuchtszielen: 2019 kombiniert die Bremen erstmals Nordwest- mit Nordostpassage und umrundet so in 72 Tagen die gesamte Arktis.

Fahrgebiete 2019

Antarktis und Südamerika bis April, dann via Azoren und Hamburg nach Island, Spitzbergen und Grönland. Ab Juli Arktisumrundung, danach atlantische Inselwelt (Kanaren, Kapverden), Südafrika und im Dezember zurück in die Antarktis.

DATEN & FAKTEN

BRZ 6.752	**Passagiere** 155
Länge 111,00 m	**Crew-Mitglieder** 100
Breite 17,00 m	**PCR (Pass. pro Crew)** 1,6
Indienststellung 1990	**PSR (Platzangebot)** 41,2
letzte Renovierung 2016	**Passagierdecks** 6
Bordsprache Deutsch	**Restaurants/Bars** 1/2

Kabinen	80 Außenkabinen (18 m²), davon 16 mit Balkon, sowie 2 Suiten (24 m²) mit Balkon
Sport & Wellness	Pool, Fitnessraum und Sauna, Schnorchelausrüstung, Nordic-Walking-Stöcke
Info-/Entertainment	Wissensvermittlung durch Experten verschiedener Fachrichtungen, auch für Teens von 10 bis 17 Jahren
Dresscode	sportlich-leger bis sportlich-elegant
Preis pro Nacht	€ 281 bis € 1.316; Durchschnitt € 613
Info	Hapag-Lloyd Cruises Hamburg, Tel. (040) 307 03 05 55 www.hl-cruises.de

PROFIL

Info-/Entertainment	⚓⚓⚓◐○
Sport & Wellness	⚓⚓◐○○
Gastronomie	⚓⚓⚓⚓○
Familienfreundlichkeit	⚓⚓⚓○○
Service	⚓⚓⚓⚓◐
Routing	⚓⚓⚓⚓⚓

AUF GROSSER FAHRT im Indischen Ozean, hier vor den Seychellen

DATEN & FAKTEN

BRZ 28.890	**Passagiere** max. 400
Länge 198,60 m	**Crew-Mitglieder** 285
Breite 24,00 m	**PCR (Pass. pro Crew)** 1,4
Indienststellung 1999	**PSR (Platzangebot)** 70,8
Renovierung 2017	**Passagierdecks** 7
Bordsprache Deutsch	**Restaurants/Bars** 4/6

Kabinen	192 Außensuiten (27 m^2), davon 168 mit Balkon und 4 Spa-Suiten; 12 Penthouse-Suiten (45 od. 85 m^2)
Sport & Wellness	Pool, Fitnessraum, Ocean Spa (mit 4 Spa-Suiten), Sauna, Personal Trainer, Golf Pro, Bikes, Tanzkurse, Nordic Walking, Schnorcheln
Info-/Entertainment	Stars der klassischen und Unterhaltungsmusik, Maler, Lektoren, Schauspieler, Schriftsteller, Galerie, Themenreisen, Familienangebote
Dresscode	sportlich-elegant bis elegant
Preis pro Nacht	€ 250 bis € 3.705; Durchschnitt € 786
Info	Hapag-Lloyd Cruises Hamburg, Tel. (040) 307 03 05 55 www.hl-cruises.de

PROFIL

Info-/Entertainment	⚓⚓⚓⚓○
Sport & Wellness	⚓⚓⚓⚓○
Gastronomie	⚓⚓⚓⚓⚓
Familienfreundlichkeit	⚓⚓⚓○○
Service	⚓⚓⚓⚓⚓
Routing	⚓⚓⚓⚓◐

Europa

Betuchte und eher betagte Gäste halten ihr die Treue: die Luxusyacht auf höchstem Niveau

Sie zählt immer noch zu den besten Kreuzfahrtschiffen der Welt – hat allerdings seit 2013 mit der **Europa 2** Konkurrenz in der eigenen Flotte. Doch die klassische Klientel bleibt der „alten" Europa treu. Grandios ist die Gastronomie auf diesem Schiff, perfekt der Service. Rund 70 Tage im Jahr zaubert Sternekoch Dieter Müller in seinem Spezialitätenrestaurant höchstpersönlich Menüs auf Michelin-Niveau. Das alljährliche Kulinarik-Fest „Europas Beste" bestätigt diesen Anspruch, 2019 findet es zum zweiten Mal in Hamburg statt. Beliebte Tradition ist auch das Sansibar-Sylt-Event, dann ankert das Schiff vor List. Sansibar heißt auch der schönste Ort für den Sundowner, die Nachtclub-Bar im Heck. Die klassische 20er-Jahre-Cocktailbar Gatsby's wird gern zum Aperitif vor dem Essen oder zum Tanz bei Livemusik besucht. Luxuriös sind auch die Kabinen: Man wohnt ausschließlich in Suiten, in den Penthouse-Suiten auf Deck 10 mit Butlerservice. Mit dem Werftaufenthalt im Oktober 2019 kommt frischer Wind an Bord – dem Vernehmen nach sollen klassische Traditionen wie Gala-Abende und Kapitänstisch schon mit Beginn der Weltreise 2018/19 der Vergangenheit angehören.

Fahrgebiete 2019

Von Januar bis April geht es in 108 Tagen „Auf große Fahrt" von Valparaíso nach Dubai. Im Frühling Mittelmeer, von Juni bis September Nordeuropa, im Herbst via Mittelmeer und Suez in die Arabischen Emirate, Jahreswechsel in Südostasien.

ZIEL IM WINTER: die Europa 2 vor der Traumkulisse von Sydney

Europa 2

Luxus lässig interpretiert: Das für viele schönste Schiff der Welt ist ein Raumwunder

Wo sie auftaucht, wird sie bestaunt: Die Europa 2 ist für viele das schönste Schiff der Welt. 2013 startete sie mit dem Slogan „21 Knoten und keine Krawatte". Denn wie die ältere **Europa** steht sie für vollendeten Luxus – jedoch lässig interpretiert, ohne Kleiderzwang, ohne Rituale, ohne feste Plätze im Restaurant. Letzteres ist auch nicht nötig, weil es sieben feinste Esstempel gibt, von denen das Tarragon mit französischer Küche noch mal in einer eigenen Liga kocht. Neben der (Wahl-)Freiheit heißt Luxus aber vor allem auch: Platz! Kein Schiff verschwendet ihn so wie dieses. Opulent sind die Lobby, die Außendecks, das Spa. Und keine der eleganten Suiten, alle mit Veranda und Regenwalddusche ausgestattet, ist kleiner als 28 Quadratmeter. Noch einmal optimiert wurde beim letzten Werftaufenthalt: Das Herrenzimmer heißt nun Collins und bietet noch mehr Ginsorten. Bibliothek und Spielezimmer wurden ins Belvedere integriert, das aber immer noch etwas verloren wirkt. Leichte Schwächen hat das Schiff in der sehr defensiven Gastgeberrolle des Kreuzfahrtdirektors. Etwas mehr Bordleben täte der Europa 2 gut. Oft sind hochkarätige Gastkünstler an Bord, die besser in Szene gesetzt werden könnten.

Fahrgebiete 2019

Die komplette erste Jahreshälfte kreuzt die Europa 2 in der Ferne (Asien, Australien, Neuseeland) und feiert dabei mit zwei Japanreisen (ab Ende April) eine besondere Premiere. Ab Juni folgen dann Mittelmeer, Nordeuropa (Aug./Sept.), Kanaren und Karibik.

DATEN & FAKTEN

BRZ 40.000	**Passagiere** max. 514
Länge 225,38 m	**Crew-Mitglieder** 370
Breite 26,70 m	**PCR (Pass. pro Crew)** 1,4
Indienststellung 2013	**PSR (Platzangebot)** 77,5
Renovierung 2017	**Passagierdecks** 7
Bordsprache Deutsch, Engl.	**Restaurants/Bars** 7/6

Kabinen	251 Außensuiten mit Veranda (27–114 m²), davon u. a. 16 Spa-Suiten (52 m²) und 7 Familienapartments (2 x 27 m²)
Sport & Wellness	Pool mit ausfahrbarem Dach, Ocean Spa (620 m²), Fitnessbereich, Kurse, Personal Trainer, Golf Pro, Fahrräder, Nordic Walking
Info-/Entertainment	Showtheater, internationale Gaststars, Jazzclub, Kino, Literatursalon, Disco, Kunstgalerie, Miele-Kochschule, Themenreisen, Kinderclub
Dresscode	lässige Eleganz – ohne Vorschrift
Preis pro Nacht	€ 299 bis € 3.401; D'schn. € 1.021
Info	Hapag-Lloyd Cruises Hamburg, Tel. (040) 307 03 05 55 www.hl-cruises.de

PROFIL

Info-/Entertainment	⚓⚓⚓◐○
Sport & Wellness	⚓⚓⚓⚓◐
Gastronomie	⚓⚓⚓⚓⚓
Familienfreundlichkeit	⚓⚓⚓⚓○
Service	⚓⚓⚓⚓⚓
Routing	⚓⚓⚓⚓○

PREMIUM-ANSPRUCH: Runde Formen und viel Platz pro Passagier prägen die jüngsten Schiffsklassen

Holland America Line

Europäische Wurzeln, amerikanisches Management: eine Reederei mit Traditionsbewusstsein

Lange war diese 1873 in Rotterdam gegründete Reederei einer der großen Player im Geschäft mit Auswanderern in die Neue Welt; die erste Kreuzfahrt wurde 1895 angeboten. Im Rotterdamer Hafen steht noch das ehrenwerte alte Firmengebäude, nur Schritte von der Erasmusbrücke und dem heutigen modernen Cruise Terminal entfernt. Der Hauptsitz der „HAL" befindet sich jedoch heute in Seattle in den USA: Seit 1998 gehört sie zur **Carnival Corporation**, wo sie im Premiumsegment kreuzt – und konzernintern mit **Princess Cruises** um die Marktführerschaft in Alaska wetteifert. Ende 2019 zählt die HAL-Flotte 14 Schiffe. Das kleinste von ihnen, die **Prinsendam**, wurde 2018 an Phoenix Reisen verkauft. Der jüngste Neuzugang **Nieuw Statendam** bildet mit der **Koningsdam** die „Pinnacle Class"; **Eurodam** und **Nieuw Amsterdam** werden als „Signature Class" geführt. Kennzeichen beider Klassen sind große Kabinen, luxuriöse Bettwaren und die Showküche „Culinary Arts Center".

Das Publikum bei Holland America ist eher traditionsbewusst als trendverliebt. Es kommt mehrheitlich aus Nordamerika, die Bordsprache ist deshalb Englisch und die Bordwährung der US-Dollar.

Schiff	Baujahr	Passagiere
Maasdam	1993	1.258/1.623
Veendam	1996	1.350/1.654
Rotterdam	1997	1.404/1.827
Volendam	1999	1.432/1.838
Zaandam	2000	1.432/1.839
Amsterdam	2000	1.380/1.772
Zuiderdam	2002	1.970/2.556
Oosterdam	2003	1.916/2.504
Westerdam	2004	1.964/2.504
Noordam	2006	1.972/2.306
Eurodam	2008	2.104/2.731
Nieuw Amsterdam	2010	2.106/2.735
Koningsdam	2016	2.650/3.375
Nieuw Statendam	2018	2.666/3.391

DER JÜNGSTE HOLLAND AMERICA LINER ist ab Dezember 2018 in Fahrt

Nieuw Statendam

Klassische Eleganz mit frischen Designideen: das jüngste Schiff der Holland America Line

Ein Hoch auf die Tradition! Dieser Neubau aus der Fincantieri-Werft ist bereits die sechste Statendam – die erste startete 1898. Doch nicht nur mit der Namensgebung, sondern auch im Schiffsinneren verbindet die Reederei Tradition und Moderne: Zwar gibt es noch die klassischen Holzvertäfelungen und gemütlichen Sessel, jedoch genießt man in ihnen neue Unterhaltungsformate, etwa eine Lektüreauswahl der prominenten Taufpatin Oprah Winfrey. Im „Culinary Arts Center" finden tagsüber Kochkurse und Workshops, angelehnt an die TV-Serie „America's Test Kitchen", statt. Abends können bis zu 60 Gäste (gegen Zuzahlung) Speisen aus biologischem Anbau genießen, gewürzt mit Mikrokräutern aus dem bordeigenen Gewächsschrank. Nebenan kreieren Gäste im „Blend" sogar ihren eigenen Wein. Beliebt sind der Steakhouse-Klassiker Pinnacle Grill und das panasiatische Tamarind – mit Blick aufs Meer und auf den Poolbereich, über mehrere Ebenen. 912 großzügige Balkonkabinen sind Rekord in der Flotte, im Gegensatz zur Schwester **Koningsdam** gibt es mehr Platz für Familien und Suitengäste. Die umlaufende Promenade auf Deck 3 ist eine schöne Reminiszenz an alte Oceanliner-Zeiten.

Fahrgebiete 2019

Karibik bis April, dann Nordeuropa (Norwegen, Island, Britische Inseln, Baltikum) ab/bis Amsterdam. Mittelmeer im September und Oktober, danach Transatlantiküberfahrt und Winter in der Karibik.

DATEN & FAKTEN

BRZ 99.500	**Crew-Mitglieder** 1.036
Länge 297,00 m	**PCR (Pass. pro Crew)** 2,6
Breite 35,00 m	**PSR (Platzangebot)** 37,5
Indienststellung 2018	**Passagierdecks** 13
Bordsprache Englisch	**Restaurants** 12
Passagiere 2.666/3.391	**Bars** 7

Kabinen	1.339 (davon 1.059 außen, 280 innen); Größen: ca. 12–120 m²
Sport & Wellness	2 Pools, 5 Whirlpools, Spa mit Fitnesscenter u. Beautysalon, Saunas, Massage, Basketball/Volleyball, Joggingtrack, Tischtennis
Info-/Entertainment	Casino, Theater mit „World Stage"; „Music Walk", B. B. King's Blues Club, Billboard Onboard; Bibliothek, Computer, Schach, Kunstgalerie; Kinder- und Jugendclub
Dresscode	leger, abends mitunter formell
Preis pro Nacht	€ 73 bis € 2.187; Durchschn. € 229
Info	Holland America Line, Rotterdam In Dtl. buchbar im Reisebüro oder über www.hollandamerica.com

PROFIL

Info-/Entertainment
Sport & Wellness
Gastronomie
Familienfreundlichkeit
Service
Routing

Aktuell noch nicht bewertet

DIE ROALD AMUNDSEN in der Werft, die Traumkulisse der norwegischen Fjorde – und Expedition mit der Fram

Hurtigruten

Auf der Postschiff-Route längs der norwegischen Fjorde – und mit Expeditionskreuzern ins Eis

Kultur- und Fotoreisen, neue Preismodelle, Familienprogramme – und mit der **Roald Amundsen** (S. 74, 101) ein aufsehenerregender Neubau: Es tut sich einiges bei der norwegischen Postschiff-Flotte. Dabei wird das Postschiff-Image zwar weiter gepflegt (auch wenn die Post längst schneller vom Flugzeug befördert wird), jedoch wandelt sich die einst staatliche, inzwischen privatisierte Firma immer mehr zu einer Reederei, die im Wachstumsmarkt der Expeditionen dabei sein will. Der Abenteuergeist, in dem die vor 126 Jahren gestartete Linie begann, bleibt damit jedenfalls erhalten: Als Kapitän Richard With es 1893 als Erster wagte, im Winter mit seinem Dampfer **Vesterålen** bis in den hohen Norden Norwegens zu fahren, war die „Schnelle Route" geboren. Als Fracht- und Passagierschiffe zugleich fahren zwölf Hurtigruten-Liner auf ganzjährig fester Route zwischen Bergen und Kirkenes. Und für die Expeditionen – nicht nur ins Eis, sondern auch zum Amazonas oder zu den chilenischen Fjorden – stehen **Fram, Midnatsol** und die 2016 hinzugekommene **Spitsbergen** bereit (die zeitweilig auch die Fjordroute fährt) – und ab 2019 der erwähnte Neubau. Ein zweiter, die **Fridtjof Nansen**, soll ebenfalls noch binnen Jahresfrist starten.

Schiff	Baujahr	Passagiere
Nordstjernen	1956	150
Lofoten	1964	340
Vesterålen	1983	510
Kong Harald	1993	623
Richard With	1993	623
Nordlys	1994	622
Nordkapp	1996	622
Polarlys	1996	619
Nordnorge	1997	623
Finnmarken	2002	1.000
Trollfjord	2002	822
Midnatsol	2003	500
Fram	2007	318
Spitsbergen	2009/2016	320
Roald Amundsen	2019	530
Fridtjof Nansen	2019	530

HOCH IM NORDEN: Die Natur ist bei Hurtigruten der Star

Hurtigruten-Postschiffe

Ein Klassiker für Schiffs- und Naturliebhaber: die laut Eigenwerbung „schönste Seereise der Welt"

Man sagt, die Hurtigrute sei eine Seereise für Menschen, die Kreuzfahrten eigentlich nicht mögen. Richtig ist: Die zwischen drei (**Spitsbergen**) und 63 Jahre alten Schiffe (**Nordstjernen**) bieten außer Vorträgen und der Aussicht über die Reling so gut wie kein Entertainment – und sind eher Fähren als Cruiseliner, denn sie verkehren im Liniendienst längs der norwegischen Küste. Gäste aus aller Welt, darunter immer auch Deutsche, fahren eine oder zwei Wochen mit, andere nur ein paar Stunden oder Tage. Die herzliche Bordatmosphäre genießen dabei alle. In einer Woche laufen die Schiffe über 20 Häfen an, oft für nur 30 Minuten, in den größeren Städten auch mal länger. Einige befördern auch Autos und Fracht – nur die Post schon lange nicht mehr. Die Bordreiseleiter sind exzellent, zum Landprogramm gehören Radtouren, Kajakfahrten, Rib-Boat-Safaris – oder ein Wikingerfest auf den Lofoten. Doch die meiste Zeit fährt man und genießt den Blick aus der Observation Lounge auf die Landschaft: Meerengen, Wasserfälle, pittoreske Leuchttürme und Dörfer. Die Kabinen sind funktional, aber bequem, doch bei den älteren Einheiten klein. Die Küche serviert lokale Spezialitäten nach dem Motto „Norway's Coastal Kitchen": Fang- oder erntefrisch vor Ort erworben, kommen sie auf den Tisch.

Fahrgebiete 2019

Ganzjährig von Bergen nach Kirkenes und retour. Die One-Way-Variante dauert eine Woche, die volle Hin- und Rückfahrt 11 oder 12 Tage.

DATEN & FAKTEN SPITSBERGEN

BRZ 7.344	**Passagiere** 320
Länge 100,45 m	**Crew-Mitglieder** 80
Breite 18,00 m	**PCR (Pass. pro Crew)** 4,0
Indienststellung 2009	**PSR (Platzangebot)** 22,9
Komplettumbau 2016	**Passagierdecks** 6
Bordspr. Norw., Dt., Engl.	**Restaurants/Bars** 1/1

Kabinen	102 (80 außen, 22 innen), davon 6 Suiten (1 barrierefrei) mit Balkon; Größen: 6–37 m²
Sport & Wellness	Fitnessraum, 2 Whirlpools, Sauna, Lift
Info-/Entertainment	Lektorenvorträge von Experten, Durchsagen von der Brücke, Bibliothek, Observation Lounge, Videospiele, Shop, Internet; „Neptunstaufe" am Polarkreis
Dresscode	sportlich-leger
Preis pro Nacht	€ 122 bis € 1.391; Durchschnitt € 425
Info	Hurtigruten Hamburg, Tel. (040) 87 40 93 39 www.hurtigruten.de

PROFIL

Info-/Entertainment	⚓⚓½
Sport & Wellness	⚓⚓
Gastronomie	⚓⚓⚓⚓
Familienfreundlichkeit	⚓½
Service	⚓⚓⚓
Routing	⚓⚓⚓⚓

IN DER ANTARKTIS: Ausflug im Polarcirkel-Boot

DATEN & FAKTEN FRAM

BRZ 11.647	**Passagiere** 318
Länge 114,00 m	**Crew-Mitglieder** ca. 70
Breite 20,20 m	**PCR (Pass. pro Crew)** 4,5
Indienststellung 2007	**PSR (Platzangebot)** 36,7
Renovierung fortlaufend	**Passagierdecks** 5
Bordsprache Norw., Engl.	**Restaurants/Bars** 1/1

Kabinen	127 (112 außen, 15 innen), davon 8 Suiten und 13 Minisuiten; Größen: 10–40 m²
Sport & Wellness	Fitnessraum, Jacuzzi, Sauna
Info-/Entertainment	Lektorenvorträge von Experten, Durchsagen von der Brücke, Bibliothek, Observation Lounge, Dauerausstellung von Artefakten der historischen Fram
Dresscode	sportlich-leger
Preis pro Nacht	€ 388 bis € 1.278; Durchschnitt € 771
Info	Hurtigruten Hamburg, Tel. (040) 87 40 93 39 www.hurtigruten.de

PROFIL

Info-/Entertainment	⚓⚓⚓½
Sport & Wellness	⚓⚓½
Gastronomie	⚓⚓⚓
Familienfreundlichkeit	⚓½
Service	⚓⚓⚓
Routing	⚓⚓⚓⚓½

Hurtigruten-Expeditionen

Abenteuer Expedition: Mit der Fram begann es – mit zwei Neubauten wird es weiter ausgebaut

Mit der 2007 getauften **Fram** stellte Hurtigruten erstmals ein Schiff in Dienst, das explizit für Expeditionen konzipiert war. Die Nachfrage ist offenbar so groß, dass längst auch die **Midnatsol** auf Expeditionskurs geht, künftig noch unterstützt von **Roald Amundsen** und **Fridtjof Nansen** (S. 72). Beim Bau Letzterer wird übrigens viel Wert auf Umweltfreundlichkeit gelegt: Die neuen Schiffe fahren mit Hybrid- und LNG-Antrieb. Die Fram (wie übrigens auch das Schiff hieß, mit dem Amundsen und Nansen von 1893 bis 1912 ihre Abenteuer erlebten) hat die höchste Eisklasse. Sie fährt bevorzugt in die Polargebiete (inklusive Nordwestpassage im Sommer), auf den „Trans-Reisen" zwischen Süd- und Nordhalbkugel auch auf dem Amazonas oder zur US-Ostküste. Kundige Lektoren, oft auch Wissenschaftler, begleiten die Gäste; Norweger und Asiaten bilden die freundliche Crew. Die öffentlichen Räume sind geschmackvoll eingerichtet. Die Küche, als Buffet oder am Platz serviert, ist skandinavisch geprägt. Das Kabinenangebot reicht von der zweckmäßigen Innenkabine bis zur 40-Quadratmeter-Balkonsuite. Für Anlandungen setzt die Fram statt der bekannten Zodiacs die stabileren Polarcirkel-Boote ein. In ihnen kommt man Pinguinen, Walen und Robben ganz nah.

Fahrgebiete 2019

Antarktis, Südchile, Patagonien im Winter; Grönland, Island, Spitzbergen im Sommer – und ab August die Nordwestpassage von Ostkanada nach Alaska.

DANK VERSTÄRKTEM RUMPF kann das Schiff auch Grönland ansteuern

Iceland ProCruises

Gäste der **Ocean Diamond** erleben die Insel aus Feuer und Eis auf authentische Art und Weise

Seine über 15-jährige Erfahrung als Veranstalter vor Ort bringt der Hamburger Islandspezialist Iceland ProTravel auf die Ocean Diamond. Auf 10-tägigen Islandumrundungen steuert die ehemalige **Le Diamant** von **PONANT** täglich andere Häfen an, darunter auch echte Exoten abseits des gegenwärtigen Massentourismus auf der Vulkaninsel. An Land werden Bustouren, Golf auf dem nördlichsten 18-Loch-Platz der Welt oder Helikopterflüge angeboten; auch Meeresangeln und Ausfahrten mit Zodiacs gehören zum Programm. An Bord hält das isländische, Deutsch sprechende Expeditionsteam Vorträge über die Geschichte, Kultur und Sagen seiner Heimat. Ausgebildete Sänger tragen am Abend volkstümliche Lieder vor. Zu den Mahlzeiten gibt es frischen Fisch von lokalen Händlern, an der Bar isländisches Bier. Das Schiff ist schlicht, aber komfortabel eingerichtet. Bei jährlichen Werftaufenthalten werden derzeit Deck für Deck Kabinen und öffentliche Räume des 30 Jahre alten Cruisers modernisiert, 2019 soll die Renovierung abgeschlossen sein. An Bord befinden sich hauptsächlich US-amerikanische und deutsche Gäste, jeglicher Service ist daher zweisprachig. Trotz einer Kapazität von 224 Passagieren beschränkt sich Iceland ProCruises freiwillig auf 199, was einem intensiven Reiseerlebnis zugutekommt.

Fahrgebiete 2019

Islandumrundung an neun Terminen von Mai bis September, zwei Grönlandreisen im August, drei Kombinationsreisen mit Schiff und Bus im September.

DATEN & FAKTEN OCEAN DIAMOND

BRZ 8.282	**Passagiere** 199
Länge 124,00 m	**Crew-Mitglieder** 106
Breite 16,00 m	**PCR (Pass. pro Crew)** 1,9
Indienststellung 1986	**PSR (Platzangebot)** 41,6
Renovierung fortlaufend	**Passagierdecks** 5
Bordspr. Deutsch, Englisch	**Restaurants/Bars** 1/2

Kabinen	107 Außenkabinen, davon 10 Suiten mit Balkon, 97 mit Bullauge oder Panoramafenster; Größen: 19–37 m²
Sport & Wellness	Fitnessbereich, Wellness- und Massageprogramm, Bordarzt
Info-/Entertainment	Lektorenvorträge, Lesungen, musikalische Unterhaltung, Sat-TV, Bibliothek
Dresscode	sportlich-leger
Preis pro Nacht	€ 189 bis € 1.036; Durchschnitt € 460
Info	Iceland ProCruises Hamburg, Tel. (040) 28 66 87-160 www.icelandprocruises.de

PROFIL

Info-/Entertainment	⚓⚓⚓½
Sport & Wellness	⚓⚓½
Gastronomie	⚓⚓⚓
Familienfreundlichkeit	⚓½
Service	⚓⚓⚓⚓
Routing	⚓⚓⚓⚓

TYPISCH MSC: viel Platz für Kinder, glitzernde Designs – und als Clou Entertainment mit dem Cirque du Soleil

MSC Kreuzfahrten

Die größte Kreuzfahrtflotte der Welt, die von einer Familie geführt wird, wächst rasant

Die Großbuchstaben MSC kennt man aus Containerhäfen: Die **Mediterranean Shipping Company** aus Neapel ist eine der größten Frachtschiffreedereien der Welt. Mit **MSC Cruises** besitzt sie auch die größte privat geführte Kreuzfahrtflotte der Welt. Eignerin ist die Familie Aponte, Taufpatin aller Kreuzfahrtschiffe die Freundin der Familie, Sophia Loren. Hauptsitz von MSC Cruises ist Genf; die Dependance in München wirbt um deutsche Gäste durch Angebote wie „Sportschau"-Übertragungen oder Nutella zum Frühstück. Regelmäßig werden große Schiffe in deutschen Häfen stationiert: 2019 hat die **MSC Meraviglia** ihren Sommerhafen in Kiel, **MSC Preziosa** und **MSC Orchestra** fahren ab/bis Hamburg und die **MSC Poesia** ab/bis Warnemünde. Mediterraner Lifestyle mit Zutaten aus allerlei Kulturen prägt das Leben an Bord; eine umhegte Klientel sind Familien mit Kindern. Wer MSC bucht, erhält viel Leistung zu günstigen Preisen auf mal bunten, mal dezenter gestalteten Linern.
2017 startete MSC ein zehn Milliarden Euro schweres Neubauprogramm, das 13 neue Schiffe bis zum Jahr 2026 vorsieht. Gleich zwei Neubauten sind für 2019 angekündigt: **MSC Bellissima** und **MSC Grandiosa** – Letztere mit Hamburg als Taufort.

Schiff	Baujahr	Passagiere
MSC Armonia	2001/2004	1.554/2.083
MSC Sinfonia	2002/2005	1.556/2.090
MSC Lirica	2003	1.560/2.055
MSC Opera	2004	1.560/2.055
MSC Musica	2006	2.550/3.010
MSC Orchestra	2007	2.550/3.010
MSC Poesia	2007	2.550/3.010
MSC Fantasia	2008	3.300/3.959
MSC Splendida	2009	3.300/3.959
MSC Magnifica	2010	2.550/3.010
MSC Divina	2012	3.274/3.959
MSC Preziosa	2013	3.502/4.345
MSC Meraviglia	2017	4.488/5.714
MSC Seaside	2017	4.132/5.179
MSC Seaview	2018	4.132/5.179
MSC Bellissima	2019	4.488/5.714
MSC Grandiosa	2019	k.A./6.334

DAS REKORDSCHIFF wird im Sommer 2019 in Kiel stationiert

MSC Meraviglia & MSC Bellissima

Das 13. Schiff der MSC-Flotte hat neue Maßstäbe gesetzt – unter anderem im Entertainment

Der 2017 in Le Havre getaufte Neubau begründete die **Meraviglia-Klasse** von MSC; mit der **MSC Bellissima** erhält er 2019 eine Schwester. Der bis dahin größte je für eine europäische Reederei gebaute Cruiseliner bietet auf 15 Passagierdecks Platz für 5.714 Gäste. Und spektakuläre Erlebnisse, wie der Schiffsname sie verspricht: „meraviglia" heißt Wunder. Herzstück ist das verspielte Infinity Atrium mit der Galleria Meraviglia: eine doppelstöckige Flaniermeile mit Restaurants, Bars und Shops, über der sich ein 80 Meter langer LED-Himmel wölbt – der längste, den es auf See gibt. Je nach Tageszeit wird die Decke als Mailänder Passage oder mit funkelnden Sternen illuminiert. Drei Viertel der 2.244 Kabinen sind Balkonkabinen; die zehn Kabinenkategorien reichen von der Single-Innenkabine bis zu den 95 Suiten mit Butlerservice im MSC Yacht Club. Mit zwölf Restaurants ist die gastronomische Vielfalt an Bord so groß wie nie bei MSC, auch durch flexible Tischzeiten sowie 20 Bars und Lounges. Beim Entertainment setzt MSC auf wechselnde Shows im Broadway Theatre – und, als neues Highlight, auf die Carousel Lounge, in welcher der legendäre Cirque du Soleil aus Kanada einen Auftrittsort auf den Meeren erhielt. 2018 errang die Meraviglia deshalb den Kreuzfahrt Guide Award für das beste Entertainment.

Fahrgebiete 2019

Meraviglia: Mittelmeer bis April, dann Nordeuropa ab/bis Kiel od. Kopenhagen, ab Herbst US-Ostküste/Karibik. **Bellissima**: Westeuropa (März) und Mittelmeer.

DATEN & FAKTEN

BRZ 171.598
Länge 315,83 m
Breite 43,00 m
Indienststellung 2017
Bordspr. It., Engl., Dt., Fr.
Passagiere 4.488/5.714

Crew-Mitglieder 1.536
PCR (Pass. pro Crew) 3,7
PSR (Platzangebot) 30,0
Passagierdecks 15
Restaurants 12
Bars 20

Kabinen	2.244 (1.540 außen, 704 innen), davon 1.306 mit Balkon; 113 Suiten, davon 80 im Yacht Club mit Butlerservice; Größen: 14–97 m²
Sport & Wellness	4 Pools, 9 Jacuzzis, Aquapark, Fitness, MSC Aurea Spa, Power-Walking-Pfad, Sportplatz u. v. m.
Info-/Entertainment	Theater, Cirque-du-Soleil-Show, Casino, Disco, TV-Studio, Freiluft-Amphitheater, 3-D-Kino, Baby-/Kinder-/Teens-Club u. v. m.
Dresscode	kein vorgeschriebener Dresscode
Preis pro Nacht	€ 59 bis € 939; Durchschnitt € 170
Info	MSC Kreuzfahrten, München Tel. (089) 203 04 38 01 www.msc-kreuzfahrten.de

PROFIL*

Info-/Entertainment	⚓⚓⚓⚓½
Sport & Wellness	⚓⚓⚓⚓½
Gastronomie	⚓⚓⚓½
Familienfreundlichkeit	⚓⚓⚓⚓½
Service	⚓⚓⚓
Routing	⚓⚓⚓⚓

*** Yacht Club:** Gastronomie 4 Anker, Service 4,5 Anker

VIEL PLATZ FÜR SUITENGÄSTE: Der Yacht Club liegt über der Brücke

DATEN & FAKTEN MSC PREZIOSA

BRZ 139.072	**Passagiere** 3.502/4.345
Länge 333,33 m	**Crew-Mitglieder** 1.388
Breite 37,92 m	**PCR (Pass. pro Crew)** 2,5
Indienststellung 2013	**PSR (Platzangebot)** 39,7
Renovierung regelmäßig	**Passagierdecks** 13
Bordspr. It., Engl., Dt., Fr.	**Restaurants/Bars** 8/15

Kabinen	1.751 (1.249 außen, 405 innen), davon 1.134 Außenkabinen mit Balkon; 97 Suiten, davon 66 im Yacht Club mit Butlerservice; Größen: 15–53 m²
Sport & Wellness	4 Pools, Jacuzzis, Aquapark, Fitness, Squashplatz, MSC Aurea Spa mit Solarium, Infinity-Pool u. v. m.
Info-/Entertainment	Theater, Casino, Disco, Kinder- und Teensclub, 4-D-Kino, Formel-1-Simulator u. v. m.
Dresscode	kein vorgeschriebener Dresscode; Gala-Abende
Preis pro Nacht	€ 47 bis € 650; Durchschn. € 139
Info	MSC Kreuzfahrten, München Tel. (089) 203 04 38 01 www.msc-kreuzfahrten.de

PROFIL *

Info-/Entertainment	3,5 Anker
Sport & Wellness	4 Anker
Gastronomie	3,5 Anker
Familienfreundlichkeit	4,5 Anker
Service	3 Anker
Routing	4 Anker

*** Yacht Club:** Gastronomie 4 Anker, Service 4,5 Anker

MSC Preziosa mit Splendida, Divina, Fantasia

Ein Schiff, zwei Welten: Die Preziosa und ihre Schwestern haben einen separaten Luxusbereich

2019 ist Hamburg die Sommerheimat für die **Preziosa**: In deutschen Häfen sind die Yacht-Club-Schiffe von MSC inzwischen Stammgäste. Dieser exklusive (ergo teurere) Club umfasst 66 Suiten in einem drei Decks hohen, dezent abgetrennten Bereich oberhalb der Brücke. Sie sind zwar nur wenig größer als Standardkabinen, doch genießen ihre Bewohner Butlerservice, ein eigenes Sonnendeck mit Blick nach vorn und kleinem Pool, eine Aussichtslounge mit Bar und ein eigenes Restaurant auf gehobenem Niveau. Diese Formel von gepflegtem, ruhigem Ambiente, verbunden mit der Infrastruktur eines großen, energiegeladenen Schiffs, findet durchaus Anhänger. Und: Langweilig wird es auch an Bord der weitgehend baugleichen Schwestern **Fantasia**, **Divina** und **Splendida** nicht. Lebhaft, kinderfreundlich und unternehmungslustig sind Passagiere wie Crew – oft wie an einem belebten italienischen Badestrand. Design und Stil kommen dabei nicht zu kurz, und die Bordangebote wurden von Schiff zu Schiff erweitert. Auf der **Preziosa** finden sich z. B. das Slow-Food-Restaurant Eataly, ein Infinity-Pool und eine ultralange Wasserrutsche im Kinder-Aquapark. Wer nicht im Yacht Club reist, darf gehobenen Luxus zwar nicht erwarten, doch er erhält einen preiswerten Urlaub auf modernen, großen Schiffen.

Fahrgebiete 2019

Zu Jahresbeginn in der östlichen Karibik, von April bis September vorwiegend ab Hamburg mit Kurs Nordland und Westeuropa, dann Mittelmeer und Karibik.

MSC SEASIDE – für warme Fahrgebiete ideal

MSC Seaside & MSC Seaview

Offen zum Meer hin: Die neue Schiffsklasse von MSC empfiehlt sich für Karibik und Mittelmeer

MSC Seaside und Seaview, 2017 bzw. 2018 gestartet, sind vor allem für warme Fahrgebiete konzipiert. Sie bringen die Passagiere wieder nah ans Meer heran, mit einem Heck-Pool auf Deck 7, einer breiten Promenade und einer sehr offenen Gestaltung der Innenräume. Ungewöhnlich: Das größere der beiden Buffetrestaurants liegt ebenfalls unten auf Deck 8. Die Promenade ist aber auch der Ruhepol des Schiffs mit vielen gemütlichen Sitzecken und Liegestühlen. Lebhafter geht es dagegen am Pooldeck zu. Hier gibt es zwei über 100 Meter lange „Zipline"-Seilrutschen, einen kombinierten Wasser- und Kletterpark, rasante Wasserrutschen und die spektakuläre Glasbodenbrücke „Bridge of Sighs" (Seufzerbrücke) auf Deck 16 mit direktem Blick hinab zum Pool neun Decks tiefer. Exzellent, wenn auch nicht ganz günstig sind die Spezialitätenrestaurants wie das Ocean Cay, das Steakhouse und die Asian Market Kitchen, die teils in Kooperation mit Sterneköchen konzipiert wurden. Ganz neu gestaltet ist der Suitenbereich MSC Yacht Club. Die Aussichtslounge mit freiem Blick nach vorn ist hier zwei Decks hoch, das Restaurant auf einem etwas zurückversetzten Balkon ist in der oberen Ebene integriert. Noch ein Deck höher liegen der exklusive Pool und das Yacht-Club-Sonnendeck.

Fahrgebiete 2019

MSC Seaview ist im Winter in Brasilien, ab März im Mittelmeer ab Barcelona, Genua und Civitavecchia. **MSC Seaside** kreuzt ganzjährig in der Karibik.

DATEN & FAKTEN MSC SEASIDE

BRZ 153.516	**Crew-Mitglieder** 1.413
Länge 322,78 m	**PCR (Pass. pro Crew)** 3,7
Breite 41,00 m	**PSR (Platzangebot)** 28,6
Indienststellung 2017	**Passagierdecks** 15
Bordsprache Dt,. It., Engl., Fr.	**Restaurants** 10
Passagiere 4.132/5.179	**Bars** 17

Kabinen	2.066 (420 innen, 1646 außen), davon 1.519 mit Balkon, 214 Suiten, davon 86 im Yacht Club mit Butlerservice; Größen: 14–62 m²
Sport & Wellness	4 Pools, 13 Whirlpools, Wasserrutschen, Fitness, MSC Aurea Spa, Sportplatz u. v. m.
Info-/Entertainment	Theater, Zipline, Bowlingbahn, Formel-1-Simulator, 4-D-Kino, Aquaventure-Trail und Wasserpark, Glasbodenbrücke
Dresscode	kein vorgeschr. Dresscode; Gala-Abende
Preis pro Nacht	€ 66 bis € 678; Durchschn. € 136
Info	MSC Kreuzfahrten, München Tel. (089) 203 04 38 01 www.msc-kreuzfahrten.de

PROFIL *

Info-/Entertainment	4 Anker
Sport & Wellness	4,5 Anker
Gastronomie	3,5 Anker
Familienfreundlichkeit	4,5 Anker
Service	3 Anker
Routing	3,5 Anker

* **Yacht Club:** Gastronomie 4 Anker, Service 4,5 Anker

TYPISCH NCL: herausragendes Entertainment, spektakuläre Wasserrutschen und der Luxusbereich The Haven

Norwegian Cruise Line

Brillantes Entertainment, lässig-amerikanische Atmosphäre und Schiffe auf Premium-Niveau

Die Norwegian Cruise Line hat schon früh mit Innovationen geglänzt: 1966 vom Osloer Knut Kloster gegründet, führte NCL als erste Reederei Ein-Klassen-Kreuzfahrten und feste Karibikrouten ab Miami ein. 2010 gab man auf der **Norwegian Epic** erstmals Alleinreisenden die Möglichkeit, in Studiokabinen preiswerter in See zu stechen. Und 2017 hatte auf der **Norwegian Joy** die erste Kartbahn zur See Premiere. Von sehr hohem Niveau ist das Entertainment auf den Bühnen der mittlerweile 16 Schiffe; die Eigenproduktionen und Broadway-Shows sind brillant. An Bord geht es amerikanisch-lässig zu. „Freestyle Cruising" heißt dabei die Erfolgsformel: Man soll machen können, was, wann und wo man will. Während das amerikanische Stammpublikum vieles „on top" zahlt, reisen deutsche Gäste seit 2016 „Premium All Inclusive". Die Schiffe werden regelmäßig renoviert und sind beim Look, im Service und im gastronomischen Angebot mittlerweile im Premium-Segment angekommen. 2019 wird mit der **Norwegian Encore** das letzte Schiff der erfolgreichen Breakaway-Plus-Klasse von der Papenburger **Meyer Werft** fertiggestellt. Ab 2022 baut NCL wieder kleinere Schiffe der „Leonardo-Klasse" bei **Fincantieri** in Italien.

Schiff	Baujahr	Passagiere
Norwegian Spirit	1999	1.996/2.475
Norwegian Sky	1999	2.002/2.450
Norwegian Star	2001	2.240/2.846
Norwegian Sun	2001	1.936/2.400
Norwegian Dawn	2002	2.224/2.846
Norwegian Jewel	2005	2.376/2.846
Pride of America	2005	2.138/2.438
Norwegian Jade	2006	2.402/2.846
Norwegian Pearl	2006	2.394/2.834
Norwegian Gem	2007	2.394/2.834
Norwegian Epic	2010	4.228/5.368
Norwegian Breakaway	2013	4.028/4.941
Norwegian Getaway	2014	4.028/4.941
Norwegian Escape	2015	4.248/4.266
Norwegian Joy	2017	4.248/4.266
Norwegian Bliss	2018	4.004/k. A.
Norwegian Encore	2019	4.004/k. A.

FASZINIERENDES FAHRGEBIET: Die Bliss kreuzt im Sommerhalbjahr vor Alaska

Norwegian Bliss

Das neue Flaggschiff der Norwegians: elegant gestylt durch Alaskas Fjorde

Es ist das vorletzte Schiff der Breakaway-Plus-Klasse – und war nach Reedereiangaben der am besten im Voraus gebuchte Neubau der Firmengeschichte. Konzipiert wurde das 333 Meter lange Schiff für Kreuzfahrten ab Seattle, einem Hafen, den NCL zur Jahrtausendwende erst zum Kreuzfahrthafen gemacht hat. Wie im Freestyle-Konzept üblich, gibt es jede Menge an Bord zu erleben. In einer Laser-Tag-Arena oben auf Deck 20 können Gäste auf eine „gefährliche Mission" in einer verlassenen Weltraumstation gehen, Spaß auf den schon obligatorischen, aber noch einmal schnelleren Wasserrutschen haben oder wie Vettel & Co. auf Rekordjagd im Elektrokart auf der längsten Kartbahn auf hoher See gehen. Perfekt für das Zielgebiet Alaska und für uneingeschränkte Blicke auf Fjorde und Gletscher ist die 325 Quadratmeter große Observation Lounge (Deck 15) – ein spektakulär-elegantes Wohnzimmer mit gemütlichen Loungemöbeln, die vor bodentiefen Fensterfronten platziert sind. Essen kann man in 27 verschiedenen „Venues", darunter das neue mexikanische Restaurant Los Lobos und das Q Texas Smokehouse. Im Vergleich zu den Vorgängerschiffen ist die Bliss noch einmal gediegener gestylt und bietet trotz ihrer Größe viele Rückzugsmöglichkeiten.

Fahrgebiete 2019

Zu Jahresbeginn durch die östliche Karibik ab Miami, im April und Oktober entlang der Mexikanischen Riviera ab Los Angeles, dazwischen Alaska-Kreuzfahrten ab/bis Seattle.

DATEN & FAKTEN

BRZ 167.800	**Crew-Mitglieder** 1.716
Länge 329,79 m	**PCR (Pass. pro Crew)** 2,3
Breite 41,45 m	**PSR (Platzangebot)** 41,9
Indienststellung 2018	**Passagierdecks** 16
Bordsprache Englisch	**Restaurants** 27
Passagiere 4.004/k. A.	**Bars** 22

Kabinen	2.043 (1.669 außen, 374 innen, 1.088 mit Balkon), davon 358 Suiten und Penthouses; Größen: 9–135 m²
Sport & Wellness	2 Pools, 6 Whirlpools, Laser-Tag-Arena, Bowlingbahn, Kartbahn, Joggingstrecke, Kids Aqua Park, 2 Wasserrutschen, Spa, Fitnessstudio und Fitnesskurse
Info-/Entertainment	Show, Casino, Tages- und Abendprogramm, großer Kinderbereich
Dresscode	kein vorgeschriebener Dresscode
Preis pro Nacht	€ 146 bis € 1.762; Durchschnitt € 311
Info	Norwegian Cruise Line Wiesbaden, Tel. (0611) 360 70 www.ncl.de

PROFIL *

Info-/Entertainment	⚓⚓⚓⚓⚓
Sport & Wellness	⚓⚓⚓⚓◐
Gastronomie	⚓⚓⚓◐
Familienfreundlichkeit	⚓⚓⚓⚓◐
Service	⚓⚓⚓
Routing	⚓⚓⚓◐

*** The Haven:** Gastronomie 4 Anker, Service 4,5 Anker

EIN RIESENSPASS: die Rutsche „Epic Plunge“

DATEN & FAKTEN

BRZ 155.873	**Passagiere** 4.228/5.368
Länge 325,00 m	**Crew-Mitglieder** 1.730
Breite 40,00 m	**PCR (Pass. pro Crew)** 2,4
Indienststellung 2010	**PSR (Platzangebot)** 36,9
Renovierung 2015	**Passagierdecks** 19
Bordsprache Englisch	**Restaurants/Bars** 23/18

Kabinen	2.124 in 13 Kategorien, davon 1.436 außen, 688 innen; Größen: 9–47 m²
Sport & Wellness	2 Pools, 5 Whirlpools, Seilwand, Bowlingbahn, Sportdeck, Wasserrutschen, Fitnesscenter, Mandara Spa (2.883 m²) mit 39 Spa-Kabinen
Info-/Entertainment	Liveshows, Varieté-Dinner-Shows, Comedy Club, Theater, Discos, Casino, Kinderclub u. v. m.
Dresscode	kein vorgeschriebener Dresscode
Preis pro Nacht	€ 107 bis € 1.223; Durchschnitt € 228
Info	Norwegian Cruise Line Wiesbaden, Tel. (0611) 360 70 www.ncl.de

PROFIL *

Info-/Entertainment	⚓⚓⚓⚓⚓
Sport & Wellness	⚓⚓⚓⚓◐
Gastronomie	⚓⚓⚓◐
Familienfreundlichkeit	⚓⚓⚓⚓◐
Service	⚓⚓⚓
Routing	⚓⚓◐

* **The Haven:** Gastronomie 4 Anker, Service 4,5 Anker

Norwegian Epic

Der Norwegian-Klassiker im Mittelmeer: Internationales Flair ab Rom oder Barcelona

Ein Evergreen im Mittelmeer: Die Epic ist zwar schon neun Jahre alt, NCL hat aber in das von außen ungewöhnlich aussehende Schiff investiert. Einen modernen Look haben jetzt u. a. die vier Spezialitätenrestaurants und die Hauptrestaurants Manhattan Room und Taste. Insgesamt stehen 23 (!) Restaurants zur Wahl, ein Großteil davon inklusive. Zuzahlen muss man für das Teppanyaki mit asiatischem Show-Cooking, für Cagney's Steakhouse und die Angus-Beefsteaks oder auch für die Moderno Churrascaria, wo das gegrillte Fleisch direkt am Tisch vom Spieß geschnitten wird. Für Unterhaltung sorgen die spektakuläre Akrobatik-Show „Cirque Dreams Epicurean“ zum Dinner im Spiegel Tent, Broadway-Shows oder die Wasserrutsche Epic Plunge auf dem Pooldeck. Nach Abendessen und Show sind die gemütlichen Bars wie The Cavern Club, der dem legendären Beatles-Club in Liverpool nachempfunden ist, perfekte Anlaufpunkte. Premiere feierten an Bord der Norwegian Epic die Studiokabinen für Alleinreisende. Insgesamt gibt es 13 Kabinenkategorien, von den Studios über Außen- und Balkonkabinen bis zur Deluxe Owner's Suite im „The Haven“. Die Norwegian Epic ist eines von sechs NCL-Schiffen im Sommer 2019 in Europa. Sie bietet internationales Flair, sehr gutes Essen und Spitzenentertainment für Familien und Paare gleichermaßen.

Fahrgebiete 2019

Im Sommer westl. Mittelmeer ab/bis Barcelona oder Rom, im Winter westliche und südliche Karibik.

JEDES MAL EIN SPEKTAKEL: die erste Fahrt auf der Ems in Richtung Nordsee

Foto: Meyer Werft

Norwegian Escape

Das erste Schiff der erfolgreichsten Baureihe der Norwegian Cruise Line kreuzt ab New York

Das erste Schiff der Breakaway-Plus-Klasse wurde 2015 von der Meyer Werft an die Norwegians übergeben. Etwas größer als die 2013/14 in Dienst gestellten **Norwegian Breakaway** und **Norwegian Getaway**, ist die Baureihe (zu der auch **Norwegian Joy** und **Norwegian Bliss** gehören) die erfolgreichste des Unternehmens. Sie bietet mehr Platz auf dem Pooldeck im Vergleich zur Breakaway-Klasse, zugleich aber bewährte Einrichtungen wie die Waterfront-Promenade. Die Restaurants – 25 Dining-Möglichkeiten stehen zur Wahl – haben auf der am Heck umlaufenden Promenade ihre Außenbereiche, in den dortigen Bars gibt's den Sundowner in tollem Flair. Für Nervenkitzel sorgen der Hochseilgarten mit 99 verschiedenen Kletterelementen und die Wasserrutschen des Aqua Parks. Gleich vier von ihnen verlaufen über mehrere Decks; der „Aqua Racer" ist eine Tandem-Rutsche, in der Konkurrenten durch zwei Röhren rutschen können. Das Gastronomieangebot ist, wie von NCL gewohnt, sehr reichhaltig. Auf der Escape feierte zudem eine Kooperation mit der US-Winzerfamilie Michael Mondavi Premiere; in der Weinbar können edle Tropfen aus dem Napa Valley verkostet werden. Das Kontrastprogramm gibt es im District Brew House, wo man aus 50 verschiedenen Flaschenbiersorten oder 24 Fassbieren auswählen kann.

Fahrgebiete 2019

Ab/bis New York zu den Bahamas, den Bermudas, nach Florida sowie nach Kanada und Neuengland.

DATEN & FAKTEN

BRZ 165.157
Länge 325,90 m
Breite 41,40 m
Indienststellung 2015
Bordsprache Englisch
Passagiere 4.248/4.266
Crew-Mitglieder 1.724
PCR (Pass. pro Crew) 2,5
PSR (Platzangebot) 38,9
Passagierdecks 16
Restaurants 25
Bars 21

Kabinen	2.124, davon 490 innen (82 Studios), 1.571 mit Balkon; Größen: ca. 9–618 m² (Garden Villa)
Sport & Wellness	4 Pools, Klettergarten, Sportdeck, Wasserrutschen, Basketball, Tennis, Fitnesscenter, Mandara Spa mit 58 Spa-Kabinen
Info-/Entertainment	Musicals, Dinner-Show, Mottoshows, Comedy Club, Theater, Kino, Discos, Casino, Kinderclub u. v. m.
Dresscode	kein vorgeschriebener Dresscode
Preis pro Nacht	€ 101 bis € 1.984; Durchschnitt € 259
Info	Norwegian Cruise Line Wiesbaden, Tel. (0611) 360 70 www.ncl.de

PROFIL *

Info-/Entertainment	⚓⚓⚓⚓⚓
Sport & Wellness	⚓⚓⚓⚓½
Gastronomie	⚓⚓⚓½
Familienfreundlichkeit	⚓⚓⚓⚓½
Service	⚓⚓⚓
Routing	⚓⚓⚓

*** The Haven:** Gastronomie 4 Anker, Service 4,5 Anker

DAS IST OCEANIA: weltweite Ziele, erlesene Innendesigns (hier: auf der Insignia) und kulinarische Hochgenüsse

Oceania Cruises

Mit der laut Eigenwerbung „feinsten Küche auf See" stilvoll entlegene Winkel der Welt erleben

2002 gegründet, ist Oceania Cruises seit 2014 eine der drei Marken der **Norwegian Cruise Line Holdings** aus Miami; die anderen sind die **Norwegian Cruise Line** und **Regent Seven Seas Cruises**. Letztere definiert sich als ultraluxuriös, NCL bedient den so genannten Volumenmarkt – und Oceania das Upper-Premium-Segment. Kernpunkte des Konzepts sind ein betont lässiger Luxus (ohne Dresscodes), amerikanisch interpretiert, kulinarische Vielfalt auf hohem Niveau und weltweite Reisen von oft langer Dauer und mit ausgefallenen Häfen. Besonders in das kulinarische Erlebnis wird viel investiert: Mastermind dahinter ist der französische Starkoch Jacques Pépin, der schon für Charles de Gaulle und die Kennedys gekocht hat. Was seine Köche Oceania-Gästen bieten, darf zum Besten der gesamten Kreuzfahrtwelt gezählt werden. Für deutsche Passagiere wichtig zu wissen: Die Bordsprache ist Englisch; denn US-Amerikaner stellen etwa 70 Prozent der Gäste, der Rest ist ein kosmopolitischer Mix aus aller Welt.

Mit Luxuslinern der ehemaligen Reederei **Renaissance Cruises** startete Oceania 2002 – sie werden **R-Class** genannt und bieten je 684 Gästen Platz. Die vier Schiffe bekommen bis Juni 2020 allesamt neue Designs in den Kabinen und den öffentlichen Räumen. Dabei orientiert sich die Reederei an den jüngeren **O-Class**-Schiffen **Marina** und **Riviera**. Sie sind mit einer Kapazität von je 1.250 Passagieren fast doppelt so groß.

Schiff	Baujahr	Passagiere
Insignia	1998/2018	684
Regatta	1998/2019	684
Sirena	1999/2019	684
Nautica	2000/2014	684
Marina	2011	1.250/1.360
Riviera	2012	1.250/1.360

TRAUMKULISSE: die Marina in Kotor, Montenegro

Marina & Riviera

Entspannter Luxus, kulinarische Hochgenüsse und große Kabinen: die **O-Class** von Oceania

Die 2011/12 gestarteten baugleichen Schwestern sind eine gelungene Weiterentwicklung der älteren R-Class (S. 148). Sie geben sich opulent, ohne protzig zu sein. Viel Kunst, darunter echte Mirós und Picassos, und edle Interieurs setzen markante Akzente. Großzügig ist das Platzangebot, in den öffentlichen Bereichen wie in den Kabinen: Die Standard-Balkonkabine misst 26 Quadratmeter, die größte Suite 185. Gleichwohl ist die Atmosphäre an Bord entspannt; man kleidet sich lässig-elegant, doch Vorschriften gibt es nicht. Ein besonderer Fokus liegt auf der Gastronomie: Sieben der neun Restaurants sind – ebenso wie alle alkoholfreien Getränke – im Preis inkludiert; allein im Hauptrestaurant stehen allabendlich mehr als zwei Dutzend Gerichte auf der Karte, darunter auch vegane Menüs. Als Favoriten der Gäste gelten der Asiate Red Ginger, der Franzose Jacques (benannt nach dem Culinary Director Jacques Pépin) und die Steaks des Polo Grill. Daneben gibt es eine exzellente Kochschule und kulinarische Erkundungstouren an Land. Das Konzept wendet sich vorwiegend an Paare, für Kinder gibt es keine Angebote oder Preisnachlässe. Dafür ist der Internetzugang oft gratis, zusätzlich kann man zwischen kostenlosen Ausflügen, Getränkepaketen oder Bordguthaben wählen.

Fahrgebiete 2019

Marina: Nordeuropa und Mittelmeer bis November, Südamerika und Südsee im Winter. **Riviera**: Mittelmeer im Sommer, Karibik im Winter, Neuengland im Herbst.

DATEN & FAKTEN MARINA

BRZ 66.084
Länge 239,20 m
Breite 32,20 m
Indienststellung 2011/12
Bordsprache Englisch
Passagiere 1.250/1.360
Crew-Mitglieder 800
PCR (Pass. pro Crew) 1,6
PSR (Platzangebot) 47,8
Passagierdecks 11
Restaurants 9
Bars 7

Kabinen	629, davon 20 außen (22 m²), 18 innen (16 m²), 444 mit Balkon und 147 Suiten (39–185 m²)
Sport & Wellness	1 Pool, 3 Whirlpools, Canyon Ranch Spa (Massage, Dampfsauna, Thalasso), Fitnessraum, Shuffleboard
Info-/Entertainment	Kochkurse im Culinary Center, Malkurse, Meditation, Casino, Bibliothek, Internet, Show/Livemusik, Teestunde
Dresscode	elegant-leger
Preis pro Nacht	€ 134 bis € 1.510; Durchschnitt € 403
Info	www.oceaniacruises.com Tel. (069) 22 22 33 00

PROFIL

Info-/Entertainment	4,5
Sport & Wellness	4,5
Gastronomie	5
Familienfreundlichkeit	1,5
Service	5
Routing	4

KOMPAKTES SCHIFF: die Sirena auf hoher See

DATEN & FAKTEN SIRENA

BRZ 30.277	**Passagiere** 684
Länge 180,96 m	**Crew-Mitglieder** 400
Breite 25,45 m	**PCR (Pass. pro Crew)** 1,7
Indienststellung 1999	**PSR (Platzangebot)** 44,3
letzte Renovierung 2016	**Passagierdecks** 9
Bordsprache Englisch	**Restaurants/Bars** 6/6

Kabinen	345, davon 26 innen (14 m²), 87 außen (13–15 m²), 170 mit Balkon (20 m²) und 62 Suiten
Sport & Wellness	Pool, Whirlpool, Canyon Ranch Spa-Club, Sauna, Friseur/Beauty, Fitnesscenter, Personal Trainer, Joggingtrack
Info-/Entertainment	Gastkünstler in der Lounge, Bibliothek, Kurse, Wein- und Martini-Verkostungen, Casino, Boutique, Shows, Streichquartett
Dresscode	elegant-leger
Preis pro Nacht	€ 166 bis € 1.161 Durchschnitt € 386
Info	www.oceaniacruises.com Tel. (069) 22 22 33 00

PROFIL

Info-/Entertainment	⚓⚓⚓⚓◐
Sport & Wellness	⚓⚓⚓⚓◐
Gastronomie	⚓⚓⚓⚓◐
Familienfreundlichkeit	⚓◐○○○
Service	⚓⚓⚓⚓⚓
Routing	⚓⚓⚓⚓○

Sirena (mit Nautica, Regatta & Insignia)

Die **R-Class** von Oceania: beliebter Schiffstyp in kompakter Größe – frisch renoviert

Bis 2016 war sie die **Ocean Princess** von Princess Cruises – dann stieß sie, komplett renoviert und als Sirena neu getauft, zu ihren Schwestern in Oceanias R-Class. Mit **Insignia** (die von 2012 bis 2014 als **Columbus 2** für Hapag-Lloyd Cruises kreuzte), **Nautica** und **Regatta** besitzt Oceania damit vier der acht ehemaligen Renaissance-Schiffe, die anderen sind aktuell für **Azamara** und **Princess** unterwegs. Das Bordambiente dieser kompakten Schiffe ist gediegen, mit Hinguckern wie der üppigen Lobby und der wunderschönen Bibliothek. Das Entertainment kommt von der Muttergesellschaft Norwegian und kann sich sehen lassen für diese Schiffsgröße. Wertig ausgestattet sind alle Kabinen sowie der Spa-Bereich, und natürlich darf bei einem US-Schiff das Casino nicht fehlen. Doch die Sirena setzt auch neue Standards: Die raffinierten Kreationen des kulinarischen Ambassadeurs Jacques Pépin kommen – inzwischen flottenweit – mittags in Form einer Bistrokarte im Hauptrestaurant auf den Tisch. Und im Rahmen einer Renovierungsinitiative („Oceania Next") zeigt sie sich ab Dezember 2018 runderneuert mit frischen Designkonzepten an Bord, die bis Juni 2020 auch auf den Schwestern Einzug halten.

Fahrgebiete 2019

Sirena: zu Jahresbeginn Südamerika, im Sommer Mittelmeer, ab November US-Westküste und Panamakanal. **Insignia**: Weltreise und Kuba. **Nautica**: Nordeuropa und Mittelmeer. **Regatta**: Australien, Neuseeland, Südsee und Alaska.

Phoenix Reisen

Für Freunde der klassischen Kreuzfahrt – 2019 mit einem neuen Schiff

Im deutschen Kreuzfahrtenmarkt nimmt dieses Unternehmen eine Sonderrolle ein. Weil es inhabergeführt ist seit seiner Gründung vor über 40 Jahren – und wegen seiner robusten Firmenphilosophie. Die schert sich nicht um Trends und Moden, sondern, wie es heißt, „um das, was unsere Gäste wollen". Was das ist, weiß man in Bonn sehr genau, weil Phoenix-Passagiere zu 60 bis 70 Prozent Repeater sind, sich also als Teil einer großen Familie verstehen dürfen. Nicht selten kommt es vor, dass der Kreuzfahrtdirektor mit einer herzlichen Umarmung begrüßt wird. Unverrückbar bei Phoenix: Die Bordsprache ist Deutsch, das Essen hochwertig, das Publikum älter und die Kreuzfahrt somit eher klassisch. Statt Broadway-Shows gibt's das Gala-Dinner, die Kaffeestunde, den bayerischen Frühschoppen auf dem Pooldeck und vor allem den familiären Service. Wasserrutschen, Gokartbahnen oder Kletterwände wird man dafür an Bord nicht finden.

Ein türkisfarbenes Band um den Rumpf eint alle Phoenix-Schiffe (auch die auf dem Fluss; S. 243). So auch ihre Bekanntheit aus dem Fernsehen: Seit 2015 ist die **Amadea** Schauplatz der ZDF-Serie „Traumschiff", zuvor war dies die einstige Deilmann-Königin **Deutschland**, die 2016 zu Phoenix stieß, und seit 2009 sind **Albatros** und danach **Artania** Drehort der Dokusoap „Verrückt nach Meer" im Bayerischen Fernsehen. Alle Schiffe kamen als Gebrauchtschiffe zu Phoenix – und so wird es auch mit dem nächsten Neuzugang sein. Im Juli 2018 gab man bekannt, dass die derzeitige **Prinsendam** von der **Holland America Line** zu Phoenix Reisen wechselt. Unter dem Namen **Amera** soll sie im August 2019 starten.

Schiff	Baujahr	Passagiere
Albatros	1973	830
Artania	1984/2011	1.200
Amera	1988/2019	835
Amadea	1991	600
Deutschland	1998/2016	590

PHOENIX-MOMENTE: Vierfach-Anlauf in Bremerhaven, Spaß bei der Äquatortaufe – und viele Häfen pro Reise

WELTWEIT IM EINSATZ: Das Nordpolarmeer gehört jedes Jahr dazu

DATEN & FAKTEN

BRZ 28.000
Länge 205,00 m
Breite 25,00 m
Indienststellung 1973
Umbau/Renov. 2004/10
Bordsprache Deutsch

Passagiere 830
Crew-Mitglieder ca. 340
PCR (Pass. pro Crew) 2,4
PSR (Platzangebot) 33,7
Passagierdecks 8
Restaurants/Bars 8

Kabinen	420 (359 außen, 61 innen), davon 9 mit Balkon, 56 Suiten; Größen: 11–64 m²
Sport & Wellness	Pool, 3 Whirlpools, Sauna, türkische Dampfbäder, Fitnessstudio, Solarium/Massage gegen Gebühr
Info-/Entertainment	Showprogramme, Tageskünstler, Tanz, Musik
Dresscode	leger bis elegant, Abendgarderobe ist nicht vorgeschrieben
Preis pro Nacht	€ 100 bis € 566; Durchschnitt € 228
Info	Phoenix Reisen Bonn, Tel. (0228) 92 60 55 www.phoenixreisen.com

PROFIL

Info-/Entertainment	⚓⚓⚓
Sport & Wellness	⚓⚓⚓
Gastronomie	⚓⚓⚓
Familienfreundlichkeit	⚓⚓⚓
Service	⚓⚓⚓½
Routing	⚓⚓⚓⚓½

Albatros

Ein Oldie mit langer Geschichte – und mit einer eingeschworenen Fangemeinde

Schon ihr Seitenprofil verrät, dass sie ein Klassiker ist: schlanker Bug, terrassenförmig abfallendes Heck. Die Albatros ist bereits seit mehr als 40 Jahren auf den Weltmeeren zu Hause. Ihre Laufbahn begann im Jahr 1973, als sie in Helsinki als **Royal Viking Sea** vom Stapel lief. Mittlerweile hat sie ihren sechsten Namen bekommen; bei Phoenix Reisen ersetzte sie 2004 die erste Albatros. Regelmäßig wird in die alte Lady investiert, sie kann ihr Alter aber dennoch mitterweile nicht mehr verbergen. Zudem ist sie nicht barrierefrei, mit hohen Schwellen an etlichen Türen. Trotzdem geht es auf jeden Fall an Bord sehr gemütlich zu für die maximal 830 Passagiere. Klassische Kreuzfahrttugenden werden hier gepflegt: Es gibt feste Sitzordnungen zu einer Tischzeit in den ineinander übergehenden Restaurants Pelikan und Möwe. Sie wurden neu möbliert und so optisch auf die Höhe der Zeit gebracht. Am Heck ist ein großer Pool der Mittelpunkt des terrassenförmigen Achterdecks. Eine feste Fangemeinde hat das derzeit älteste Schiff der Phoenix-Flotte auch durch die TV-Dokusoap „Verrückt nach Meer". Und im vergangenen Jahr trieb es die Albatros fast weltweit in die Medien, als sie auf ihrer Weltreise im Südpazifik sechs Fischer von ihrem sinkenden Boot rettete.

Fahrgebiete 2019

Zunächst von Südamerika durch die Südsee nach Australien, Japan, Südostasien und Arabien, dann langer Nordland-Sommer mit vielfältigen Reisen ab/bis Bremerhaven, im Winter südliches Afrika.

HIGHLIGHT IM SOMMER: die norwegischen Fjorde

Amadea

Stilvolle Eleganz und viel Platz für die Passagiere: das aktuelle TV-„Traumschiff"

Für die Nachfolge des TV-„Traumschiffs" **Deutschland** (seit 2015) zeigt sie sich rundherum gewappnet. Zu Recht ist die Amadea das Flaggschiff von Phoenix Reisen. Die nur 600 Passagiere haben deutlich mehr Platz an Bord als auf den anderen Schiffen der Bonner. In stilvollem und schickem Ambiente sorgen ein moderner Wellnessbereich und das klassische Terrassenheck mit Lidoterrasse und Jupiter-Bar für perfekte Erholung. Die Show Lounge reicht über zwei Decks im Heck – ein beeindruckender Rahmen für die gelungenen Abendshows. Die Küche ist bewährt gut und abwechslungsreich, im legeren Buffetrestaurant Amadea ebenso wie im edlen À-la-carte-Restaurant Vier Jahreszeiten. Am Gala-Abend lässt dort ein Neun-Gänge-Menü das Flair klassischer Oceanliner aufkommen – Traumschiff-Feeling eben. Den Abend verbringt man nach den Shows in Harry's Bar oder im Nachtclub Kopernikus. An Seetagen findet man im Kaminzimmer eine heimelige Atmosphäre, oder man spielt Boccia oder eine Partie (Mini-)Golf ganz oben. Das 1991 in Japan als **Asuka** gebaute Schiff ist sehr gepflegt und liebevoll eingerichtet. Den Gästen steht ein großes Team von Reiseleitern zur Seite, mit denen auch Ziele abseits der Kreuzfahrt-Highways erkundet werden.

Fahrgebiete 2019

Zunächst Südostasien, Australien, Südsee und Karibik, von Mai bis August Nordlandreisen ab/bis Bremerhaven oder Hamburg, anschließend Kanada im Indian Summer und Beginn einer großen Amerikareise.

DATEN & FAKTEN

BRZ 29.000	**Passagiere** 600
Länge 193,00 m	**Crew-Mitglieder** 280
Breite 25,00 m	**PCR (Pass. pro Crew)** 2,1
Indienststellung 1991	**PSR (Platzangebot)** 48,3
Renovierung 2011	**Passagierdecks** 8
Bordsprache Deutsch	**Restaurants/Bars** 2/5

Kabinen	314 Außenkabinen, davon 116 mit Balkon, 46 Suiten; Größen: 15–71 m²
Sport & Wellness	Golfabschlag/Putting Greens, Pool, Whirlpools, Spa-Bereich mit Sauna, Massagen, Dampfbad etc., Fitness, Joggingpfad, Morgengymnastik
Info-/Entertainment	Showprogramme, Tageskünstler, Tanz, Musik, Bibliothek, Internetcafé
Dresscode	leger bis festlich-elegant
Preis pro Nacht	€ 178 bis € 750; Durchschnitt € 283
Info	Phoenix Reisen Bonn, Tel. (0228) 92 60 55 www.phoenixreisen.com

PROFIL

Info-/Entertainment	⚓⚓⚓½
Sport & Wellness	⚓⚓⚓⚓
Gastronomie	⚓⚓⚓⚓
Familienfreundlichkeit	⚓⚓⚓
Service	⚓⚓⚓⚓
Routing	⚓⚓⚓⚓⚓

KURS AUF DIE NORDSEE: in der Elbmündung

DATEN & FAKTEN

BRZ 44.500	**Passagiere** 1.200
Länge 231,00 m	**Crew-Mitglieder** 420
Breite 29,00 m	**PCR (Pass. pro Crew)** 2,9
Indienststellung 1984	**PSR (Platzangebot)** 37,1
Renovierung 2017	**Passagierdecks** 9
Bordsprache Deutsch	**Restaurants/Bars** 3/7

Kabinen	600 Außenkabinen, davon 252 mit Balkon, 14 Suiten, 57 Juniorsuiten; Größen: 16–50 m²
Sport & Wellness	2 Pools, mehrere Whirlpools, Wellnessbereich mit Beautysalon, Fitnesscenter, Massage, Sauna
Info-/Entertainment	Showprogramme im Theater, Tageskünstler, Tanz, Musik, Bibliothek, Kino, Theater, Internetcafé, Spielzimmer
Dresscode	leger bis festlich-elegant
Preis pro Nacht	€ 111 bis € 831; Durchschnitt € 249
Info	Phoenix Reisen Bonn, Tel. (0228) 92 60 55 www.phoenixreisen.com

PROFIL

Info-/Entertainment	⚓⚓⚓½
Sport & Wellness	⚓⚓⚓½
Gastronomie	⚓⚓⚓⚓
Familienfreundlichkeit	⚓⚓⚓
Service	⚓⚓⚓⚓
Routing	⚓⚓⚓⚓½

Artania

Ein perfekt gepflegter Klassiker auf See. Sein Vorzug: Alle Kabinen sind Außenkabinen

Mit Platz für 1.200 Passagiere ist die Artania das größte Schiff der Phoenix-Flotte und, wie die Schwesterschiffe, eine perfekte Wahl für Liebhaber klassischer Kreuzfahrten. Die Bedienrestaurants Artania und Vier Jahreszeiten bieten eine durchweg hohe Qualität mit kreativen Menüs. Fortschrittlich zu seiner Zeit, wurde das Schiff 1984 gänzlich ohne Innenkabinen gebaut, unter dem Namen **Royal Princess** für **Princess Cruises**. Regelmäßig renoviert, zuletzt Ende 2017, präsentiert sich die Artania zeitgemäß. Bei Blohm + Voss wurden für 16 Millionen Euro unter anderem die Bodenbeläge auf den schönen Promenadendecks erneuert. Außerdem wurden der Spa- und Fitnessbereich und die Harry's Bar umgebaut, der beliebte Klassiker nach dem Abendessen. Neu ist auch das Bühnen- und Sitzkonzept in der „Atlantik Show Lounge". Die Artania ist zwar schon 35 Jahre alt, das Alter sieht man ihr aber nicht an. Sie hat Charme und ist oft unterwegs zu exotischen Zielen. Einen Eindruck von einem möglichen Phoenix-Neubau, über den schon seit Jahren spekuliert wird, können Passagiere in zwei Kabinen der Artania bekommen. Sie wurden als Musterkabinen gebaut und lassen das Gefühl aufkommen, man befinde sich auf einem Neubau.

Fahrgebiete 2019

Bis März Südamerika, dann über West- nach Nordeuropa mit Britischen Inseln, Norwegen, Baltikum und Nordpolarmeer ab/bis Bremerhaven, Hamburg oder Kiel. Zum Winter geht es ins südliche Afrika.

DAS „TRAUMSCHIFF" VON EINST in der Ostsee

Foto: C. Assies

Deutschland

Das einstige TV-„Traumschiff" ist in der Phoenix-Flotte angekommen – und bleibt bis 2025

Vom Design her erinnert dieses Traditionsschiff an Zeiten, in denen Seereisen ein exklusiver Luxus waren. Elemente aus Klassizismus, Jugendstil und Art déco vereinen sich zu einem Gesamtkunstwerk. Überall auf dem Schiff sind Kunstwerke und Skulpturen zu finden. Wer die Deutschland aus Deilmann-Zeiten kennt, wird das Allermeiste wiedererkennen. Sogar die abendlichen Frikadellen in der Bar „Zum alten Fritz" gibt es weiterhin. Dafür ist die Atmosphäre heute deutlich entspannter. Tagsüber geht es leger zu – nur am Abend und zu den Gala-Dinnern wird die Abendgarderobe ausgepackt. Mittags und abends werden im Restaurant Berlin À-la-carte-Gerichte serviert. Kostenfrei können die Gäste zudem das Spezialitätenrestaurant Vier Jahreszeiten besuchen. Im Lido-Restaurant gibt es alle Mahlzeiten vom Buffet – und auch einen Außenbereich. Das Kabinenangebot reicht von kleinen Innenkabinen bis zu zwei Suiten mit eigenem Balkon. Gut gelungen sind die mit französischen Balkonen ausgestatteten Außenkabinen. Die Deutschland hat neben dem Außenpool auch einen beheizten Innenpool. Sauna und Fitnessraum bieten Meerblick. Klassische Konzerte, Musicals und Artistik füllen den prunkvollen Kaisersaal. Tagsüber informiert ein Lektor über das Reisegebiet.

Fahrgebiete 2019

Von Mitte Mai bis Ende August ab/bis Bremerhaven bzw. Hamburg nach Grönland, Island, Nordeuropa, in die Ostsee, nach Großbritannien und Westeuropa.

DATEN & FAKTEN

BRZ 22.496	**Passagiere** 590
Länge 175,30 m	**Crew-Mitglieder** 280
Breite 23,80 m	**PCR (Pass. pro Crew)** 2,1
Indienststellung 1998	**PSR (Platzangebot)** 45
Renovierung 2016	**Passagierdecks** 8
Bordsprache Deutsch	**Restaurants/Bars** 3/5

Kabinen	298 Kabinen und Suiten, davon 74 innen, 224 außen; Größen: 12–45 m²
Sport & Wellness	2 Pools, Wellness-Spa, Sauna, Fitnessraum, Kurse, Shuffleboard, Dart, Tischtennis
Info-/Entertainment	Show- und Musikprogramme, Klassik, Tanz, Lektorenvorträge, Kreativkurse
Dresscode	sportlich-leger bis festlich-elegant
Preis pro Nacht	€ 200 bis € 833; Durchschnitt € 316
Info	Phoenix Reisen Bonn, Tel. (0228) 92 60 55 www.phoenixreisen.com

PROFIL

Info-/Entertainment	⚓⚓⚓
Sport & Wellness	⚓⚓⚓
Gastronomie	⚓⚓⚓⚓
Familienfreundlichkeit	⚓⚓
Service	⚓⚓⚓⚓
Routing	⚓⚓⚓½

KREUZFAHRT KLASSISCH: Teakholzmöbel am Pool, das Gala-Dinner – und besondere Ziele wie die Großen Seen

Plantours Kreuzfahrten

Routenvielfalt, großes Stammpublikum, familiäre Atmosphäre: Kreuzfahrten aus Bremer Hand

„Fünf Jahre **Hamburg** – Routenvielfalt als Erfolgsfaktor": Mit diesem Motto feierte Plantours Kreuzfahrten im Sommer 2017 das erste Jubiläum seines beliebten Hochseeschiffs – das einzige Seeschiff, das die Bremer betreiben, neben Flussschiffen auf Gewässern in aller Welt (S. 246). Der Fokus auf der Routenvielfalt ist mehr als berechtigt: Mit rund 1.400 besuchten Häfen seit dem Start für Plantours ist die Hamburg eines der anspruchsvollsten Schiffe dieser Kategorie. Zumal Ziele dabei sind, die selten bei anderen zu finden sind: Kuching auf Borneo, Mamoudzou auf den Komoren, Murmansk in Russland – oder Helgoland (!) seien als Beispiele genannt. Für Insider interessant: Die Hamburg fuhr vor ihrer Übernahme durch Plantours unter dem Namen **Columbus** für Hapag-Lloyd Cruises aus Hamburg – erhielt also ausgerechnet in der Hansestadt an der Weser den ihr an der Elbe eigentlich zugestandenen Namen. Das Schiff fährt mit ausschließlich deutschsprachigen Gästen, von denen über die Hälfte Stammkunden sind. Die Firma selbst blickt auf eine bald 30-jährige Geschichte zurück. Fans erinnern sich noch an ihren langjährigen Publikumsliebling **Vistamar**. Seit 2006 ist der italienische Schiffsausrüster **Ligabue Corp. Ltd.** alleiniger Gesellschafter der **plantours & partner GmbH**, als deren Marke Plantours Kreuzfahrten geführt wird.

Schiff	Baujahr	Passagiere
Hamburg	1997	400

ABENDSTIMMUNG an der Pier in Bremerhaven

Hamburg

Das Plantours-Schiff punktet mit ausgefallenen Zielen und einer überschaubaren Größe

Seit 2012 fährt die einstige **Columbus** von Hapag-Lloyd für Plantours aus Bremen. Die große Stärke des beliebten Schiffs: Es läuft nicht nur gängige Ziele an, sondern befährt zum Beispiel auch die Großen Seen in Nordamerika oder den Amazonas bis hinauf nach Iquitos in Peru. Das Mittelmeer dagegen ignoriert die Hamburg auch 2019 komplett, stattdessen setzt sie Schwerpunkte auf Kuba (s. u.) oder in Nordmeer und Antarktis, wo mit bordeigenen Zodiacs angelandet werden kann. Die Hamburg hat eine eher ältere Stammklientel, möchte sich aber gern für neue Zielgruppen öffnen. Das tut sie 2019 mit zwei neuen Formaten. Bei „Rock The Boat" liegt das Schiff drei Tage direkt an der Tower Bridge in London. Tagsüber stehen Musik-Ausflüge auf dem Programm, abends Rock-Konzerte – und an Bord rocken u. a. die Rattles. „Nordlichter" heißt dann eine Tour in den Norden mit norddeutschen Prominenten an Bord, wie Sänger Heinz Rudolf Kunze oder Fußballexperte Holger Stanislawski. Das Schiff bietet dank seiner kompakten Größe ein entspanntes Bordambiente. Im Restaurant finden alle Gäste zeitgleich Platz, so dass man die Mahlzeiten an Fahrplan und Landgänge anpassen kann. Die lockere Alternative ist das Buffet im Palmgarten, mit Außenplätzen auf dem Pooldeck.

Fahrgebiete 2019

Kein anderes Schiff läuft so viele kubanische Häfen an wie die Hamburg; viermal umrundet sie die Insel (je 11 Tage ab/bis Havanna, Febr./März und Nov.). Von April bis Juni sind Hamburg und Kiel Starthäfen für Nordlandreisen.

DATEN & FAKTEN

BRZ 14.903	**Passagiere** 400
Länge 144,00 m	**Crew-Mitglieder** 170
Breite 21,50 m	**PCR (Pass. pro Crew)** 2,4
Indienststellung 1997	**PSR (Platzangebot)** 37,3
Renovierung 2012	**Passagierdecks** 6
Bordsprache Deutsch	**Restaurants/Bars** 2/3

Kabinen	197 (63 innen, 13 m^2; 134 außen, 15 m^2), 8 Suiten (27–31,5 m^2, davon 2 mit, 6 ohne Balkon)
Sport & Wellness	Pool, Fitnessraum, Sauna, Kosmetik, Friseur, Fahrräder (gegen Gebühr), Morgengymnastik, Nordic-Walking-Stöcke
Info-/Entertainment	Band, Künstler, Unterhaltungsmusik, Lektorenvorträge, Tanz, Show, Alleinunterhalter
Dresscode	leger bis sportlich-elegant
Preis pro Nacht	€ 160 bis € 590; Durchschnitt € 310
Info	Plantours Kreuzfahrten Bremen, Tel. (0421) 17 36 90 www.plantours-partner.de

PROFIL

Info-/Entertainment	⚓⚓⚓
Sport & Wellness	⚓⚓½
Gastronomie	⚓⚓⚓½
Familienfreundlichkeit	⚓⚓⚓
Service	⚓⚓⚓½
Routing	⚓⚓⚓⚓⚓

TRÈS CHIC: Das Design der neuen Expeditionsklasse – in der Mitte die Blue Eye Lounge – kann sich sehen lassen

PONANT

Die französische Luxusreederei fährt ins Eis und neuerdings auch verstärkt in die Tropen

Ein Segler und vier schmucke Motoryachten bildeten in den letzten Jahren die Flotte der französischen Nobelmarke PONANT. Sie überzeugen mit hippem Ambiente und Reisen zu fernen Häfen und den Polgebieten. Nach der Reedereiübernahme durch die französische **Artemis Holding**, zu der auch Luxusmarken wie Gucci oder Saint Laurent gehören, wurde eine neue Schiffsserie namens **PONANT Explorers** bestellt. Die ersten beiden Neubauten starteten 2018, jeweils zwei weitere folgen 2019. Sie sind mit 92 Kabinen etwas kleiner als das ältere Yachtquartett und können noch abgelegenere Regionen erreichen. Während die größeren Schiffe sich auf Arktis- und Antarktis-Expeditionen konzentrieren, erkunden die Neubauten Lateinamerika, den Indischen Ozean sowie Asien und Ozeanien. 2021 soll der erste elektrohybride Eisbrecher folgen, der bis zum Nordpol, ins Weddellmeer und ins Rossmeer fahren kann. Auf allen Expeditionskreuzfahrten ist grundsätzlich ein deutschsprachiger Lektor an Bord, ansonsten wird bei PONANT Französisch und Englisch gesprochen.

Schiff	Baujahr	Passagiere
Le Ponant (Segler)	1991	64
Le Boréal	2010	264
L'Austral	2011	264
Le Soléal	2013	264
Le Lyrial	2015	244
Le Lapérouse	2018	184
Le Champlain	2018	184
Le Bougainville	2019	184
Le Dumont d'Urville	2019/20	184

DER ERSTE VON VIER NEUBAUTEN: Le Lapérouse auf Jungfernfahrt

Le Lapérouse & Le Champlain

High-End-Abenteuer mit französischem Touch – inklusive Blick unter die Wasseroberfläche

Auf die ersten beiden „PONANT Explorers“ durfte man gespannt sein. Sie setzen das bewährte Konzept der Franzosen fort, bieten aber auch beeindruckende Neuerungen. Dazu zählen das weit auslaufende Heck mit variabler Marina (nutzbar als Sonnendeck, Zodiac-Anleger oder Wassersportplattform), ein Infinity-Pool – und natürlich die „Blue Eye“-Lounge: In ihr kann jeder Gast mindestens einmal pro Reise durch Bullaugen die Unterwasserwelt bestaunen, während Hydrophone die Sounds und Vibrationen von außen auf gemütliche „Body Listening“-Sofas übertragen. Besonders viel Spaß macht das in den artenreichen warmen Gefilden, in denen sich die Schiffe unter anderem aufhalten. Obwohl sie etwas kleiner als ihre Vorgängerinnen sind, wirken die Räumlichkeiten großzügig und mit vielen Elementen im Holzlook noch einen Tick stylisher; in den hellen Kabinen kann man durch eine Glaswand sogar aus der Dusche nach draußen schauen. Shows und Vorträge gibt es im Theater; Entspannung bietet das Spa mit Massageraum und Sauna mit großer Glasfront. Der englisch- und französischsprachige Service ist persönlich und zuvorkommend, das Gastronomieangebot im Panorama-Restaurant oder am Grill-Buffet außen auf Deck 3 überzeugt auf ganzer Linie.

Fahrgebiete 2019

Le Lapérouse: Australien, Neuseeland und Asien. **Le Champlain:** Zentralamerika, Island, Grönland, Große Seen. **Le Bougainville:** Mittelmeer, Seychellen. **Le Dumont-d'Urville:** Nord-/Ostsee, Kapverden und Orinoco.

DATEN & FAKTEN LE LAPÉROUSE

BRZ 10.038	**Crew-Mitglieder** 110
Länge 131,00 m	**PCR (Pass. pro Crew)** 1,67
Breite 18,00 m	**PSR (Platzangebot)** 53,8
Indienststellung 2018	**Passagierdecks** 6
Bordsprache Engl., Frz.	**Restaurants** 2
Passagiere 184	**Bars** 4

Kabinen	92 Außenkabinen und -suiten, alle mit privatem Balkon; Größen: 19–45 m²
Sport & Wellness	Infinity-Pool, Spa mit Massage und Sauna, Fitness, Wassersportplattform mit Kajak, Stand-up-Paddling, Tauchen, 10 Zodiacs
Info-/Entertainment	Theater, multisensorische „Blue Eye“-Unterwasser-Lounge, Kunstgalerie, WLAN
Dresscode	leger bis elegant
Preis pro Nacht	€ 413 bis € 2.458; Durchschnitt € 779
Info	PONANT Hamburg, Tel. (040) 808 09 31 43 www.ponant.de

PROFIL

Info-/Entertainment
Sport & Wellness
Gastronomie
Familienfreundlichkeit
Service
Routing

Aktuell noch nicht bewertet

GANZ NAH DRAN: die Sea Spirit in der Antarktis

DATEN & FAKTEN SEA SPIRIT

BRZ 4.280	**Passagiere** 114
Länge 90,60 m	**Crew-Mitglieder** 80
Breite 15,30 m	**PCR (Pass. pro Crew)** 1,6
Indienststellung 1991	**PSR (Platzangebot)** 36,2
Renovierung 2015, 2017	**Passagierdecks** 5
Bordsprache Deutsch, Engl.	**Restaurants/Bars** 2/3

Kabinen	52 Außenkabinen (21–43 m²), davon 14 Suiten mit Balkon
Sport & Wellness	Fitnessraum, Hot Tub, Kajaks (gegen Zuzahlung)
Info-/Entertainment	Lektorate im Vortragsraum, Bibliothek; optional zubuchbar: Fotografie-Workshops, Camping in der Antarktis
Dresscode	kein Dresscode
Preis pro Nacht	ab € 306; Durchschnitt € 1.080
Info	Poseidon Expeditions Hamburg Tel. (040) 75 66 85 55 www.poseidonexpeditions.de

PROFIL

Info-/Entertainment	3/5
Sport & Wellness	2,5/5
Gastronomie	3/5
Familienfreundlichkeit	1,5/5
Service	3,5/5
Routing	4/5

Poseidon Expeditions: Sea Spirit

Die Spezialisten für Reisen ins Eis bieten Expeditionen mit deutschsprachiger Betreuung

Mit nur 114 Passagieren ist die Sea Spirit das kleinste Expeditionskreuzfahrtschiff, auf dem deutschsprachige Betreuung durchgängig angeboten wird. Es debütierte 1991 am deutschen Markt als **Hanseatic Renaissance**. 2015 und erneut 2017 hat Poseidon Expeditions es umfassend renoviert. Die 1999 gegründete Firma mit Hauptsitz in London ist auf Polarreisen spezialisiert. U. a. bietet sie Nordpolfahrten mit dem Atomeisbrecher **50 Years of Victory** an – ein so extremes wie teures Abenteuer. Vergleichsweise komfortabel gibt sich da die Sea Spirit: Sehr groß sind ihre Kabinen, die allesamt Suiten sind. An Bord wird Englisch und Deutsch gesprochen; deutschsprachige Reiseleiter, Lektoren, Bordinfos und Speisekarten stehen jederzeit zur Verfügung. Die Atmosphäre ist leger, Dresscodes gibt es nicht, beim Essen herrscht freie Platzwahl. Eine breite Promenade und großzügige Außendecks sind ideal für das Naturerlebnis auf den Reisen ins Eis. Eine Marina auf Wasserniveau erleichtert den Einstieg in die Zodiacs. Außerdem gibt es acht Kajaks – und Zelte, in denen man auch mal an Land übernachten kann. Zudem erhält jeder Arktis- und Antarktispassagier einen Expeditionsparka – und wärmeisolierte Gummistiefel kann man in allen Größen leihen.

Fahrgebiete 2019

Sommer: Arktis mit Grönland, Spitzbergen, Island und, als einzige Reederei, Franz-Josef-Land. Winter: Antarktis.

Princess Cruises

Tradition und Innovation, seit über 50 Jahren erfolgreich vereint – und auf allen Meeren zu Hause

17 Schiffe zählt die Flotte, die in den USA einst durch die TV-Serie „Love Boat" berühmt wurde. Und auf allen, egal ob für 700 oder über 4.000 Passagiere, gilt die Maxime „big ship choice, small ship feel". Dafür wurden große Räume in kleine Cafés und gemütliche Bars unterteilt, aus zwei Restaurants vier gemacht. Nur im Theater, an den Buffets und beim Tendern merkt man, dass man auf einem Ozeanriesen reist. Princess gehört seit 2003 zur **Carnival Corporation** und führte 2017 als erste Linie des Konzerns das „Ocean Medallion" ein, einen als Armband getragenen Funkchip, der alle Bordkartenservices, vom Bezahlen an der Bar bis zum Öffnen der Kabinentür, abwickelt. Neuland betritt auch das jüngste Schiff der Flotte, die 2017 gestartete **Majestic Princess**: Sie kreuzt ausschließlich im chinesischen Markt. Ansonsten ist und bleibt Princess ein Big Player in Alaska, wo man „Cruise Tours" mit eigenen Lodges, Bussen und Zügen anbietet. Wichtig für Interessenten aus hiesigen Gefilden: Auf vielen Reisen sind deutschsprachige Reiseleiter an Bord.

Schiff	Baujahr	Passagiere
Sun Princess	1995	1.990/2.250
Sea Princess	1998	1.990/2.250
Grand Princess	1998	3.252/3.760
Pacific Princess	1999	680/802
Golden Princess	2001	2.590/3.200
Star Princess	2002	2.590/3.200
Coral Princess	2002	1.970/2.588
Island Princess	2003	1.970/2.588
Caribbean Princess	2004	3.252/3.760
Diamond Princess	2004	2.670/3.286
Sapphire Princess	2004	2.670/3.286
Crown Princess	2006	3.252/3.760
Emerald Princess	2007	3.252/3.760
Ruby Princess	2008	3.252/3.760
Royal Princess	2013	3.560/4.340
Regal Princess	2014	3.560/4.340
Majestic Princess	2017	3.660/4.340
Sky Princess	2019	3.660/4.340

HERZOGIN KATE taufte 2013 die Royal Princess. Darunter der Sea Walk und ein klassischer Terrace Pool

ERKENNBAR AN DER BUGBEMALUNG: die neuen Princess-Schiffe

DATEN & FAKTEN REGAL PRINCESS

BRZ 141.000	**Crew-Mitglieder** 1.346
Länge 330,10 m	**PCR (Pass. pro Crew)** 3,2
Breite 47,25 m	**PSR (Platzangebot)** 32,5
Indienststellung 2013/14	**Passagierdecks** 17
Bordsprache Englisch	**Restaurants** 9
Passagiere 3.560/4.340	**Bars** 21

Kabinen	1.780 (1.438 außen, 342 innen), davon 40 Suiten u. 306 Minisuiten mit Balkon, 360 Deluxe-Balkonkab., 732 Balkonkab.; Größen: 15–60 m²
Sport & Wellness	3 Pools, 6 Whirlpools, Fitness-center, Lotus Spa und Sanctuary für Erwachsene, Driving Range, Putting Green, Jogging
Info-/Entertainment	Showtheater, Casino, Nightclub, „Movies under the Stars", Biblio-thek, Internetcafé, Kinderclub
Dresscode	meist leger, zwei formelle Abende
Preis pro Nacht	€ 65 bis € 660; Durchschnitt € 174
Info	Princess Cruises München, Tel. (089) 51 70 34 50 www.princesscruises.de

PROFIL

Info-/Entertainment	⚓⚓⚓⚓
Sport & Wellness	⚓⚓⚓⚓
Gastronomie	⚓⚓⚓⚓½
Familienfreundlichkeit	⚓⚓⚓⚓
Service	⚓⚓⚓⚓
Routing	⚓⚓⚓½

Regal Princess & Royal Princess

Elemente der klassischen Kreuzfahrt mit Vorteilen moderner Megaschiffe kombiniert

Im Atrium kreuzen sich alle Laufwege. Auf drei Ebenen konzentrieren sich hier Bars, Restaurants, Shops. Eine so zentrale Struktur überrascht für so große Schiffe wie diese fast baugleichen Schwestern. Aber die Orientierung fällt dadurch leicht und vermittelt das Gefühl eines viel kleineren Schiffs. Klar strukturiert ist auch das Pooldeck: Der für Erwachsene reservierte Retreat Pool sowie die (kostenpflichtige) Wellness-Oase sind optisch vom Hauptpool abgetrennt, am Heck gibt es zusätzlich einen Terrace Pool. Die elegant gestylten Kinder- und Teensbereiche und das Sportdeck liegen im Heck ganz oben. Nervenkitzel bietet der SeaWalk, auf dem man auf einem Glasboden über die Bordwand hinausspaziert. Zur Entspannung lädt der Springbrunnen mit seinen „Fountain & Light"-Shows ein, tagsüber dient er als Wasserspielplatz, Sonnendeck oder Bühne. Das Promenadendeck ist auf zwei Segmente mittschiffs und seitlich am Heck reduziert. Die Kabinen sind modern und elegant, das Bad zugunsten eines begehbaren Kleiderschranks relativ klein. Keine Kompromisse geht Princess aber bei den wirklich wichtigen Dingen ein: Der Service ist herzlich, das Entertainment vielfältig, das Essen hochwertig.

Fahrgebiete 2019

Winter: **Regal P.** Karibik ab Fort Lauderdale, **Royal P.** außerdem Südamerika. Sommer: **Regal P.** in Nordeuropa (u. a. ab Warnemünde) und Neuengland (ab New York), **Royal P.** in Alaska (ab Whittier und Vancouver) und US-Westküste (ab Los Angeles).

Regent Seven Seas Cruises

Ultra-all-inclusive, weltweite Routen, stilistische Opulenz: Luxus-Cruising made in the USA

Wer Regent bucht, kann sich sicher sein: Hier zählt nicht die Schiffsgröße, sondern der Platz pro Passagier – er liegt auf höchstem Niveau. Gleiches gilt für das Ultra-all-inclusive-Konzept: Es gilt als das umfassendste der gesamten Kreuzfahrtwelt. Alle Restaurants sind, wie auch sonst nahezu alles an Bord, im Reisepreis enthalten. Selbst die meisten Landausflüge sind auf den vier eleganten Regentinnen inkludiert.
Die Schiffe, seit 2014 im Besitz der **Norwegian Cruise Line Holdings**, kreuzen weltweit. Die Gäste kommen überwiegend aus Nordamerika, zunehmend aber auch aus Europa und von anderen Kontinenten, Bordsprache ist Englisch. Das Publikum besteht überwiegend aus „Best Agern". Aber auch für jüngere Paare sind die Schiffe attraktiv, weniger jedoch für Familien. Beim Ambiente an Bord gelingt eine reizvolle Mischung aus konservativ-amerikanischer Eleganz und legerer Frische, beides mit einem gewissen Hang zur Opulenz. Das Design ist bis ins letzte Detail ausgefeilt, teure Materialien kommen im Überfluss zum Einsatz. Einzigartig in der Kreuzfahrt ist die Champagner-Party zu Beginn jeder Reise zum Kennenlernen der Nachbarn und der Offiziere auf den Kabinengängen.
2016 setzte die Reederei mit der **Seven Seas Explorer** ein neues Luxus-Statement: Sie vermarktet den Neubau als das „luxuriöseste Schiff der Welt". Das Schwesterschiff **Seven Seas Splendor** ist im Bau und soll Anfang 2020 fertig sein. Damit die bestehende Flotte mithalten kann, wurden 2016/17 rund 125 Millionen Dollar in die umfassende Renovierung der älteren Schiffe **Navigator**, **Mariner** und **Voyager** investiert.

Schiff	Baujahr	Passagiere
Seven Seas Navigator	1999	510
Seven Seas Mariner	2001	700
Seven Seas Voyager	2003	700
Seven Seas Explorer	2016	750

LUXUS AUF AMERIKANISCH: Edle Speisen im Restaurant und Frühstück in der eigenen Suite gehören zum Programm

KLASSISCHE SILHOUETTE für ein Schiff höchster Ansprüche

Seven Seas Explorer

Exquisite Küche, Grandhotel-Flair und all-inclusive total: ein neuer Stern am Luxushimmel

DATEN & FAKTEN

BRZ 55.254
Länge 224,00 m
Breite 31,09 m
Indienststellung 2016
Bordsprache Englisch
Passagiere 750
Crew-Mitglieder 542
PCR (Pass. pro Crew) 1,1
PSR (Platzangebot) 72
Passagierdecks 10
Restaurants 8
Bars 9

Kabinen	375 Suiten, alle mit Balkon, ab Penthouse-Suite mit persönlichem Butler; Größen: 20–271 m²
Sport & Wellness	Infinity-Pool, 2 Whirlpools, Fitness, Joggingbahn, Golfabschlagplatz, 18-Loch-Putting-Green, Boccia-Platz, Paddle-Tennis, Canyon Ranch Spa
Info-/Entertainment	Theater, Bibliothek, Casino, Lounges mit Livemusik, Kochstudio
Dresscode	casual bis elegant
Preis pro Nacht	€ 346 bis € 5.408; Durchschnitt € 1.142
Info	Regent Seven Seas Cruises Southampton Tel. +44 2380 68 21 40 de.rssc.com

PROFIL

Info-/Entertainment	⚓⚓⚓⚓
Sport & Wellness	⚓⚓⚓⚓½
Gastronomie	⚓⚓⚓⚓⚓
Familienfreundlichkeit	⚓⚓⚓
Service	⚓⚓⚓⚓⚓
Routing	⚓⚓⚓⚓½

Der Anspruch ist groß: Sie möchte „das luxuriöseste Schiff aller Zeiten" sein. Begründet wird dies mit Opulenz und Superlativen wie einer 2,7 Tonnen schweren Gebetsmühlenskulptur vor dem Asia-Restaurant oder einem 150.000 Dollar teuren Luxusbett in der Regent-Suite. Zur Kunstsammlung gehören Originale von Picasso, Miró und Chagall, großzügig wurden Muranoglas und Carraramarmor verbaut. Das Ambiente erinnert an ein Grandhotel mit modernen Akzenten. In den Bars spielt Livemusik, die Observation Lounge wird abends zur Edeldisco, das Theater bietet Shows im Broadwaystil samt siebenköpfiger Band. Ruhepol des Schiffs ist eine große Bibliothek. Zum Besten auf hoher See gehören die Restaurants: vom Hauptrestaurant mit riesiger Menüauswahl über ein Buffet, das abends zum Edelitaliener wird, bis hin zu den Spezialitätentempeln Chartreuse, Prime 7 und Pacific Rim. Am Sonnendeck gibt's auch schon mal einen eleganten Grillabend mit Tisch an der Reling und Sonnenuntergang zum Dessert. Ganz nah am Meer ist man auf dem umlaufenden Promenadendeck mit Infinity-Pool am Heck. Von verschiedenen Designern gestaltet, sind die Suiten im Stil recht unterschiedlich. Marmorbäder, große Balkone, ultrabequeme Betten und ein begehbarer Schrank gehören bei allen dazu.

Fahrgebiete 2019

Südamerika im Januar, über Los Angeles und den Panamakanal nach Europa, Frühling und Herbst im Mittelmeer, Sommer Ostsee, ab November Karibik.

Royal Caribbean International

Spaß und Action sind garantiert – unter anderem auf den derzeit größten Schiffen der Welt

Royal Caribbean Cruises Ltd. (RCCL), die Muttergesellschaft von Royal Caribbean International (RCI), ist das zweitgrößte Kreuzfahrtunternehmen der Welt. Die Erfolgsgeschichte begann 1969 mit der **Song of Norway**, 1988 setzte die **Sovereign of the Seas** neue Größenstandards, und 2009 übertraf man die Konkurrenz erneut mit dem bis dato größten Schiff der Welt: der **Oasis of the Seas** für fast 6.300 Passagiere. Mit **Allure**, **Harmony** und **Symphony of the Seas** hat sie nun schon drei gigantische Schwestern. Doch bereits seit der Vorstellung der **Freedom of the Seas** 2007 ist klar: Das Schiff selbst ist hier endgültig zur Destination geworden. Deshalb locken alle jüngeren RCI-Liner mit tollen Sportangeboten (Kletterwand, Surfsimulator, Eisbahn, Autoscooter u. v. m.) und auf den neuesten „Smartships" mit digitalen Gimmicks wie einem Roboter, der Cocktails mixt. Auch Kindern wird nicht langweilig: Adventure Ocean heißt ihr Club, für Kinder ab sechs Monaten gibt es sogar Babysitter. Ende 2018 betreibt RCI 25 Schiffe aus acht Generationen, fünf weitere Neubauten sind in Planung. Aus Platzgründen hier nur die Schiffe seit 2001:

Schiff	Baujahr	Passagiere
Radiance of the Seas	2001	2.191/2.702
Adventure of the Seas	2001	3.114/3.838
Brilliance of the Seas	2002	2.191/2.702
Navigator of the Seas	2002	3.114/3.838
Serenade of the Seas	2003	2.191/2.702
Mariner of the Seas	2003	3.114/3.839
Jewel of the Seas	2004	2.191/2.702
Freedom of the Seas	2006	3.634/4.374
Liberty of the Seas	2007	3.634/4.374
Independence of the Seas	2008	3.634/4.374
Oasis of the Seas	2009	5.408/6.230
Allure of the Seas	2010	5.408/6.230
Quantum of the Seas	2014	4.188/4.905
Anthem of the Seas	2015	4.188/4.905
Ovation of the Seas	2015	4.188/4.905
Harmony of the Seas	2016	5.518/6.680
Symphony of the Seas	2018	5.518/6.680
Spectrum of the Seas	2019	5.518/6.680

EINZIGARTIG: die „Aqua Show" (Oasis Class) und der Surfsimulator (seit Freedom Class). Viel Spaß haben Familien

KLEINSTADT ZUR SEE: Die Oasis-Klasse beherbergt fast 9.000 Menschen an Bord

DATEN & FAKTEN SYMPHONY OF THE SEAS

BRZ 228.081	**Crew-Mitglieder** 2.200
Länge 362,10 m	**PCR (Pass. pro Crew)** 2,5
Breite 65,68 m	**PSR (Platzangebot)** 41,3
Indienststellung 2018	**Passagierdecks** 16
Bordsprache Englisch	**Restaurants** 20
Passagiere 5.518/6.680	**Bars** 20

Kabinen	2.759 (2.235 außen, 524 innen), davon 1.796 Balkonkabinen und 227 Suiten; Größen: 9–149 m²
Sport & Wellness	4 Pools, 10 Whirlpools, 3 Wasser-/2 Trockenrutschen, Surfsimulatoren, Joggingpfad, Eislaufbahn, Kletterwand, Zip-Line, Basketball, Minigolf, Fitness/Spa, Kinderclubs u. v. m.
Info-/Entertainment	Broadway-Shows, Aqua-Show im Heck, Eisrevuen, Jazzclub, Comedy, Boardwalk mit Karussell u. v. m.
Dresscode	leger, abends je nach Anlass schicker
Preis pro Nacht	€ 108 bis € 12.585; Durchschn. € 272
Info	RCL Cruises, Bremen Tel. 0800 724 03 45 www.royalcaribbean.de

PROFIL

Info-/Entertainment	⚓⚓⚓⚓⚓
Sport & Wellness	⚓⚓⚓⚓⚓
Gastronomie	⚓⚓⚓⚓
Familienfreundlichkeit	⚓⚓⚓⚓⚓
Service	⚓⚓⚓½
Routing	⚓⚓

Symphony of the Seas Oasis Class

Mit Platz für maximal fast 7.000 Passagiere setzt die größte Schiffsklasse der Welt Rekorde

Mit einer geringfügig höheren Tonnage hat die Symphony im April 2018 den Status als größtes Kreuzfahrtschiff von der **Harmony of the Seas** übernommen. Mit einzigartigen Features wie dem Central Park, dem Aqua Theater oder dem Boardwalk inklusive Jahrmarkt-Karussell begeistert diese Schiffsklasse auch noch knapp zehn Jahre nach Indienststellung der **Oasis of the Seas**. Sukzessive sind auf jedem neuen Oasis-Class-Schiff weitere Features hinzugekommen, etwa die „Bionic"-Roboter-Bar, die „WOW Bands" als Ergänzung zur Kabinenkarte und die Trockenrutsche „Ultimate Abyss", mit der es 30 Meter rasant in die Tiefe geht. Rund 6.000 Gäste fahren mit – und staunen, dass sie sich so verteilen, dass sie am Surfsimulator, an der Zip-Line oder im Theater ihren Platz finden. Wie auch in den 20 Restaurants und 20 Bars, die vom Hotdogstand bis zum märchenhaft-kreativen Wonderland so viel bieten, dass man auf einer Reise nicht alles ausprobieren kann. 2.759 Kabinen hat die Symphony, darunter eine zweistöckige Familien-Suite mit eigener Rutsche und eigener Spielecke. Wer aber in einer Balkonkabine ohne Meerblick residiert, d. h. über Central Park oder Boardwalk, sollte Lärm mögen. Neu auf der Symphony of the Seas sind unter anderem eine Laser-Tag-Anlage und ein neues Restaurant-Konzept im Solarium mit Seafood.

Fahrgebiete 2019

Mit Heimathafen Miami fährt die Symphony ganzjährig auf 7-Nächte-Routen in der Karibik.

ANKUNFT IN NEW YORK: Der Kranausleger ermöglicht ganz neue Schiffsperspektiven

Quantum of the Seas Quantum Class

Roboter an der Bar, Aussichtsgondel über dem Schiff: die Smartships von Royal Caribbean

Auch wenn die Oasis Class mehr Beachtung findet: **Quantum**, **Anthem** und **Ovation of the Seas** (2014–16) sind aktuell revolutionärer. Unter dem Schlagwort „Smartship" wird man hier ins digitale Zeitalter katapultiert. In die Voraussetzung dafür hat die Reederei kräftig investiert: Highspeed-WLAN setzt einen Maßstab für die Zukunft und ermöglicht, dass man sich als Gast von einer personalisierten App zu allen Aktivitäten an Bord leiten lässt. Und wer will, trägt statt einer Bordkarte ein „WOW Band", das alle Ausgaben registriert, auch an der Bionic Bar, wo Roboter Cocktails mixen. „Smart" ist auch das Erlebnis „iFly": Wie am Fallschirm schwebt man auf einer Windsäule über dem Boden. Gleich 90 Meter hoch geht es in der Glaskapsel North Star: Von einem Kranarm himmelwärts gebracht, blickt man über dem Schiff aufs Meer. Und abends bezaubern in der Lounge Two70° schwebende Artisten ebenso wie fliegende Videoschirme. Doch auch Handgemachtes gibt es: das Pop-Musical „Mamma Mia" im 1.300 Plätze fassenden Theater, den Sport im SeaPlex, der mal Trapez-Arena, mal Autoscooter ist. Und: in 18 Restaurants Gaumenfreuden, die von Menschenhand gemacht sind. Zuwachs bekommt die Schiffsklasse 2019 mit der **Spectrum of the Seas**, speziell konzipiert für den chinesischen Markt.

Fahrgebiete 2019

Die **Quantum** fährt ganzjährig ab Shanghai, die **Ovation** im Sommer in Alaska, die **Anthem** in der Karibik und längs der US-Ostküste.

DATEN & FAKTEN QUANTUM OF THE SEAS

BRZ 168.666	**Crew-Mitglieder** 1.300
Länge 348,00 m	**PCR (Pass. pro Crew)** 3,2
Breite 41,20 m	**PSR (Platzangebot)** 40,3
Indienststellung 2015	**Passagierdecks** 16
Bordsprache Englisch	**Restaurants** 18
Passagiere 4.188/4.905	**Bars** 19

Kabinen	2.090: 1.717 außen, davon 1.570 mit Balkon, 373 innen mit virtuellem Balkon, 28 Single-Studios, 16 Familiensuiten; Größen: 13,8–192 m²
Sport & Wellness	4 Pools, Fallschirmsimulator, Sportdeck SeaPlex, Autoscooter, Rollschuhbahn, Fitnesscenter/Spa, Ballsportplatz, Minigolf u. v. m.
Info-/Entertainment	Music Hall, Panoramasalon Two70°, Aussichtskapsel North Star, Akrobatik, Eisbar, Kinderclub u. v. m.
Dresscode	leger, abends teilweise schicker
Preis pro Nacht	€ 118 bis € 2.353; Durchschnitt € 283
Info	RCL Cruises, Bremen Tel. 0800 724 03 45 www.royalcaribbean.de

PROFIL

Info-/Entertainment	⚓⚓⚓⚓⚓
Sport & Wellness	⚓⚓⚓⚓⚓
Gastronomie	⚓⚓⚓⚓
Familienfreundlichkeit	⚓⚓⚓⚓⚓
Service	⚓⚓⚓½
Routing	⚓⚓½

PROTOTYP DIESER SCHIFFSKLASSE: die Radiance of the Seas

DATEN & FAKTEN JEWEL OF THE SEAS

BRZ 90.090	**Passagiere** 2.191/2.702
Länge 293,20 m	**Crew-Mitglieder** 852
Breite 32,20 m	**PCR (Pass. pro Crew)** 3,2
Indienststellung 2004	**PSR (Platzangebot)** 33,3
Renovierung 2016	**Passagierdecks** 12
Bordsprache Englisch	**Restaurants/Bars** 8/13

Kabinen	1.097 (davon 817 außen, 577 mit Balkon); Größen: 15–113 m²
Sport & Wellness	3 Pools, 3 Whirlpools, Kletterwand, Minigolf, Tischtennis, Sportplatz, Joggingstrecke, Spa, Fitnessclub
Info-/Entertainment	Shows im Broadway-Stil, Casino, Kino unter Sternen, Video Game Arcade, Kinderclub, Babybetreuung
Dresscode	leger, abends teils semiformell
Preis pro Nacht	€ 63 bis € 1.543; Durchschnitt € 118
Info	RCL Cruises, Bremen Tel. 0800 724 03 45 www.royalcaribbean.de

PROFIL

Info-/Entertainment	⚓⚓⚓⚓
Sport & Wellness	⚓⚓⚓⚓
Gastronomie	⚓⚓⚓½
Familienfreundlichkeit	⚓⚓⚓⚓⚓
Service	⚓⚓⚓½
Routing	⚓⚓⚓½

Jewel of the Seas Radiance Class

Sie kombiniert gekonnt maritime Tugenden mit Resort-Komfort in überschaubarer Größe

Auf manchen modernen Megaschiffen fühlt man sich dem Meer weniger nah als in einem Küstenhotel an Land. Außendecks werden im Zuge der Gewinnmaximierung oft zugunsten zusätzlicher Kabinen, Shops, Restaurants und Bars geopfert. Nicht so bei der Jewel of the Seas und ihren drei in schmucken Yachtkonturen auftretenden Schwestern der Radiance Class (**Radiance**, **Brilliance** und **Serenade of the Seas**). Mit ihren rund 2.200 Gästen vereinigt die 2016 umfassend renovierte Jewel die Vorzüge kleinerer Schiffe mit Features der ganz großen bei Royal Caribbean. Dazu gehören neben einer Vielfalt an Restaurants wie dem Italiener Giovanni's Table, dem Steakhouse Chops Grille oder dem Sushi-Restaurant Izumi sowie diversen Bars auch die rundumlaufenden Promenaden auf den Decks 5 und 12. Neben dem Hauptpool verfügt die Jewel über einen Solarium-Pool mit Glasdach und ist somit auch in kälteren Wetterzonen flexibel einsetzbar. Auch sonst gefällt die zum Meer hin ausgerichtete Innenarchitektur, mit gläsernen Aufzügen mittschiffs und der Viking Crown Lounge auf Deck 13. Und auf dem frei zugänglichen Bug (heute eher eine Seltenheit) sieht man regelmäßig, wie Gäste, Wind und Wellen genießend, mit glücklich verklärtem Gesichtsausdruck die berühmte „Titanic"-Pose einnehmen.

Fahrgebiete 2019

Im Winter ab/bis San Juan/Puerto Rico und Miami in der Karibik, im Sommer ab/bis Civitavecchia im Mittelmeer, ab November ab/bis Dubai.

Seabourn Cruise Line

Die All-inclusive-Luxusschiffe stehen für individuelles und entspanntes Yachtfeeling

Für Seabourn fährt eine sehr junge Luxusflotte über die Weltmeere: Drei Schiffe à 450 Passagiere wurden zwischen 2009 und 2011 gebaut, zwei etwas größere mit 600 Betten, **Seabourn Encore** und **Seabourn Ovation**, gingen 2017 und 2018 in Dienst. Aber auch das kleinere Trio wird nicht vernachlässigt, so kam hier beispielsweise bis Mai 2018 das neue Signature-Restaurant The Grill by Thomas Keller überall an Bord. Es ist selbstverständlich – wie alle Restaurants und Getränke – im Reisepreis inkludiert. Geschickt ist die ungewöhnliche Aufteilung der Schiffe: Nahezu alle öffentlichen Bereiche liegen am Heck, so dass es vorn bei den Kabinen ruhig bleibt. Seabourn schafft es, Luxus sehr zwanglos und in familiärer Atmosphäre umzusetzen. Die persönliche Ansprache der Crew ist sehr warmherzig, die Stimmung an Bord wie auf einer Yacht. Lediglich an einem Abend pro Woche sind Smoking oder schwarzer Anzug, ohne Krawattenzwang, sowie Abendkleid gefragt. Nicht nur dann zeigt sich das Entertainment-Team sehr engagiert und sorgt auch für Stimmung auf der Tanzfläche. Nicht verpassen sollte man das Show-Highlight mit dem Musical-Klassiker „An Evening with Sir Tim Rice". Exklusive Ausflüge zu UNESCO-Welterbestätten und zahlreiche Seminare sowie Lektorenvorträge runden das Bordprogramm ab.

Schiff	Baujahr	Passagiere
Seabourn Odyssey	2009	450
Seabourn Sojourn	2010	450
Seabourn Quest	2011	450
Seabourn Encore	2017	600
Seabourn Ovation	2018	600

LUXUS IM DETAIL: Seabourn bietet einen kleinen Whirlpool prominent im Bug, Kaviarservice und elegante Restaurants

DIE SEABOURN-NEUBAUTEN haben ein Deck mehr an Bord

Foto: P. Günther

DATEN & FAKTEN SEABOURN OVATION

BRZ 40.350
Länge 210,00 m
Breite 28,04 m
Indienststellung 2018 (Encore 2017)
Bordsprache Englisch

Passagiere 600
Crew-Mitglieder 408
PCR (Pass. pro Crew) 1,5
PSR (Platzangebot) 600
Passagierdecks 10
Restaurants/Bars 5/5

Kabinen	300 Verandasuiten (23–120 m²), 8 barrierefreie Suiten
Sport & Wellness	2 Pools, 6 Whirlpools, Spa, Fitnesscenter, Saunen, Sportdeck, Wassersport-Marina, Thermalsuite
Info-/Entertainment	Shows, Seabourn Conversations, Casino, Seminare, Bibliothek, Konferenzraum
Dresscode	tagsüber casual, abends „elegant casual", ein formeller Abend pro Woche
Preis pro Nacht	€ 270 bis € 3.333; Durchschnitt € 453
Info	Seabourn Cruise Line Tel. 00800 18 72 18 72 www.seabourn.com

PROFIL

Info-/Entertainment	⚓⚓⚓⚓◐
Sport & Wellness	⚓⚓⚓⚓○
Gastronomie	⚓⚓⚓⚓⚓
Familienfreundlichkeit	⚓⚓○○○
Service	⚓⚓⚓⚓⚓
Routing	⚓⚓⚓⚓○

Seabourn Ovation & Seabourn Encore

Schöner, größer, vielfältiger – die jüngsten Seabourn-Schiffe sind eine Luxus-Evolution

Stardesigner Adam Tihany hat sich hier einen Lebenstraum erfüllt: einmal ein komplettes Schiffskonzept zu entwerfen. Dass ihm das absolut gelungen ist, sieht man am Seabourn Square – dem Herzen dieser beiden Schiffe. Seine Neuinterpretation ist rund, offen und gemütlich wie ein Wohnzimmer. Auch sonst kommt schnell ein heimeliges Gefühl an Bord auf, obwohl die Yachten etwas größer als ihre Vorgängerinnen sind. Der zusätzliche Platz wird für eine Bar mit Signature-Cocktails und Livemusik vor dem Steakhaus The Grill des amerikanischen Sternekochs Thomas Keller genutzt sowie für ein kleines, aber sehr feines Sushi-Restaurant. Ein Geheimtipp ist The Patio am Pool: Wenn der Küchenchef hier abends seine tagelang marinierte Ente kredenzt, kommt sogar der Kapitän zum Genießen. Alternativ kann man sich aber auch ein mehrgängiges Menü auf die großzügige Suite bestellen – natürlich kostenlos, ebenso wie alle Getränke bis hin zum Champagner. Das überwiegend amerikanische Publikum trainiert die Kalorien im gut ausgestatteten Fitnessstudio, auf zahlreichen Aktivtouren und beim Wassersport von der Marina aus ab. Sehr amerikanisch fällt leider auch die Neugestaltung des Retreats aus: Die Cabanas auf diesem exklusiven Sonnendeck mit Zuzahlung bieten keinen Meerblick.

Fahrgebiete 2019

Ovation: Winter in Asien, Sommer Nord- und Ostsee, Herbst im Mittelmeer. **Encore**: Winter in Australien und Neuseeland, Sommer im Mittelmeer.

Sea Cloud Cruises

Zwei Schiffe, die zusammen nur 158 Betten bieten, in denen man aber reist wie nirgends sonst

In einer weißen Villa an der Hamburger Außenalster residiert diese Reederei – und so nobel wie das Domizil sind ihre Schiffe. Zwar sind es derer nur zwei, seitdem man sich aus dem Flussreisenmarkt **(River Cloud** und **River Cloud II**) zurückzog – und nachdem die Pläne zum Neubau eines dritten Hochseeseglers (**Sea Cloud Hussar**) mit der finanzkrisenbedingten Insolvenz der ausführenden spanischen Werft 2011 begraben werden mussten. Doch diese beiden namensgebenden Segler kreuzen in einer eigenen Liga. Eine Legende in Schifffahrtskreisen ist die originale **Sea Cloud**, die, 1931 gebaut, übrigens als **Hussar** startete – und heute das älteste noch im Betrieb befindliche Hochseekreuzfahrtschiff der Welt ist. Über die abenteuerliche Vita der „Weißen Lady", wie sie gern apostrophiert wird, sind schon Bücher geschrieben worden – natürlich ausgestattet mit Abbildungen der bis heute original erhaltenen Eignerkabinen mit ihren Marmorkaminen, Himmelbetten und vergoldeten Wasserhähnen. Die gibt es auf der Schwester **Sea Cloud II** zwar nicht (von Sabine Christiansen getauft, ging sie 2001 auf die Reise), das Segelerlebnis ist aber das Gleiche. Eines übrigens, bei dem man nicht, wie etwa bei den Star-Clippers-Schiffen, auch mal als Gast in den Mast oder auf den Bugspriet klettern darf: Auf den Sea Clouds bleibt man Zuschauer. Dafür aber bestaunt man originales Segelhandwerk: Kein einziges Tuch wird hier hydraulisch gehisst, sondern ausschließlich von der Muskelkraft der Crew.

Schiff	Baujahr	Passagiere
Sea Cloud	1931/2010	64
Sea Cloud II	2001	94

SEGELROMANTIK: historische Instrumente, Blick in eine Hochzeitssuite, Ankunft vor St. Lucia in der Karibik

GEMEINSAM AUF FAHRT: Sea Cloud und Sea Cloud II (rechts) in der Karibik

DATEN & FAKTEN SEA CLOUD

BRZ 2.492	**Passagiere** max. 64
Länge 109,50 m	**Crew-Mitglieder** 60
Breite 14,94 m	**PCR (Pass. pro Crew)** 1
Indienststellung 1931	**PSR (Platzangebot)** 39
Renovierung 2011	**Passagierdecks** 3
Bordsprache Deutsch/Engl.	**Restaurants/Bars** 1/2

Kabinen	30 Außenkabinen (9,5–24 m²) plus 2 historische Eignersuiten (34 und 38 m²)
Sport & Wellness	Wasserski, Windsurfen, Schnorcheln (Ausrüstungen an Bord), zu bestimmten Terminen Golfreisen mit Turnier
Info-/Entertainment	landeskundliche Vorträge und Themenvorträge, Bordpianist
Dresscode	sportlich-elegant
Preis pro Nacht	€ 463 bis € 1.425; Durchschnitt € 808
Info	Sea Cloud Cruises Hamburg, Tel. (040) 30 95 92 50 www.seacloud.de www.seacloud.com

PROFIL

Info-/Entertainment	2/5
Sport & Wellness	1,5/5
Gastronomie	4/5
Familienfreundlichkeit	1,5/5
Service	5/5
Routing	3,5/5

Sea Cloud & Sea Cloud II

Das immer noch schönste Kreuzfahrtschiff unter Segeln – und sein Nachbau im selben Geiste

Welches Schiff darf von sich behaupten, einzigartig zu sein? Die Sea Cloud! 1931 lief sie in Kiel vom Stapel, als Privatyacht einer amerikanischen Kaufhauserbin, war mal Lustschiff, mal Botschafterresidenz, mal Wetterstation – und sogar mal Location für die Hollywoodpartys eines karibischen Diktatorensohns. Dann wurde sie vergessen und moderte vor sich hin, bis sie 1978 wiederentdeckt und zum Kreuzfahrtschiff wurde – und als solches heute strahlender denn je die Meere befährt. Es ist ein Schiff, dessen ruhige Souveränität wohltuend abfärbt auf Crew und Gäste. 2011 wurde es in Bremen generalüberholt, vom antiken Charme der Bark ging dabei nichts verloren. Der Luxus, für den sie steht, hat nichts Vordergründiges. Es gibt kein Spa, kein Bling-Bling, dafür exzellenten Service, erlesene Gastronomie, das einzigartige Segelerlebnis – und als vielleicht kostbarstes Gut: Zeit. Die nämlich nimmt sie sich, wenn sie die schönsten Häfen der Karibik oder Südeuropas ansteuert, ganz wie der Wind weht. In all dem unterscheidet sich auch der 2001 gestartete Nachbau **Sea Cloud II** nicht vom Original. Einziger Unterschied: Mit 47 statt 32 Kabinen ist die „II" größer – und hat eine nicht ganz so schnittige Silhouette.

Fahrgebiete 2019

Sea Cloud: Karibik im Winter (im März Bucket Regatta vor St. Barth), Mittelmeer im Sommer, im Herbst Kanaren. **Sea Cloud II:** ebenfalls Karibik, Mittelmeer, Kanaren – und im Sommer u. a. Britische Inseln. Neu für beide Segler sind die Kapverden im Spätherbst.

DAS KÖNNEN NUR WENIGE: Fahrt durch die Tower Bridge in London

SeaDream Yacht Club

„It's yachting, not cruising": Dieses exklusive Duo bietet Kreuzfahrten auf Kaviarkurs

Kreuzen wie auf der eigenen Yacht, das ist das Konzept des SeaDream Yacht Clubs. Die beiden baugleichen – nicht mehr ganz taufrischen – Luxuscruiser **Sea Dream I** und **Sea Dream II** bieten eine locker-sportliche Atmosphäre, den Yachtstil eben. Wer dem Eigner, dem norwegischen Multimillionär Atle Brynestad, einmal begegnet ist, versteht den Spirit dieser Schiffe sofort. Aufmerksam achtet die famose Crew auf das Wohl der Gäste, ohne dabei aufdringlich zu wirken. Da die Kabinen keine Balkone haben, findet das Leben zumeist an Deck statt. Hier schmecken die hochwertigen Gerichte gleich doppelt gut, egal ob Kaviar oder vegan – oft sind sie auch nach Gästewünschen individuell zubereitet. Wer möchte, kann in den „Balinese Dream Beds" unterm Sternenhimmel schlafen – eine einmalige Erfahrung. Für Kinder ist das Konzept eher ungeeignet, dafür werden Erwachsene zu Kindern, wenn es an der Marina am Heck Kanus, Jetski, Segler und Wasserski gratis gibt. Spontane Badestopps gehören ebenso zu den Freiheiten des Kapitäns wie die Leitung eines Radausflugs. Der Abend klingt aus an der Top of the Yacht Bar, im Casino oder bei Livemusik im Salon; der Champagner dazu ist im Preis inkludiert. Schnell kommen auch Alleinreisende mit dem internationalen Publikum ins Gespräch.

Fahrgebiete 2019

Im Winter Karibik und Kuba, im Sommer Mittelmeer. Highlights dabei: die Fahrten durch den Korinth-Kanal und die Weinreisen.

DATEN & FAKTEN SEA DREAM I

BRZ 4.300	**Passagiere** max. 112
Länge 105,00 m	**Crew-Mitglieder** 95
Breite 14,33 m	**PCR (Pass. pro Crew)** 1,2
Indienststellung 1984/85	**PSR (Platzangebot)** 38,4
Renovierung 2015	**Passagierdecks** 5
Bordsprache Englisch	**Restaurants/Bars** 2/3

Kabinen	56 Außenkabinen, 1 Admiral-Suite, 1 Eignersuite; Größen: 18–41 m²
Sport & Wellness	Fitnesscenter, Massagen, Dampfbad, Sauna, Golfsimulator, Mountainbikes, Jetski, Kajaks, Wasserski, Schnorchelausrüstung u. v. m.
Info-/Entertainment	Kino unter Sternen, Cocktailpartys, Vorträge auf Transatlantikreisen
Dresscode	„yacht casual" (kein spezieller formeller Dresscode)
Preis pro Nacht	€ 339 bis € 1.442; Durchschnitt € 660
Info	SeaDream Yacht Club E-Mail: info@seadream.com www.seadream.com

PROFIL

Info-/Entertainment	⚓⚓◐○○
Sport & Wellness	⚓⚓⚓◐○
Gastronomie	⚓⚓⚓⚓◐
Familienfreundlichkeit	⚓◐○○○
Service	⚓⚓⚓⚓⚓
Routing	⚓⚓⚓◐○

LUXUS PUR: Silversea schwimmt im obersten Segment – mit Butlerservice, Topgastronomie und opulenten Suiten

Silversea Cruises

Jetzt unter dem Dach von Royal Caribbean – aber weiter die Marke für Luxus und Expedition

Die 1994 gegründete Reederei hat ihren Sitz in Monaco – und gibt sich so nobel wie jenes. Das wird auch nach dem überraschenden Verkauf an **Royal Caribbean** im Sommer 2018 so bleiben. Die Schiffe bieten erlesenen Luxus und sind klein genug, um auch Häfen abseits des Mainstreams anzulaufen. Man tafelt auf Gourmetniveau, reist ausschließlich in Außenkabinen und -suiten, und im All-inclusive-Konzept strömen Champagner und feine Weine unbegrenzt. Die Klientel ist international – auch auf den Expeditionsschiffen, auf die Silversea seit 2008 verstärkt setzt, mit **Silver Explorer, Silver Galapagos, Silver Discoverer** und der 2017 zu diesem Zweck umgebauten **Silver Cloud**. Der im April 2017 gestartete Neubau **Silver Muse** zielt hingegen wieder auf das klassische Luxuspublikum. Sie ist der erste Neubau der Monegassen seit der **Silver Spirit** 2009 – und erneut ein für Silversea-Maßstäbe großes Schiff mit über 500 Betten. Die Silver Muse bekommt mit der **Silver Moon** 2020 und der **Silver Dawn** 2021 zwei Schwesterschiffe. Außerdem wird 2020 ein neues Expeditionsschiff starten, genannt **Silver Origin**. Es soll vor den Galápagos-Inseln kreuzen und dort die Silver Galapagos ersetzen.

Schiff	Baujahr	Passagiere
Silver Explorer	1989/2017	144
Silver Discoverer	1989/2016	116
Silver Galapagos	1990/2017	100
Silver Cloud	1994/2017	304
Silver Wind	1995/2017	296
Silver Shadow	2000/2017	382
Silver Whisper	2001/2017	382
Silver Spirit	2009/2018	608
Silver Muse	2017	596

IN ALLER WELT ZU HAUSE: das derzeitige Flaggschiff von Silversea

Silver Muse

All-inclusive-Schiff auf höchstem Niveau und mit weltweiten Zielen: Luxuriöser geht's kaum

Mit dem Silversea-Lifestyle, der die Vorteile eines kleinen Schiffs – es hat Platz für 596 Gäste – mit der großzügigen Unterbringung in exklusiven, butlerbetreuten Suiten vereint, setzt die elegante Silver Muse einmal mehr neue Maßstäbe für Luxusreisen auf dem Meer. Sie bietet acht exquisite Restaurants, davon zwei zuzahlungspflichtig (La Dame, eine Kooperation mit Relais & Châteaux, und der Asiate Kaiseki) und eines als Dinner Lounge mit Livejazz oder -soul. Eher leise ist das Entertainment im Bordtheater Venetian Lounge. Der Zagara Spa, für die Schiffsgröße etwas klein, ist eine Kooperation mit Elemis. Moderner und heller als auf der Vorgängerin **Silver Spirit** präsentieren sich alle öffentlichen Räume. Das Design ist hochwertig, das Platzangebot üppig. Eine Panoramalounge und diverse Außenbereiche garantieren Meerblicke zum Träumen. Erstmals bei Silversea wurde auch ein Raum für Kinder (ab 6 Jahren) eingerichtet, der Spielbereich „Activity Room". Die Klientel ist international, mit einem Schwerpunkt bei Briten und Amerikanern, aber auch immer mehr Deutschen. Ein Markenzeichen, wie immer bei Silversea, sind anspruchsvolle weltweite Routen. Schon in seinem Jungfernjahr besuchte das Schiff 130 Häfen in 34 Ländern.

Fahrgebiete 2019

Zu Jahresbeginn Karibik, ab April Westeuropa und Mittelmeer. Im Sommer Nordeuropa (u. a. Ostsee und Britische Inseln), im Herbst über das östliche Mittelmeer gen Arabien und Südostasien.

DATEN & FAKTEN

BRZ 40.700
Länge 212,80 m
Breite 27,00 m
Indienststellung 2017
Bordsprache Englisch
Passagiere 596
Crew-Mitglieder 411
PCR (Pass. pro Crew) 1,45
PSR (Platzangebot) 68,3
Passagierdecks 8
Restaurants 8
Bars 6

Kabinen	298 Verandasuiten, alle mit Butlerservice; Größen: 36–183 m²
Sport & Wellness	Sonnendeck mit Pool u. Jacuzzi, Spa mit Akupunktur, Ruheräumen und Außenwhirlpool, Fitnesscenter
Info-/Entertainment	Show Lounge, intern. Künstler, Vorträge, Casino, Videothek, Bibliothek, WLAN kostenlos
Dresscode	casual bis elegant; ein bis zwei festliche Abende pro Reise
Preis pro Nacht	€ 364 bis € 2.733; Durchschnitt € 944
Info	Silversea Cruises, Frankfurt Tel. (069) 222 21 22 83 www.silversea.com

PROFIL

Info-/Entertainment	4 von 5 Ankern
Sport & Wellness	4 von 5 Ankern
Gastronomie	5 von 5 Ankern
Familienfreundlichkeit	2 von 5 Ankern
Service	5 von 5 Ankern
Routing	4,5 von 5 Ankern

Fotos: P. Günther (1), Star Clippers (2)

SEGELROMANTIK: die Star Flyer in der Karibik, Regatta mit der Royal Clipper – und das Steuerrad der Star Clipper

Star Clippers

Drei Clipper – und bald ein vierter: das größte Angebot für Fans der Segelkreuzfahrt

Star Clippers ist das eindrucksvolle Lebenswerk des Schweden Mikael Krafft. Seine Leidenschaft gilt der Kreuzfahrt unter Segeln: Drei prachtvolle Schiffe, eines davon ein veritabler Fünfmaster, bilden seine Flotte. 2019 soll sie, nach Verzögerungen, um einen weiteren Fünfmaster erweitert werden: Die **Flying Clipper** befindet sich auf einer Werft in Kroatien im Bau. Ein endgültiges Lieferdatum ist aber noch nicht bekannt.
Die Schiffe bieten sportliche Urlaubsabenteuer, Mastklettern inklusive – und eine erstaunlich gute Gastronomie. Die Vision des Eigners, die Clipperschiffe des 19. Jahrhunderts wiederauferstehen zu lassen, lebt von ihren liebevollen Details. Und von den Routen, welche die Schiffe befahren: Sie liegen in kleinen Häfen abseits des Mainstreams oder auf Reede, die Passagiere gelangen dann mit Tenderbooten an Land. Neben der Karibik und dem Mittelmeer gehört Südostasien zu den bespielten Revieren. Wie schon 2018 ist die **Star Clipper** dort stationiert – neuerdings auch mit Anläufen in Brunei. Auch Event-Formate wie Schlemmerreisen oder Yogakreuzfahrten stehen gelegentlich im Programm. Der Sitz der Firma ist Monaco.

Schiff	Baujahr	Passagiere
Star Clipper	1991	170
Star Flyer	1992	170
Royal Clipper	2000	227
Flying Clipper	2019	300

NOSTALGIE PUR: unter Segeln durch die Ägäis

Foto: P. Günther

Royal Clipper

Fünf Masten, 5.000 Quadratmeter Segelfläche – und tolle Routen in der Karibik und im Mittelmeer

Bis das neue Flaggschiff **Flying Clipper** das Zepter übernimmt, ist die Royal Clipper der größte Kreuzfahrtsegler unserer Zeit. Bis zu 227 Gäste nimmt sie mit und bietet ihnen ein schickes, aber zwangloses Ambiente. Im beeindruckenden dreistöckigen Atrium wird zu Livemusik vom prächtigen Flügel gespeist – auch beim Abendessen ohne Krawattenzwang und Sitzordnung, dafür mit aufmerksamem Service und erstklassiger Qualität. Überflüssige Pfunde können im kleinen Fitnessbereich „Captain Nemo Lounge“ abtrainiert werden oder beim Wassersport. Die ausklappbare Badeplattform am Heck dient als Heimathafen für Kanu & Co. Auch Schnorchel-Equipment steht den Gästen zur Erforschung der Unterwasserwelt bereit. Wer lieber hoch hinaus will, kann seine Nerven beim Mastklettern testen. Keine Sorge: Es geht nur bis zum ersten Krähennest, und das vollständig gesichert. Wer nicht schwindelfrei ist, lässt einfach von der Sonnenliege oder den drei Pools auf dem Oberdeck aus den Blick in die Masten schweifen. Doch der beste Platz an Bord: Im Bugsprietnetz liegend genießt man, fast frei schwebend, den Blick auf den Himmel über und das Meer unter sich. Und manchmal surfen Delfine auf der Bugwelle …

Fahrgebiete 2019

Bis April Kleine Antillen ab/bis Barbados, von Mai bis Oktober Mittelmeer, großteils ab/bis Cannes und Civitavecchia (Rom), Ende Oktober Rückkehr zur Wintersaison in die Karibik.

DATEN & FAKTEN

BRZ 5.000	**Passagiere** 227
Länge 134,00 m	**Crew-Mitglieder** 106
Breite 16,00 m	**PCR (Pass. pro Crew)** 2,6
Indienststellung 2000	**PSR (Platzangebot)** 18
Renovierung 2007	**Passagierdecks** 4
Bordsprache Engl., Dt., Frz.	**Restaurants/Bars** 1/2

Kabinen	110 (104 außen, 6 innen), davon 14 Suiten mit Balkon, 2 Eignerkabinen; Größen: ca. 10–33 m²
Sport & Wellness	3 Pools, Morgengymnastik, Tauchen, Wasserski, Surfen, Dingi-Segeln, Fitnesscenter
Info-/Entertainment	Nautikkunde, Livemusik, Quiz, Talentshow, Modenschau etc.
Dresscode	kein Dresscode, zum Abendessen im Restaurant lange Hosen
Preis pro Nacht	€ 117 bis € 799; Durchschn. € 452
Info	Star Clippers, Monaco info.monaco@starclippers.com www.starclippers.com Star Clippers Kreuzfahrten Tel. (0511) 72 66 59 13

PROFIL

Info-/Entertainment	⚓⚓½
Sport & Wellness	⚓⚓⚓
Gastronomie	⚓⚓⚓½
Familienfreundlichkeit	⚓⚓
Service	⚓⚓⚓½
Routing	⚓⚓⚓½

KURS AUF BALI: Auch 2019 kreuzt die Star Clipper wieder in Südostasien

Foto: Uwe Bahn

DATEN & FAKTEN STAR CLIPPER

BRZ 3.092	**Passagiere** 170
Länge 115,50 m	**Crew-Mitglieder** 74
Breite 15,00 m	**PCR (Pass. pro Crew)** 2,3
Indienststellung 1991/92	**PSR (Platzangebot)** 18,2
Renovierung 2014/15	**Passagierdecks** 4
Bordsprache Engl., Dt., Frz.	**Restaurants/Bars** 1/2

Kabinen	84 (78 außen, 6 innen), davon 8 Suiten, 1 Eignerkabine; Größen: 9–21 m²
Sport & Wellness	2 Pools, Morgengymnastik, Kajak, Wasserski, Surfen, Dingi-Segeln, Schnorcheln, Tauchen
Info-/Entertainment	Nautikkunde, Livemusik, Quiz, Talentshow, Modenschau etc.
Dresscode	kein Dresscode, zum Abendessen im Restaurant lange Hosen
Preis pro Nacht	€ 250 bis € 668; Durchschnitt € 422
Info	Star Clippers, Monaco info.monaco@starclippers.com www.starclippers.com Star Clippers Kreuzfahrten Tel. (0511) 72 66 59 13

PROFIL

Info-/Entertainment	⚓ ⚓ ◐ ○ ○
Sport & Wellness	⚓ ⚓ ◐ ○ ○
Gastronomie	⚓ ⚓ ⚓ ◐ ○
Familienfreundlichkeit	⚓ ⚓ ○ ○ ○
Service	⚓ ⚓ ⚓ ◐ ○
Routing	⚓ ⚓ ⚓ ◐ ○

Star Clipper & Star Flyer

Cruisen wie auf alten Clipperschiffen: Wind und Wellen bestimmen den Weg

Kreuzfahrt ganz anders: Tief entspannt liegt man im Netz unterm Klüverbaum, tankt Sonne, hört den Wellen zu. Oder klettert – gut gesichert – ins Krähennest, um die Aussicht aus luftiger Höhe zu genießen. Magisch sind auch die Momente des Segelsetzens, wenn die Deckhands in die Masten steigen, Seilwinden knarren und das Tuch sich entfaltet. Da darf das Tagesprogramm gern überschaubar sein: sanfte Morgengymnastik an Deck, vielleicht etwas Wassersport oder eine Massage, ein Besuch in der gemütlichen Bibliothek, abends Livemusik an der Tropical Bar – Open Air natürlich. Kurzum: Das Seglerleben ist extrem entspannt für die internationale Gästeschar dieses wunderbaren Schiffsduos. Schnell kommt man miteinander in Kontakt, tauscht sich über die Faszination des Segelns aus. Dazu gibt es beste Küche, gute Weine und einen zuverlässigen, persönlichen Service. Abends lässt man sich in den maritimen Kabinen sanft in den Schlaf wiegen. Mit der Premiere in der indonesischen Inselwelt 2017 hat auf der **Star Clipper** auch ein neues Angebot Einzug gehalten: Ein unabhängiger Tauchlehrer bietet so oft wie möglich Tauchgänge für Anfänger und Fortgeschrittene an. Kein Wunder, dass mehr als die Hälfte der Gäste wiederkommen.

Fahrgebiete 2019

Star Clipper: bis April Thailand und Malaysia ab/bis Phuket, Juni bis Oktober indonesische Inselwelt ab/bis Bali sowie Brunei. **Star Flyer:** bis April Kleine Antillen ab/bis St. Maarten, im Sommer Mittelmeer.

TransOcean Kreuzfahrten

Eine alte Bekannte: TransOcean ist wieder mit zwei Schiffen im deutschen Markt präsent

Die einst als „TransOcean Tours“ in Bremen beheimatete Reederei hat unruhige Zeiten hinter sich – die aber gut überstanden sind. Die Übernahme durch den britischen Veranstalter **Cruise & Maritime Voyages** Ende 2014 ermöglichte es nicht nur, den Publikumsliebling **Astor** im deutschen Markt präsent zu halten, neuerdings auch wieder für das ganze Jahr. Seit 2017 sind auch noch drei weitere CMV-Schiffe in der Niederlassung Offenbach zu buchen: die **Magellan**, die **Columbus** und die **Vasco da Gama**. So traditionell, wie deren Namen klingen, so klassisch ist ihr Angebot: Sie bieten Reisen rund um den Globus in traditioneller Atmosphäre, mit Cocktailstunde, Tanzabend, Captain's Table etc. – und in der Gesellschaft von meist älterem Publikum. Auf Magellan und Columbus ist die Bordsprache Englisch, die Bordwährung das Britische Pfund; auf Astor und Vasco da Gama spricht man Deutsch. Auf letzteren Zugang ist man besonders stolz: Mit einem zweiten fast ganzjährig im deutschen Markt angebotenen Schiff ist TransOcean wieder eine wahrzunehmende Größe. Übrigens: Auch zwei andere alte Bekannte kreuzen für CMV (deren Mutter **Global Cruise Lines** aus Piräus ist): die **Astoria** und die **Marco Polo**. Beide sind aber zurzeit nur in Großbritannien buchbar.

Schiff	Baujahr	Passagiere
Magellan	1985	1.452
Astor	1987	578
Columbus	1988	1.550
Vasco da Gama	1993	1.150

Fotos: J. Bohmann (2), TransOcean (1)

STILVOLLER MIX: gehobene Küche, maritimes Ambiente (Mitte: auf der Astor) und Reisen rund um die Welt

OLDIE MIT STIL: Abendstimmung am Mittelmeer

DATEN & FAKTEN

BRZ 21.000	**Passagiere** 578
Länge 176,50 m	**Crew-Mitglieder** 282
Breite 23,60 m	**PCR (Pass. pro Crew)** 2,0
Indienststellung 1987	**PSR (Platzangebot)** 36,2
Renovierung 2010	**Passagierdecks** 7
Bordsprache Dt., Englisch	**Restaurants/Bars** 4/2

Kabinen	289, davon 198 außen (3 Außensuiten) und 91 innen; Größen: 13–59 m²
Sport & Wellness	Pool, Fitnesscenter, Wellness-Oase (mit Innenpool, Sauna, Dampfbad, Massage, Kosmetik), Sportplatz, Tischtennis, Joggingpfad, Yoga, Gymnastik; Bordhospital mit Dialysestation
Info-/Entertainment	Showprogramme, Tanz, Klassik, Vorträge/Lesungen, Kursangebote
Dresscode	sportlich-leger, Gala-Abende
Preis pro Nacht	€ 116 bis € 1.135; Durchschnitt € 335
Info	TransOcean Kreuzfahrten Offenbach, Tel. (069) 800 87 16 50 www.transocean.de

PROFIL

Info-/Entertainment
Sport & Wellness
Gastronomie
Familienfreundlichkeit
Service
Routing

Astor

Über 30 Jahre alt, immer noch bestens in Form – und jetzt wieder ganz im deutschen Markt

Gemanagt wird die Astor nun schon lange in London und Piräus. Dennoch bleibt sie deutschen Kreuzfahrttraditionen treu. Die Crew-Show, der Kapitänstisch, der Mitternachtssnack – und deutsche Schlager zum Tanz auf dem Achterdeck – gehören dazu. Das passt zum Schiff, das bewundernswert gepflegt ist, mit großzügigen Teakdecks und maritim eingerichteten Kabinen. 2010 wurde es renoviert, u. a. kamen dabei drei große Suiten über der Brücke hinzu. Unverändert blieben der lauschige Captain's Club (mit Tauwerk und Steuerrad sowie einem innen liegenden Raucherbereich!) und die beliebte Hanse Bar. Gespeist wird in zwei Sitzungen im Waldorf Restaurant oder in zwei kleinen Spezialitätenrestaurants, die ohne Zuzahlung buchbar sind. Ein immer gut besuchtes Buffet gibt es im Übersee-Club. Die Preise für Getränke, auch im zubuchbaren Paket, sind moderat. Nach dem Dinner gibt es klassische Shows in der Astor Lounge – und für Gesundheitsbewusste u. a. einen Spa mit Innenpool und einen Sportplatz. Ein USP der Astor: Für Nierenkranke gibt es im Hospital eine Dialysestation. Denn das Publikum ist eher älter – und es schätzt die Routenvielfalt „seiner“ Astor ebenso wie die Tatsache, dass alle Reisen in deutschen Häfen beginnen.

Fahrgebiete 2019

Im April/Mai Brit. Inseln, Norwegen und Hamburg-Besuch anlässlich des Hafengeburtstags, dann bis Sept. Norwegen, Island/Grönland sowie Frankreich/England und Azoren – alle ab/bis Bremerhaven oder Kiel.

25 JAHRE ALT: ein Schiff für Liebhaber

Vasco da Gama

Klassisches Schiff mit viel Bordprogramm, schönen Routen – und einem Herz für Alleinreisende

Pytheas, Henry Hudson, Amerigo Vespucci und Vasco da Gama standen zur Wahl: Letzterer machte das Rennen bei der Namenswahl unter TransOcean-Fans. Und so gibt es neben **Magellan** und **Columbus** nun einen weiteren nach einem legendären Entdecker benannten klassischen Cruiser in der schmucken Flotte. Es ist die ehemalige **Statendam** der Holland America Line, aus der die **Pacific Eden** wurde, als P&O Australia sie übernahm – und im Fünften Kontinent kreuzt sie auch weiterhin, wenn in Europa Winter herrscht (Dezember bis März; ab Perth/Fremantle oder Adelaide); von Mai bis Oktober jedoch fährt das Schiff nun ab Kiel oder Bremerhaven mit deutschsprachigem Publikum. Im April 2019 geht's los, und wie ihre Flottenschwestern wird das für 1.150 Gäste ausgelegte Schiff ein klassisches Kreuzfahrterlebnis bieten. Mit Captain's Cocktail und Gala-Abend, mit Shows im zwei Decks hohen Theater, mit Kaffeestunde und Mitternachtssnack… Und mit Kabinen in stolzen 24 Kategorien, vom Penthouse bis zur Innenkabine, von denen 100 für Alleinreisende reserviert sind – eine schöne Geste gegenüber dem eher älteren TransOcean-Publikum, unter dem sich viele Einzelreisende finden. Kurzum: Fans klassischer Schiffserlebnisse dürfen gespannt sein.

Fahrgebiete 2019

Ab April von Singapur via Suez ins Mittelmeer. Anfang Juni Ankunft in Bremerhaven. Von dort diverse Nordlandtörns nach Norwegen, Grönland, Island und Großbritannien sowie ab/bis Kiel ins Baltikum.

DATEN & FAKTEN

BRZ 55.820	**Passagiere** 1.150
Länge 219,21 m	**Crew-Mitglieder** 557
Breite 30,80 m	**PCR (Pass. pro Crew)** 2,1
Indienststellung 1993	**PSR (Platzangebot)** 48,1
Renovierung 2017	**Passagierdecks** 9
Bordsprache Deutsch	**Restaurants/Bars** 6/10

Kabinen	630 Kabinen, davon 100 zur Einzelnutzung, 148 Kabinen und Suiten mit Balkon, 352 außen, 129 innen; Größen: 13–37 m²
Sport & Wellness	2 Pools, 3 Whirlpools, Fitness- und Wellnesscenter Sportplatz, Joggingbahn, Bordhospital
Info-/Entertainment	Show Lounge über 2 Decks, Casino, Nightclub, Kino, Bingo, Kursangebote, Bibliothek, Shopping-Galerie
Dresscode	leger bis elegant
Preis pro Nacht	€ 88 bis € 964; Durchschnitt € 305
Info	TransOcean Kreuzfahrten Offenbach, Tel. (069) 800 87 16 50 www.transocean.de

PROFIL

Info-/Entertainment
Sport & Wellness
Gastronomie
Familienfreundlichkeit
Service
Routing

Aktuell noch nicht bewertet

Fotos: J. Bohmann (1), TUI Cruises (2)

DAFÜR STEHT TUI CRUISES: erlebnisorientierte Gastronomie, viel Platz für den Sport und stilvolle Wohlfühl-Interieurs

TUI Cruises

Die „Wohlfühlflotte" wächst weiter. Im deutschen Markt ist sie die Nummer zwei nach AIDA

Mit schlauen Marketingideen für deutsche Babyboomer positionierte sich das Joint Venture von **TUI** und **Royal Caribbean** 2009 mit der **Mein Schiff 1** (zuvor **Celebrity Galaxy**) und der 2010 folgenden **Mein Schiff 2** (zuvor **Celebrity Mercury**) rasch am Markt. Mittlerweile steht fest, dass die Hamburger die Lücke zwischen klassischem Luxus und legerem Spaßschiff-Feeling treffsicher gefunden haben. Kern des Konzepts ist das „Wohfühl"-Versprechen: Sport & Spa, gastronomische Vielfalt und stilvoll gestaltete Interieurs lösen das ebenso ein wie die „Premium Alles Inklusive"-Angebote: So gut wie alle Bordnebenkosten sind im Reisepreis eingeschlossen. Dazu kommt innovatives Entertainment, u. a. mit Events, die in der deutschen Kreuzfahrt stilbildend waren, von „Rockliner" und „Full Metal Cruise" bis zu „Yoga-Woche" oder „Club Cruise".

2014 startete der erste eigene Neubau **Mein Schiff 3**, gefolgt von **Mein Schiff 4, 5** und **6** bis 2017 – bis 2018 mit der etwas größeren (neuen) **Mein Schiff 1** wieder von vorn gezählt wird, da die alte „**1**" konzernintern nach Großbritannien wechselte, wo sie nun als **Marella Explorer** fährt. Die alte „**2**" bleibt jedoch erhalten, mit dem Namen **Mein Schiff Herz** – denn eine neue **Mein Schiff 2** kommt bereits 2019 (S. 102). Auf ihr soll Design im Zentrum stehen, während auf der neuen „**1**" der Sport groß geschrieben wird (S. 42). Die grundsätzlich kostenlosen Sauna- und Sportbereiche bieten aber auch schon auf den Vorgängerschiffen den perfekten Gegenpol zum sehr guten Essen an Bord. Und zum Thema Umweltschutz: Alle TUI-Neubauten sind mit Abgasnachbehandlung unterwegs, auch in Regionen, wo das noch gar nicht Vorschrift ist. Und die nächsten Neubauten (2024/26) sollen LNG-Schiffe werden.

Schiff	Baujahr	Passagiere
Mein Schiff Herz (ehem. 2)	1997/2011	1.912/2.390
Mein Schiff 3	2014	2.506/k. A.
Mein Schiff 4	2015	2.506/k. A.
Mein Schiff 5	2016	2.534/k. A.
Mein Schiff 6	2017	2.534/k. A.
Mein Schiff 1 (neu)	2018	2.948/k. A.
Mein Schiff 2 (neu)	2019	2.948/k. A.

UNVERWECHSELBAR: der blaue Rumpf und seine Beschriftung

Mein Schiff 1 (neu)

Das „Wohlfühlkonzept" in Bestform – mit einem Schwerpunkt auf Sport- und Wellnessangeboten

Die „alte" Mein Schiff 1 kreuzt nun mit neuem Namen im britischen Markt (S. 180) – die neue darf mithin wieder Mein Schiff 1 heißen. Im Mai 2018 gestartet, präsentiert sie das Wohlfühlkonzept in Bestform. „Premium Alles Inklusive" ist dabei gesetzt, ebenso die Vielfalt bei Entertainment und Gastronomie – mit Neuheiten wie den Restaurants Fischmarkt (Sushi & Co.), Manufaktur (Kreativküche) und Esszimmer (Lieblingsgerichte der Gäste) oder der Craft-Beer-Bar Ebbe & Flut. Das Studio bzw. Klanghaus heißt nun Schaubühne und zeigt Comedy, Stand-up und Kammerspiel oder -musik. Den deutlichsten Akzent aber setzen Sport und Wellness (S. 42). Mit einer überdachten Arena für Ballsport und Kurse, mit einer 438 (!) Meter langen Joggingbahn, die im ansteigenden Bogen oben ums Heck führt, mit modernsten Geräten im Fitnessclub, mit sportiven Ausflugsangeboten – und natürlich mit dem längst gesetzten 25-Meter-Pool. Bereits bekannt ist auch der gläserne „Diamant" im Heck mit Kaffee-Lounge und Rundumblick aufs Meer. Und alle Kabinen und öffentlichen Bereiche überzeugen mit frischen, maritimen Designs und viel Platz. Apropos Design: Während die neue „**1**" von TUI Cruises als Sportschiff auftritt, ist die neue „**2**" (Frühjahr 2019) als Designschiff angekündigt. Man darf gespannt sein.

Fahrgebiete 2019

Bis April Kanaren, danach West- u. Nordeuropa (von Mai bis August ab/bis Kiel), dann von Hamburg nach New York und zur US-Ostküste, im Winter Karibik.

DATEN & FAKTEN

BRZ 111.500	**Crew-Mitglieder** 1.200
Länge 315,70 m	**PCR (Pass. pro Crew)** 2,5
Breite 35,80 m	**PSR (Platzangebot)** 37,4
Indienststellung 2018	**Passagierdecks** 16
Bordsprache Deutsch	**Restaurants** 12
Passagiere 2.984/k. A.	**Bars** 15

Kabinen	1.447, davon 1.300 außen und 1.147 mit Balkon, 30 Suiten, 10 barrierefrei; Größen: 17–113 m²
Sport & Wellness	25-m-Pool, Joggingtrack (438 m), Spa & Meer mit Saunalandschaft, Massagen, Treatments etc., Fitnessclub, Kurse, Personal Trainer, Yoga, Indoor-Sportarena u. v. m.
Info-/Entertainment	Comedy, Stand-up & Kammerspiel in der Schaubühne, Diskothek, kl. Casino, Mal-Atelier, Kinderclub, viele Themenreisen
Dresscode	leger bis sportlich-elegant
Preis pro Nacht	€ 107 bis € 930; Durchschn. € 240
Info	TUI Cruises, Hamburg Tel. (040) 286 67 71 11 www.tuicruises.com

PROFIL

Info-/Entertainment	⚓⚓⚓⚓½
Sport & Wellness	⚓⚓⚓⚓⚓
Gastronomie	⚓⚓⚓⚓
Familienfreundlichkeit	⚓⚓⚓⚓½
Service	⚓⚓⚓½
Routing	⚓⚓⚓½

UNVERWECHSELBAR: Sehnsuchtsworte am blauen Rumpf

DATEN & FAKTEN MEIN SCHIFF 6

BRZ 98.785
Länge 295,00 m
Breite 35,80 m
Indienststellung 2016
Bordsprache Deutsch
Passagiere 2.534/k. A.
Crew-Mitglieder 1.000
PCR (Pass. pro Crew) 25
PSR (Platzangebot) 38,9
Passagierdecks 12
Restaurants 12
Bars 14

Kabinen	1.267, davon 127 innen, 1.140 außen (963 mit Balkon, 80 Suiten); Größen: 17–54 m²
Sport & Wellness	25-Meter-Pool, „Spa & Meer"-Anwendungen, Saunabereich, Fitnessstudio, Workshops (Pilates, Yoga), Sportplatz, Joggingbahn u. v. m.
Info-/Entertainment	„Holo Shows" im Studio, Musical, Varieté u. v. m. im Theater, Edutainment & Vorträge, Malatelier, Shops („Neuer Wall"), Themenreisen
Dresscode	leger bis sportlich-elegant
Preis pro Nacht	€ 82 bis € 926; Durchschnitt € 254
Info	TUI Cruises Hamburg, Tel. (040) 600 01 51 11 www.tuicruises.com

PROFIL

Info-/Entertainment	⚓⚓⚓⚓½
Sport & Wellness	⚓⚓⚓⚓½
Gastronomie	⚓⚓⚓⚓
Familienfreundlichkeit	⚓⚓⚓⚓½
Service	⚓⚓⚓½
Routing	⚓⚓⚓½

Mein Schiff 3 bis 6

Viel Platz zum Wohlfühlen und gastronomische Vielfalt kennzeichnen die vier Schwestern.

Die ersten Neubauten aus dem Hause TUI Cruises starteten zwischen 2014 und 2017 und setzten dabei klare Akzente: Der 25-Meter-Pool war ein Novum in der Kreuzfahrtwelt, ebenso wie der riesige kostenlose Saunabereich mit Meerblick. Von Schiff zu Schiff verfeinerte die Hamburger Reederei das Konzept: Der Innenpool wurde zur Lagune geöffnet, die Arena – Treffpunkt für Ballspiele und Public Viewing – mehr vor Wind und Sonne geschützt. Aus dem Klanghaus – der ersten Philharmonie auf See – auf der **3** und **4** wurde auf der **5** und **6** das Studio mit gemütlicherer Atmosphäre, eigener Bar und Hologramm-Shows. Der exklusive Diamant im Heck beherbergt Zuzahlrestaurants: Besonders beliebt ist das legendäre Steakhaus Surf & Turf. Der Italiener La Spezia hat Ende 2018 auf der **3** und **4** das Fine Dining abgelöst, außerdem gibt es hier eine gemütliche Coffee Lounge mit Blick aufs Fahrwasser. Auf der **5** und **6** residiert an dieser prominenten Position der Asiate Hanami by Tim Raue, der aber auf allen Schwestern vertreten ist. Wer das neue „Die ganz große Freiheit"-Paket bucht, kann diese exklusiven Bereiche ohne Zuzahlung nutzen. In den meisten anderen Bereichen des Schiffs greift ohnehin das Erfolgsgeheimnis „Premium Alles Inklusive".

Fahrgebiete 2019

Mein Schiff 3 und **4:** Orient, Mittelmeer, Nordeuropa und Baltikum. **Mein Schiff 5:** Karibik, Nordeuropa, Mittelmeer und Dubai. **Mein Schiff 6:** Mittelamerika, Mittelmeer und Asien.

ABENDS AN DECK vor San Sebastian in Nordspanien

FOTO: U. Bahn

Mein Schiff Herz (ehem. Mein Schiff 2)

Das kleinste Schiff der Flotte besticht mit viel Charme und Rückzugsraum.

Mit dem Start der neuen **Mein Schiff 2** im Frühjahr 2019 wird die „alte" Mein Schiff 2 zur Mein Schiff Herz. Eigentlich sollte sie aussortiert werden, doch das Herzstück der Flotte hat einfach zu viele Fans und darf daher bis 2022 weiter für TUI Cruises fahren. Danach wird sie an die britische TUI-Schwester **Marella Cruises** übergeben. Das ehemalige Celebrity-Schiff hat viel Charakter. Zu den Lieblingsplätzen an Bord zählt der „Meerleben"-Bereich – eine interaktive Ausstellung rund um Ozeane und Schifffahrt. Im Gegensatz zu den jüngeren Flottenmitgliedern hat die Mein Schiff Herz außerdem eine Sushi-Bar sowie ein Dinnerzimmer für private Gruppen an Bord. In der Vinothek erlebt man bei Weinverkostungen exklusive Momente. Das Angebot im Buffetrestaurant Anckelmannsplatz wird durch GOSCH Sylt und das italienische Bistro La Vela abgerundet. Dazwischen liegt ein loungiger Bereich – je nach Witterung von einem Magrodome überdacht oder unter freiem Himmel. Zwar gibt es keinen 25-Meter-Pool an Bord, dafür aber flache Becken, in denen man sich wunderbar erfrischen und planschen kann. Und der Kidsclub hat sogar einen eigenen Pool.

Fahrgebiete 2019

Ganz wie in den Anfangszeiten von TUI Cruises fährt die Mein Schiff Herz in der ersten Sommersaison zwei unterschiedliche siebentägige Mittelmeerrouten ab/bis Malta. Im Winter kreuzt das Schiff ab/bis Teneriffa zu den Kanaren, Kapverden und Azoren.

DATEN & FAKTEN

BRZ 76.998	**Passagiere** 1.912/2.390
Länge 262,50 m	**Crew-Mitglieder** 780
Breite 32,20 m	**PCR (Pass. pro Crew)** 2,5
Indienststellung 1997	**PSR (Platzangebot)** 40,3
Umbau 2011	**Passagierdecks** 10
Bordsprache Deutsch	**Restaurants/Bars** 8/10

Kabinen	956, davon 304 innen, 652 außen (376 mit Balkon, 39 Junior-Suiten, 12 Suiten); Größen: 16–49 m²
Sport & Wellness	2 Pools, 3 Whirlpools, 1.700 m² „Spa & Meer" mit Thalasso, Saunen und Anwendungen, Fitnessstudio mit -kursen, Golf-Abschlag
Info-/Entertainment	Abend- und Showprogramme, Diskothek, Livemusik, interaktives Meerleben-Museum, Malkurse, Bibliothek, Kunstgalerie
Dresscode	leger bis sportlich-elegant
Preis pro Nacht	€ 65 bis € 540; Durchschn. € 207
Info	TUI Cruises Hamburg, Tel. (040) 600 01 51 11 www.tuicruises.com

PROFIL

Info-/Entertainment	⚓⚓⚓⚓
Sport & Wellness	⚓⚓⚓⚓
Gastronomie	⚓⚓⚓½
Familienfreundlichkeit	⚓⚓⚓⚓
Service	⚓⚓⚓½
Routing	⚓⚓⚓

ROUTEN & REVIERE

Foto: S. Peters

NORD EUROPA

NORD- UND OSTSEE, ISLAND, SPITZBERGEN UND GRÖNLAND

Diese Schiffe kreuzen hier 2019:

AIDAaura **106** /// AIDAbella **107** /// AIDAcara **106** /// AIDAdiva **107** /// AIDAluna **107** /// AIDAsol **107** /// AIDAvita **106** /// Albatros **150** /// Amadea **151** /// Artania **152** /// Astor **178** /// Azamara Journey **110** /// Berlin **126** /// Bremen **129** /// Costa Pacifica **118** /// Costa Mediterranea **119** /// Deutschland **153** /// Disney Magic **125** /// Europa **130** /// Europa 2 **131** /// Fram **136** /// Hamburg **155** /// Le Champlain **157** /// Le Dumont-d'Urville **157** /// Marina **147** /// Mein Schiff 1 **181** /// Mein Schiff 3 **182** /// Mein Schiff 4 **182** /// Mein Schiff 5 **182** /// MSC Divina **140** /// MSC Fantasia **140** /// MSC Meraviglia **139** /// MSC Preziosa **140** /// MSC Splendida **140** /// Nautica **148** /// Nieuw Statendam **133** /// Norwegian Escape **145** /// Norwegian Getaway **145** /// Statendam **133** /// Ocean Diamond **137** /// Ocean Majesty **127** /// Queen Elizabeth **124** /// Queen Mary 2 **123** /// Queen Victoria **124** /// Regal Princess **160** /// Sea Cloud II **170** /// Sea Spirit **158** /// Seabourn Ovation **168** /// Seven Seas Explorer **162** /// Silver Muse **173** /// Spitsbergen **135** /// Vasco da Gama **179** ///

WEST EUROPA

KURS SÜDWEST AB HAMBURG! DIE BESTE REISEZEIT IST IM FRÜHJAHR

Diese Schiffe kreuzen hier 2019:

AIDAcara **106** /// AIDAbella **107** /// AIDAperla **108** /// AIDAvita **106** /// Artania **152** /// Astor **178** /// Bremen **129** /// Costa Mediterranea **119** /// Crystal Serenity **121** /// Deutschland **153** /// Europa **130** /// Europa 2 **131** /// Marina **147** /// Mein Schiff 1 **181** /// MSC Bellissima **139** /// MSC Divina **140** /// MSC Fantasia **140** /// MSC Preziosa **140** /// MSC Splendida **140** /// Nautica **148** /// Queen Mary 2 **123** /// Silver Muse **173** /// Seven Seas Explorer **162** ///

KANAREN

WOHIN IM WINTER? ZU DEN KANAREN UND NACH MADEIRA – SONNE GARANTIERT

AIDAcara **106** /// AIDAnova **109** /// AIDAprima **108** /// AIDAstella **107** /// Bremen **129** /// Europa 2 **131** /// Mein Schiff 1 **181** /// Mein Schiff Herz **183** /// Sea Cloud **170** ///

Diese Schiffe kreuzen hier 2019:

AIDAbella **107** /// AIDAblu **107** /// AIDAmar **107** /// AIDAnova **109** /// AIDAperla **108** /// AIDAprima **108** /// AIDAsol **107** /// AIDAstella **107** /// AIDAvita **106** /// Azamara Journey **110** /// Azamara Pursuit **110** /// Azamara Quest **110** /// Berlin **126** /// Celebrity Edge **114** /// Costa Diadema **117** /// Costa Mediterranea **119** /// Costa Pacifica **118** /// Crystal Serenity **121** /// Disney Magic **125** /// Europa **130** /// Europa 2 **131** /// Jewel of the Seas **166** /// Le Bougainville **157** /// Marina **147** /// Mein Schiff 3 **182** /// Mein Schiff 4 **182** /// Mein Schiff 5 **182** /// Mein Schiff 6 **182** /// Mein Schiff Herz **183** /// MSC Bellissima **139** /// MSC Divina **140** /// MSC Fantasia **140** /// MSC Meraviglia **139** /// MSC Preziosa **140** /// MSC Seaview **141** /// MSC Splendida **140** /// Nautica **148** /// Norwegian Epic **144** /// Norwegian Getaway **145** /// Ocean Majesty **127** /// Queen Victoria **124** /// Riviera **147** /// Royal Clipper **175** /// Sea Cloud **170** /// Sea Cloud II **170** /// SeaDream I **171** /// SeaDream II **171** /// Seabourn Encore **168** /// Seabourn Ovation **168** /// Seven Seas Explorer **162** /// Silver Muse **173** /// Sirena **148** /// Star Flyer **176** /// Vasco da Gama **179** ///

WESTLICHES MITTELMEER

SPANIEN, FRANKREICH, ITALIEN: EINES DER VIELFÄLTIGSTEN KREUZFAHRTREVIERE EUROPAS

Triest
Venedig
Savona
Genua
La Spezia
Cannes
Monte Carlo
Nizza
Marseille
Livorno
Split
Dubrovnik
Adriatisches Meer
Korsika
Ajaccio
Civita-
vecchia
Rom
Bonifacio
Bari
Olbia
Neapel
enorca
Maó
Sardinien
Tyrrhenisches Meer
Cagliari
Mittelmeer
Palermo
Messina
Trapani
Sizilien
Catania
Ionisches Meer
Tunis
Syrakus
Malta
Sousse
Valletta

Diese Schiffe kreuzen hier 2019:

AIDAbella **107** /// AIDAblu **107** /// AIDAmar **107** /// AIDAsol **107** /// AIDAvita **106** /// Azamara Journey **110** /// Azamara Pursuit **110** /// Azamara Quest **110** /// Berlin **126** /// Celebrity Edge **114** /// Celestyal Crystal **115** /// Celestyal Olympia **115** /// Costa Favolosa **118** /// Costa Mediterranea **119** /// Costa Pacifica **118** /// Crystal Serenity **121** /// Disney Magic **125** /// Europa **130** /// Europa 2 **131** /// Jewel of the Seas **166** /// Le Bougainville **157** /// Marina **147** /// Mein Schiff 3 **182** /// Mein Schiff 4 **182** /// Mein Schiff 5 **182** /// Mein Schiff 6 **182** /// Mein Schiff Herz **183** /// MSC Bellissima **139** /// MSC Divina **140** /// MSC Fantasia **140** /// MSC Meraviglia **139** /// MSC Preziosa **140** /// MSC Seaview **141** /// MSC Splendida **140** /// Nautica **148** /// Norwegian Epic **144** /// Norwegian Getaway **145** /// Ocean Majesty **127** /// Queen Victoria **124** /// Riviera **147** /// Royal Clipper **175** /// Sea Cloud **170** /// Sea Cloud II **170** /// SeaDream I **171** /// SeaDream II **171** /// Seabourn Encore **168** /// Seabourn Ovation **168** /// Seven Seas Explorer **162** /// Silver Muse **173** /// Sirena **148** /// Star Flyer **176** /// Vasco da Gama **179** ///

ÖSTLICHES MITTELMEER

VENEDIG, ATHEN, ALEXANDRIA:
DIE WIEGE UNSERER ZIVILISATION
LIEGT IM ÖSTLICHEN MITTELMEER

Odessa
Krim
Jalta
Constanza
Schwarzes Meer
Varna
Burgas
Istanbul
rfu
Athen
Ägäis
Kuşadası
Katakolon
Nauplia
Mykonos
Bodrum
Antalya
Santorin
Rhodos
Heraklion
Kreta
Zypern
Mittelmeer
Limassol
Beirut
Haifa
Alexandria
Port Said
Kairo, Gizeh

Port Canaveral
Fort Lauderdale
Golf von Mexiko
Miami
Nassau
Bahamas
Havanna
Kuba
Cienfuegos
Turks & Caicos
Cancún
Cozumel
Santiago de Cuba
Cayman
Islands
Haiti
Costa Maya
Montego Bay
Falmouth
Port-au-Prince
Jamaika
Kingston
Belize City
Karibisches Meer
Tegucigalpa
Managua
Cartagena
Maracaibo
San José
Colón
Panama City

Diese Schiffe kreuzen hier 2019:

AIDAdiva **107** /// AIDAluna **107** /// Amadea **151** /// Allure of the Seas **164** /// Anthem of the Seas **165** /// Azamara Quest **110** /// Berlin **126** /// Brilliance of the Seas **166** /// Carnival Horizon **112** /// Carnival Vista **112** /// Celebrity Edge **114** /// Costa Pacifica **118** /// Disney Magic **125** /// Disney Wonder **125** /// Europa 2 **131** /// Hamburg **155** /// Harmony of the Seas **164** /// Insignia **148** /// Jewel of the Seas **166** /// Le Champlain **157** /// Mein Schiff 1 **181** /// Mein Schiff 5 **182** /// Mein Schiff 6 **182** /// MSC Divina **140** /// MSC Fantasia **140** /// MSC Meraviglia **139** /// MSC Preziosa **140** /// MSC Seaside **141** /// MSC Splendida **140** /// Nieuw Statendam **133** /// Norwegian Bliss **143** /// Norwegian Epic **144** /// Norwegian Escape **145** /// Norwegian Getaway **145** /// Oasis of the Seas **164** /// Regal Princess **160** /// Royal Clipper **175** /// Sea Cloud **170** /// Sea Cloud II **170** /// SeaDream I **171** /// SeaDream II **171** /// Seven Seas Explorer **162** /// Silver Muse **173** /// Star Flyer **176** /// Symphony of the Seas **164** ///

KARIBIK

TÜRKISBLAUES WASSER, WEISSE STRÄNDE, LEBENSFROHE RHYTHMEN: DAS MITTELMEER DER AMERIKANER

NORD AMERIKA

VON NEW YORK BIS MIAMI – UND OSTKANADA IM INDIAN SUMMER

Diese Schiffe kreuzen hier 2019:

AIDAdiva **107** /// AIDAluna **107** /// AIDAvita **106** /// Amadea **151** /// Anthem of the Seas **165** /// Azamara Journey **110** /// Bremen **129** /// Crystal Symphony **121** /// Disney Magic **125** /// Disney Wonder **125** /// Insignia **148** /// Le Champlain **157** /// Marina **147** /// Mein Schiff 1 **181** /// MSC Divina **140** /// MSC Meraviglia **139** /// Norwegian Bliss **143** /// Norwegian Breakaway **145** /// Norwegian Escape **145** /// Quantum of the Seas **165** /// Queen Elizabeth **124** /// Queen Mary 2 **123** /// Queen Victoria **124** /// Regal Princess **160** /// Regatta **148** /// Riviera **147** /// Royal Princess **160** /// Seven Seas Explorer **162** /// Sirena **148** ///

SÜD AMERIKA

AUF DEM AMAZONAS „QUER DURCH“: AUCH DAS GEHT HIER

Diese Schiffe kreuzen hier 2019:

AIDAaura **106** /// Albatros **150** /// Artania **152** /// Azamara Pursuit **110** /// Bremen **129** /// Costa Pacifica **118** /// Costa Favolosa **118** /// Crystal Symphony **121** /// Europa **130** /// Europa 2 **131** /// Fram **136** /// Hamburg **155** /// Insignia **148** /// Jewel of the Seas **166** /// Le Dumont-d’Urville **157** /// Marina **147** /// MSC Fantasia **140** /// MSC Seaview **141** /// Queen Victoria **124** /// Royal Princess **160** /// Sea Spirit **158** /// Seven Seas Explorer **162** /// Sirena **148** ///

Wladiwostok
Peking
Tianjin
Pusan
Tokyo
Nordpazifik
Osaka
Fukuoka
Shanghai
Hongkong
Chan May
Bangkok
Ho-Chi-Minh-Stadt
Singapur
Jakarta
Bali
Darwin
Samoa
Île de Pins
Fiji
Tonga
Brisbane
Sydney
Adelaide
Bay of Islands
Auckland
Melbourne
Hobart
Christchurch

Diese Schiffe kreuzen hier 2019:

AIDAaura **106** /// Albatros **150** /// Amadea **151** /// Artania **152** /// Azamara Quest **110** /// Bremen **129** Crystal Serenity **121** /// Crystal Symphony **121** /// Europa 2 **131** /// Insignia **148** /// Le Lapérouse **157** /// Quantum of the Seas **165** /// Queen Elizabeth **124** /// Queen Victoria **124** /// Regatta **148** /// Seabourn Encore **168** ///

PAZIFISCHER OZEAN

VON L.A. NACH DOWN UNDER, ÜBER HAWAII NACH SHANGHAI: HIER SIND KREUZFAHRTEN ECHTE WELTREISEN

Suez
Hurghada
Bahrain
Qatar
Dubai
Abu Dhabi
Muskat
Rotes Meer
Salala
Wadi Hadramaut
Sana'a
Mukalla
Aden
Arabisches Meer
Mogadischu
Masai Mara
Nairobi
Mombasa
Seychellen
Sansibar
Daressalam
Komoren
Nosy Be
Antananarivo
Mauritius
Madagaskar
La Réunion
Kruger-Nationalpark
Maputo
Durban
Weinroute
Kapstadt
Kap-Halbinsel
Garden Route
Port Elizabeth

Diese Schiffe kreuzen hier 2019:

AIDAbella **107** /// AIDAblu **107** /// AIDAvita **106** /// Albatros **150** /// Amadea **151** /// Artania **152** /// Azamara Journey **110** /// Azamara Pursuit **110** /// Costa Diadema **117** /// Costa Mediterranea **119** /// Crystal Serenity **121** /// Crystal Symphony **121** /// Europa **130** /// Europa 2 **131** /// Insignia **148** /// Jewel of the Seas **166** /// Le Bougainville **157** /// Le Lapérouse **157** /// Mein Schiff 3 **182** /// Mein Schiff 4 **182** /// Mein Schiff 5 **182** /// Mein Schiff 6 **182** /// Quantum of the Seas **165** /// Queen Elizabeth **124** /// Seabourn Ovation **168** /// Silver Muse **173** /// Star Clipper **176** ///

INDISCHER OZEAN

FÜR FORTGESCHRITTENE: BLAUE WUNDER VOM KAP DER GUTEN HOFFNUNG BIS ZU DEN TRAUMSTRÄNDEN BALIS

SECHS DEUTSCHE CRUISEPORTS von West nach Ost: Bremerhaven (wo Phoenix Stammgast ist), Hamburg an der Elbe, die Fördestadt Kiel, Lübeck-Travemünde, der Newcomer Wismar und Rostock-Warnemünde

ABFAHRT VOR DER HAUSTÜR

Rostock, Hamburg, Kiel und Bremerhaven sind die vier großen deutschen Kreuzfahrthäfen: Zusammen zählten sie 2018 über 700 Anläufe. Nebenrollen spielen Travemünde und Wismar

Bremerhaven Das Columbus Cruise Center überzeugt mit vorbildlichem Auto-Parkservice und flottem Check-in. Es liegt inmitten des Containerhafens; wer per Bahn anreist, kann den Bus-Shuttle nutzen – oder man nimmt ein Taxi. Die Stadt lockt mit Attraktionen wie dem Auswandererhaus und dem „Zoo am Meer". Die **Saison 2018** war sehr erfolgreich, mit 111 Anläufen von 23 Schiffen. **Info:** www.cruiseport.de

Hamburg Drei Terminals, die Überseebrücke für kleine Schiffe – und ein weiteres in Planung: An der Elbe setzt man auf die Kreuzfahrt. Das Terminal am Grasbrook (HafenCity) hat U-Bahn-Anbindung, vom Cruise Center Altona aus kann man die Stadt per Hafenfähre erkunden. Für das 2015 südlich der Elbe eröffnete Terminal Steinwerder ist die öffentliche Verkehrsanbindung (noch) nichtoptimal. **Saison 2018:** 221 Anläufe von 50 Schiffen. **Info:** www.hamburgcruisecenter.eu

Kiel Mit vier Liegeplätzen ist die Stadt an der Förde für die Schifffahrt bestens gerüstet. Abfertigung und Logistik (u. a. perfekter Auto-Parkservice) sind geübt, weil auch Fährschiffe täglich ablegen. Weiterer Vorteil: Vom Hauptbahnhof aus kann man zu Fuß zum Schiff spazieren, das Taxi braucht fünf bis zehn Minuten. **Saison 2018:** 166 Anläufe von 32 Schiffen. **Info:** www.portofkiel.com

Lübeck-Travemünde Als Fährhafen ist die Stadt an der Trave eine feste Größe, in der Kreuzfahrt spielt sie nur eine Nebenrolle, jedoch mit leicht steigender Tendenz. **Saison 2018:** 19 Anläufe von 13 Schiffen. **Info:** www.travemuende-aktuell.de

Wismar Unter Regie Bremerhavens ist Wismar seit 2012 Kreuzfahrthafen. Er soll wachsen; das Terminal wird ausgebaut. **Saison 2018:** zwölf Anläufe von vier Schiffen. **Info:** www.cruiseport.de

Rostock-Warnemünde Offiziell Teil des „Rostock Port", ist Warnemünde für US-Gäste der Hafen Berlins. Dabei ist das Städtchen selbst sehr reizvoll für einen Tagesaufenthalt: Man kann am „Strom" bummeln gehen und bei gutem Wetter am Ostseestrand baden. **Saison 2018:** 218 Anläufe von 43 Schiffen. **Info:** www.rostock-port.de

Kiel 3
6 Rostock
Travemünde 4
5
Wismar
2
1
Hamburg
Bremerhaven

Foto: J. Krutzsch

FLUSS REPORTAGEN

Schweizer Qualität an Bord

excellence

Flussgenuss vom Reisebüro Mittelthurgau

Vollendeter Flussgenuss

Unverkennbar an ihrem aubergine-farbigen Schiffsrumpf repräsentieren Excellence-Schiffe vollendeten Genuss auf Europas Wasserwegen. Unsere Schiffe tragen alle Merkmale eines überzeugenden Schweizer Reiseprodukts. Edles Interieur, ausgezeichnete Küche – das alles in stilvoller und doch entspannter Atmosphäre. Mit Sinn fürs Detail und Sinn für Qualität.

Excellence Rhône

Excellence Royal

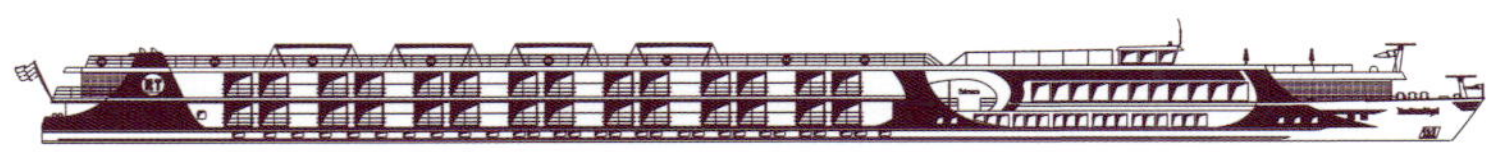

Excellence Queen

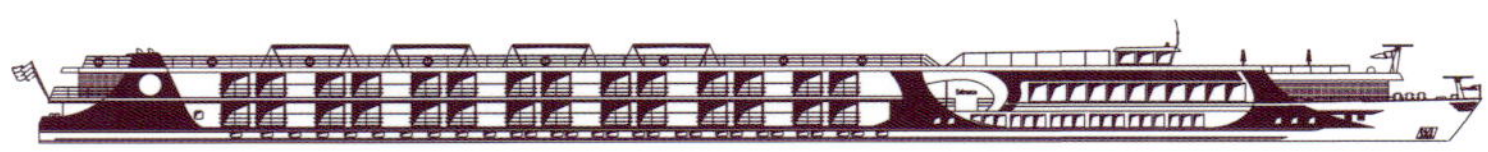

Excellence Coral

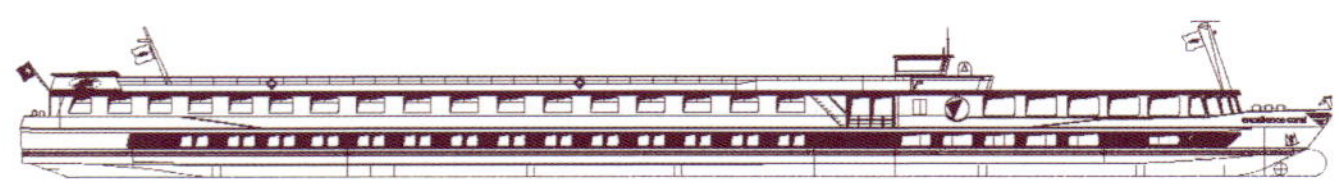

Excellence Princess

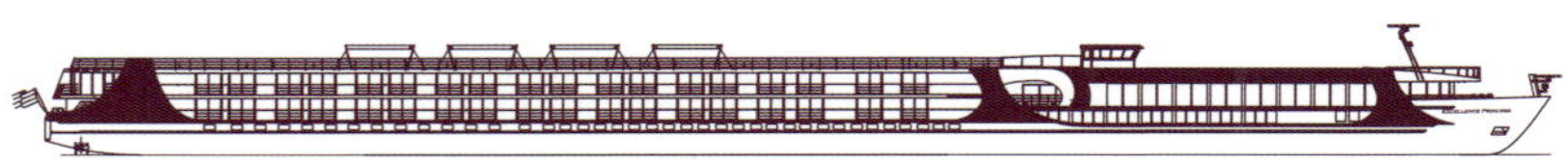

Excellence Allegra

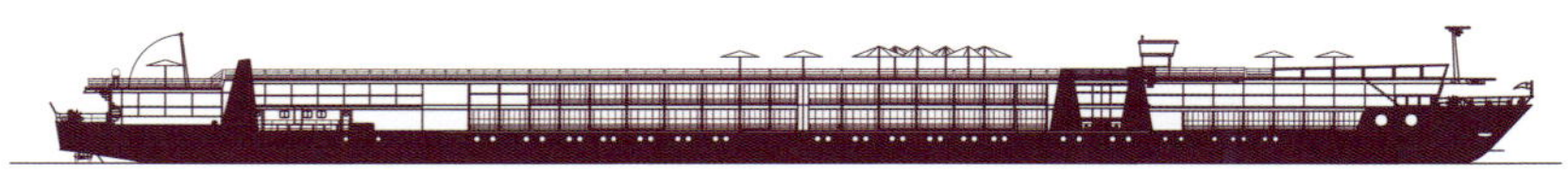

Excellence Melodia

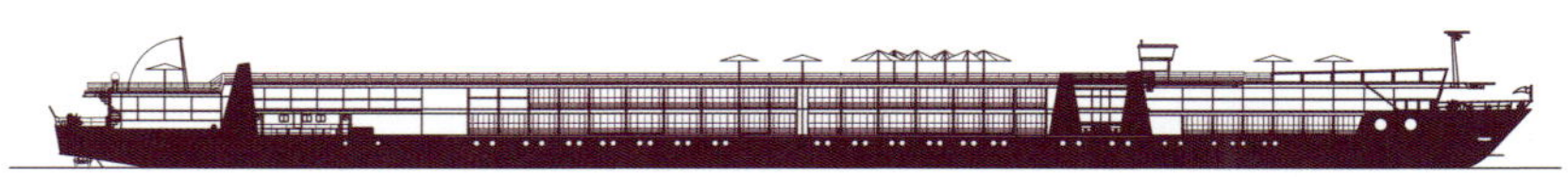

Excellence Katharina

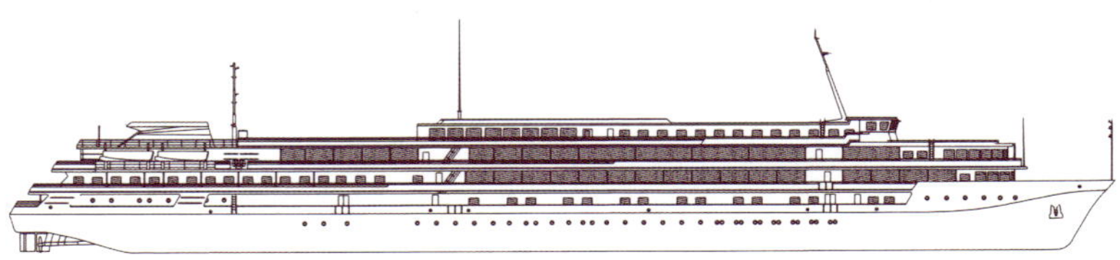

Excellence Pearl

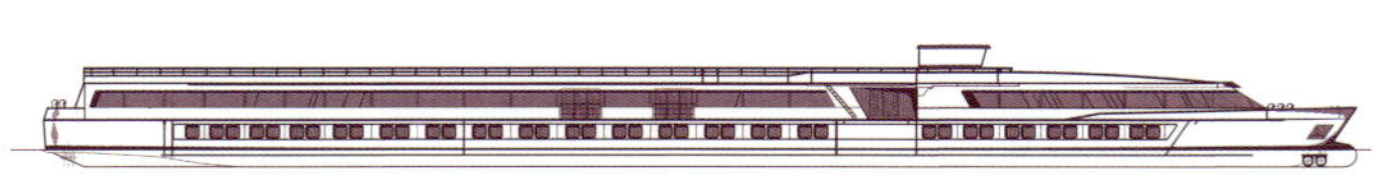

Excellence Countess

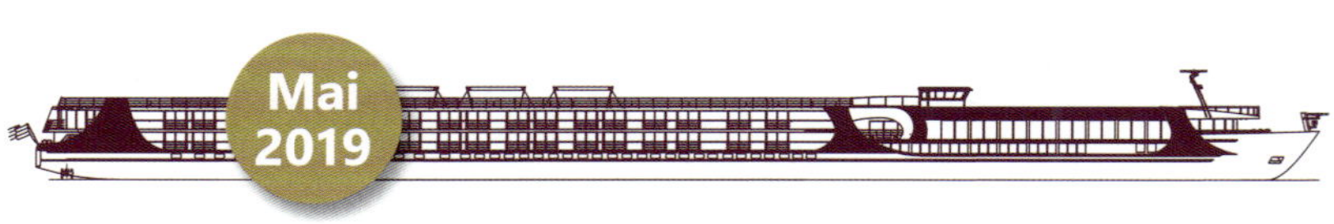

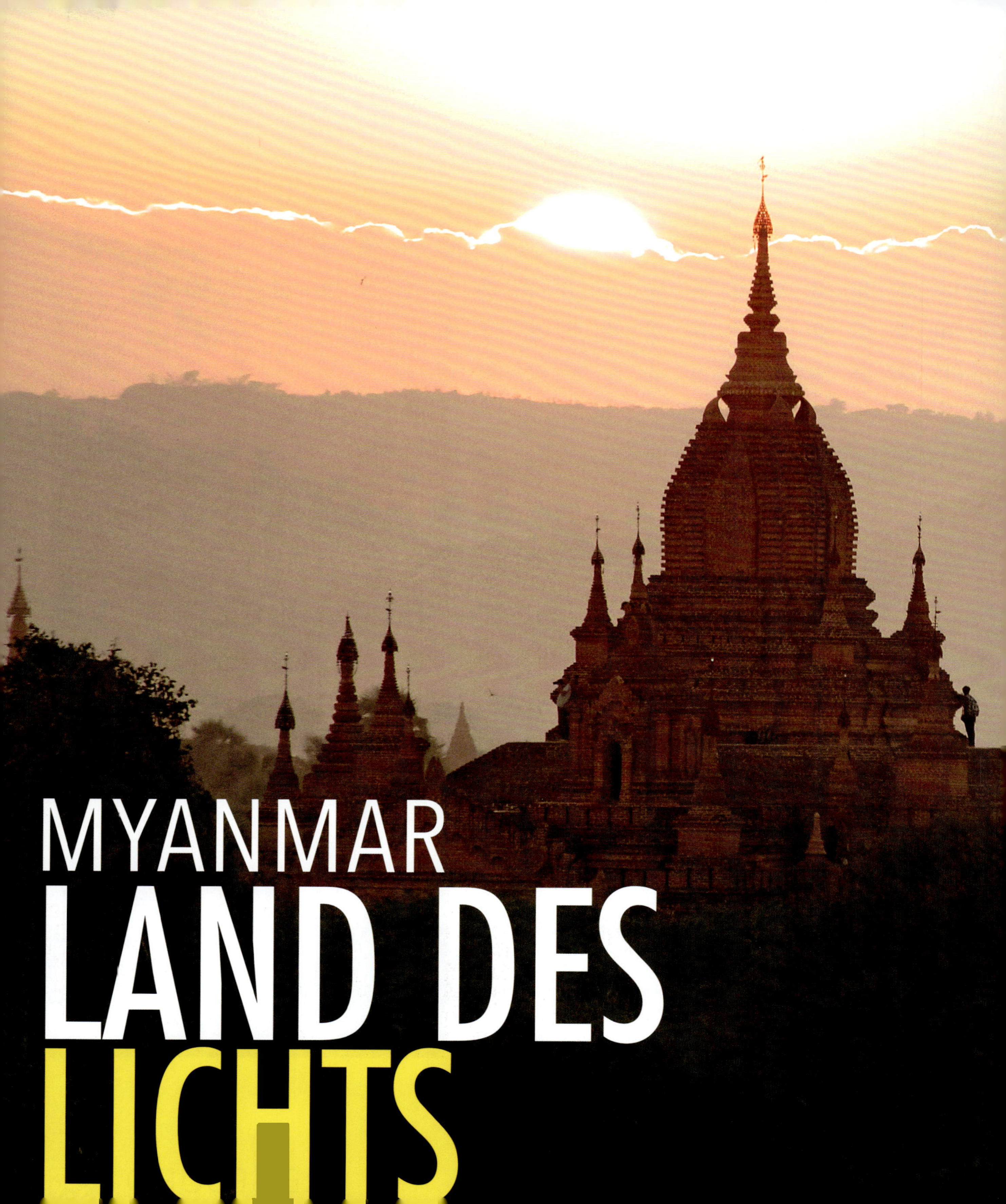

MYANMAR
LAND DES
LICHTS

DER IRRAWADDY FLIESST QUER DURCH MYANMAR UND PRÄGT DAS EINFACHE LEBEN DER MENSCHEN. EINE LANGE FLUSSKREUZFAHRT ABSEITS DER TEMPELMETROPOLEN GEWÄHRT EINBLICKE IN DEN ALLTAG AM STROM. SOGAR DIE DELFINE HABEN HIER EINE AUFGABE

VON PEGGY GÜNTHER (TEXT & FOTOS)

AUF DEM MARKT: Eine Händlerin aus dem Shan-Staat verkauft schwarzen Tee auf einem Tempelfest in Bagan

E

Ein kleines Bambusfloß liegt an einer Sandbank. Ein Pärchen sitzt nur wenige Meter entfernt in Meditationshaltung am Ufer, um kurz darauf in einer Umarmung zu verschmelzen. Ob es zwei Liebende sind, deren Zuneigung von der Familie nicht gutgeheißen wird? Die sich daher auf dem Irrawaddy flussabwärts treiben lassen, hin zu neuen Chancen in der ehemaligen Hauptstadt Mandalay? Ihre schwimmende Plattform ist klein. Sie bietet gerade einmal Platz für einen kleinen Unterschlupf zum Schlafen, ein paar Habseligkeiten und eine Kochstelle, auf der ein Topf dampft. Bei aller Einfachheit stehen aber dennoch an Backbord wie an Steuerbord kleine hölzerne Vasen, in denen Pflanzenbüschel um die Unterstützung durch höhere Mächte werben.

Die Einwohner Myanmars sind abergläubisch. Während Buddha für das große Ganze zuständig ist, helfen die Nat-Geister bei den kleinen Problemen des Alltags. An sie kann man sich wenden, um mehr sozialen Wohlstand zu erlangen, aber auch für eine sichere Reise auf dem Irrawaddy, der Lebensader Myanmars. Auf 2.170 Kilometern fließt er einmal quer durch das Land, dessen Menschen auf, von und mit ihm leben. In der Trockenzeit ziehen sie in provisorische Hütten an den Strom, um Lauchzwiebeln und Erdnüsse anzupflanzen. In der nächsten Regenzeit verläuft das Flussbett vielleicht wieder ganz anders. Gebogene Schiffe knattern über das Wasser. Manchmal heulen die Motoren auf, ohne dass sich das Gefährt fortbewegt. Dann hat sich der Kapitän auf einer der Sandbänke festgefahren, die den Fluss unberechenbar machen.

Auch die Paukan 2012 landet ab und zu auf einer Sandbank. Doch sie hat zum Glück ein um 360 Grad drehbares Ruder, mit dem sie rasch wieder heruntermanövriert werden kann. Braune Schlammwolken steigen dann im grünen Wasser auf, die Richtung wird geändert, und schon geht es weiter. Während die meisten Schiffe nur zwischen Bagan und Mandalay unterwegs sind, bietet Lernidee Erlebnisreisen seinen Passagieren fünfmal im Jahr die 1.345 Kilometer lange Strecke zwischen Pyay im Süden und dem zweiten Flussengpass im Norden an. In dieser abgelegenen Region schiebt sich das Wasser in engen Kurven zwischen beeindruckenden Granitbergen hindurch. Weiter südlich gleitet das Auge hingegen über weite Sandbänke, die in der Ferne von grünen Hügeln kontrastiert werden.

Die Morgen- und die Abendstunden sind magisch: Die Sonne taucht das Land mit ihrem Pinselstrich in warme Zauberfarbe. Und dann tauchen – wie zur Krönung – die goldenen Stupas glitzernd aus dem Wald auf. Wie viele Pagodenspitzen Myanmar zieren, weiß niemand. Reiseleiterin Mimi antwortet auf diese Frage: „Pagoden sind wie Pilze: überall." Die 60-Jährige wirkt mit ihren schwarzen Zöpfen extrem jugendlich. Sie begleitet die Lernidee-Passagiere auf der gesamten Reise und ist stolz darauf, ihr Land zu präsentieren. Während sie das Gemüse vorstellt, das die Myanmaren kochen, tauchen Irrawaddy-Delfine aus dem glitzernden Fluss auf. Zeit für eine magische Geschichte von Fischern,

INNIGE BEZIEHUNG:
Mahout und Elefant bleiben lebenslang zusammen. Es gibt noch rund 4.000 Arbeitselefanten

HEILIGE INSEL:
Tausende Pagoden aus allen Epochen machen Kyun Daw zu einem Pilgerzentrum für Mönche

RELIGION & STAAT:
Ein Geisterschrein in Sale (l.) gehört zum Ausflugsprogramm, genau wie der Glaspalast in Mandalay

ECHTES LEBEN: Straßenszene in der Kleinstadt Minhla – hierher verirren sich nur selten Touristen

denen die intelligenten Tiere den Fang in die Netze treiben. Natürlich nicht, ohne zu signalisieren, wann es an der Zeit ist, die Beute einzuholen.

Leben im Einklang mit der Natur und mit dem Licht des Tages: Wenn sich die Nacht über den Fluss senkt, legt die Paukan 2012 an einer Sandbank an. Der Geruch von Feuer zieht herüber, die Wasseroberfläche trägt noch für eine Weile Gesänge vom Ufer heran. Dann herrscht Stille unter dem perfekten Sternenhimmel. Im ersten Licht des Tages nimmt das Schiff wieder Fahrt auf. Das Wasser plätschert am Rumpf vorbei, unbekannte Vogelstimmen untermalen die Szenerie. Ein Bauer bestellt mit seinem Wasserbüffel das Feld, die Frauen waschen ihre bunten Longyis im seichten Wasser. Versprenkelte Regenbäume beschirmen das Ufer. Baggerschiffe befördern Kies vom Flussbett auf ein Förderband, das mit Teppich ausgelegt ist. So trennen die Arbeiter feinste Goldpartikel vom wertlosen Rest der Steine. In den Pagoden geht die Gabe des Flusses an die Götter zurück. Hier kann man feinste Goldblättchen kaufen und damit das Heiligtum verzieren. Die Buddhastatue im Mahamuni-Tempel von Mandalay hat bereits eine ganz unförmige Hand wegen all des Goldes, das die Männer hier aufgetragen haben.

Während in Mandalay und Bagan Touristen und Händler dichte Trauben bilden, sind die Passagiere der Paukan 2012 auf den anderen Stopps ihrer Reise zumeist die einzigen Besucher. In Thayet putten sie auf dem ältesten Golfplatz des Landes und besuchen eine Bohnenfabrik. Unter einem Wellblechdach frittiert ein Mann über dem offenen Feuer Bohnen, welche die Frauen anschließend in Dosen füllen. 250 Kilogramm schaffen sie so pro Tag, fünf Säcke, die dann auf dem Markt verkauft werden. Die Arbeiterinnen lächeln fröhlich in die Kamera. Sie sind dankbar für ihren Job in einem Land, in dem das Gold der Stupas einen harten Kontrast zum Alltagsleben der Menschen bildet. Und die Passagiere der Paukan 2012 sehen ihr eigenes Leben daheim plötzlich mit anderen Augen. ///

PAUKAN 2012: Das luxuriöse Schiff bietet Raum für 34 Passagiere und 25 Crew-Mitglieder

PORTUGAL IST VOLLER SCHÖNHEITEN.
JETZT IST ES EINE MEHR.
Ab Mai 2019: Entdecken Sie Nordportugal von unserem neuen Schiff aus – und im Nachprogramm Lissabon und Umgebung.
Auch uralte Flüsse wie den Douro kann man noch zum Staunen bringen. Zum Beispiel, wenn der jüngste Neuzugang der A-ROSA Flotte in Porto seine Jungfernfahrt antritt. Unterwegs genießen Sie portugiesisches Lebensgefühl und ganz sicher das ein oder andere Glas Portwein. Außerdem besuchen Sie UNESCO-Welterbestätten wie die Weinregion Alto Douro, die Pilgerstadt Lamego oder das spanische Salamanca mit seiner 1218 gegründeten Universität.
Neugierig? Mehr Infos unter www.a-rosa.de, in Ihrem Reisebüro oder persönlich unter Tel. 0381-202 6001.
aROSA
aROSA
Schöne Zeit

EIN- & AUSBLICKE

MAN SIEHT VIEL, WENN MAN AUF DER RHÔNE UNTERWEGS IST. ALLERDINGS EHER ABSEITS DES GROSSEN FLUSSES. DENN DIE FLUSSREISE AUF FRANKREICHS GRÖSSTEM STROM LEBT VON DEN GEGENDEN, DIE DABEI DURCHQUERT WERDEN – UND VON ÜBERRASCHENDEN EIN- UND AUSBLICKEN

VON JAN KRUTZSCH (TEXT & FOTOS)

AN DER ARDÈCHE: Die berühmten Schluchten sind ein faszinierendes Wandergebiet

WAHRZEICHEN: Die Pferde der Camargue sind ihr Wahrzeichen und ein beliebtes Fotomotiv

D

Der Schweiß rinnt mir in Sturzbächen von der Stirn. Dabei war es bisher auf dieser Flussreise doch so beschaulich. Aber jetzt musste ich die letzten 30 Minuten im forschen Stechschritt ein Bergrennen veranstalten, um noch rechtzeitig auf den „Roche de Solutré" zu gelangen. Unser Chauffeur Marcel hatte sich amtlich verfahren, so dass von den geplanten eineinhalb Stunden Wanderzeit nur noch 45 Minuten übrig blieben, um den berühmten Felsen zu besteigen und wieder zum Reisebus zurückzukehren. Denn das Schiff wartet nicht.

Das Schiff? Ja, denn ich bin unterwegs mit dem Reisebüro Mittelthurgau, unterwegs auf Frankreichs großem Fluss, der Rhône, und seiner kleinen Schwester, der Saône. Aber es ist keine gewöhnliche Flusskreuzfahrt, sondern eine „Wanderflussfahrt". Das erklärt auch, warum ich nun schwitzend auf dem Solutré stehe und einen fantastischen Ausblick genieße. Jeden Tag bietet der Reiseveranstalter Imbach solch eine Wanderung abseits des Flusses an. Dass man dafür selbst im Urlaub meistens um 6.30 Uhr aufstehen muss, scheint an Bord niemanden zu stören.

Überhaupt ist das Bordleben hier auf der Excellence Rhône von Gelassenheit bestimmt. Das Schiff ist fest in Schweizer Hand, nur Hotelmanager Martin kommt außer mir aus Deutschland. Ich schreibe „Martin" ohne Nachnamen, da an Bord von Anfang an das freundschaftliche Du gepflegt wird, jedoch nicht kumpelhaft, sondern mit feiner alpenländischer Höflichkeit. Das ist die Schweizer Art, in die ich auch in diesem Moment auf der Spitze des Felsens einen Einblick gewinne. Dass Auf- und Abstieg in weniger als der Hälfte der Zeit bewältigt werden müssen, wird von der Wandergruppe rund um die Reiseleiter Otto und Margherita gelassen hingenommen. Obwohl die meisten der Teilnehmer gut 25 bis 30 Jahre älter sind als ich, legen sie ein strammes

„Die Bordsprache auf der Excellence Rhône ist Deutsch, denn 98 Prozent unserer Gäste sind Schweizer. Viele davon sind Stammgäste und kommen seit zehn Jahren immer wieder.“ Martin Drews, Hotelmanager

SCHLEMMEN IN LYON: Über 4.000 große und kleine Restaurants, genannt „Bouchons“, soll es in Lyon geben. Darunter das L'Auberge du Pont de Collonges von Paul Bocuse

Tempo am Berg vor. Wen wundert's, stammen die meisten doch aus Regionen der Schweiz, wo es alltäglich ist, mehrere Hundert oder gar Tausend Höhenmeter pro Tag zu gehen.

Erholen kann ich mich auf der Rückfahrt im luxuriösen Twerenbold-Reisebus, einem Markenzeichen der Mittelthurgau-Reisen. Jeden Tag wartet er bereits, wenn wir mit dem Schiff einen neuen Ort ansteuern; die Schweizer reisen mit ihm sogar aus der Heimat an und wieder ab. Abends genieße ich das hervorragende Essen im eleganten Restaurant und meine interessante Tischgesellschaft, die von pensionierten Studienrätinnen über Biologen bis hin zu echten Lebenskünstlerinnen reicht. Eine solche ist Magdalena, meine Nebensitzerin. Als sie mir am zweiten Abend davon erzählt, dass sie die „Himbeerwürmli“ so trainiert hat, dass diese auf Befehl aus den gesammelten Wildbeeren herauskriechen, entdecke ich auch noch den Schweizer Humor.

Überhaupt gibt es auf und neben der Rhône viel mehr zu entdecken als gedacht: die Pferde der Camargue, die Papststadt Avignon, die Schluchten der Ardèche, Lyon mit seiner überwältigenden Altstadt oder das Weingebiet Beaujolais, um nur einige Highlights zu nennen. Nach einem Glas aus besagter Region geht es dann auch schon ins Bett – schließlich klingelt am nächsten Morgen wieder früh der Wecker! ///

AN DER SAÔNE: Der kleinere der beiden Flüsse ist auch das schönere Gewässer

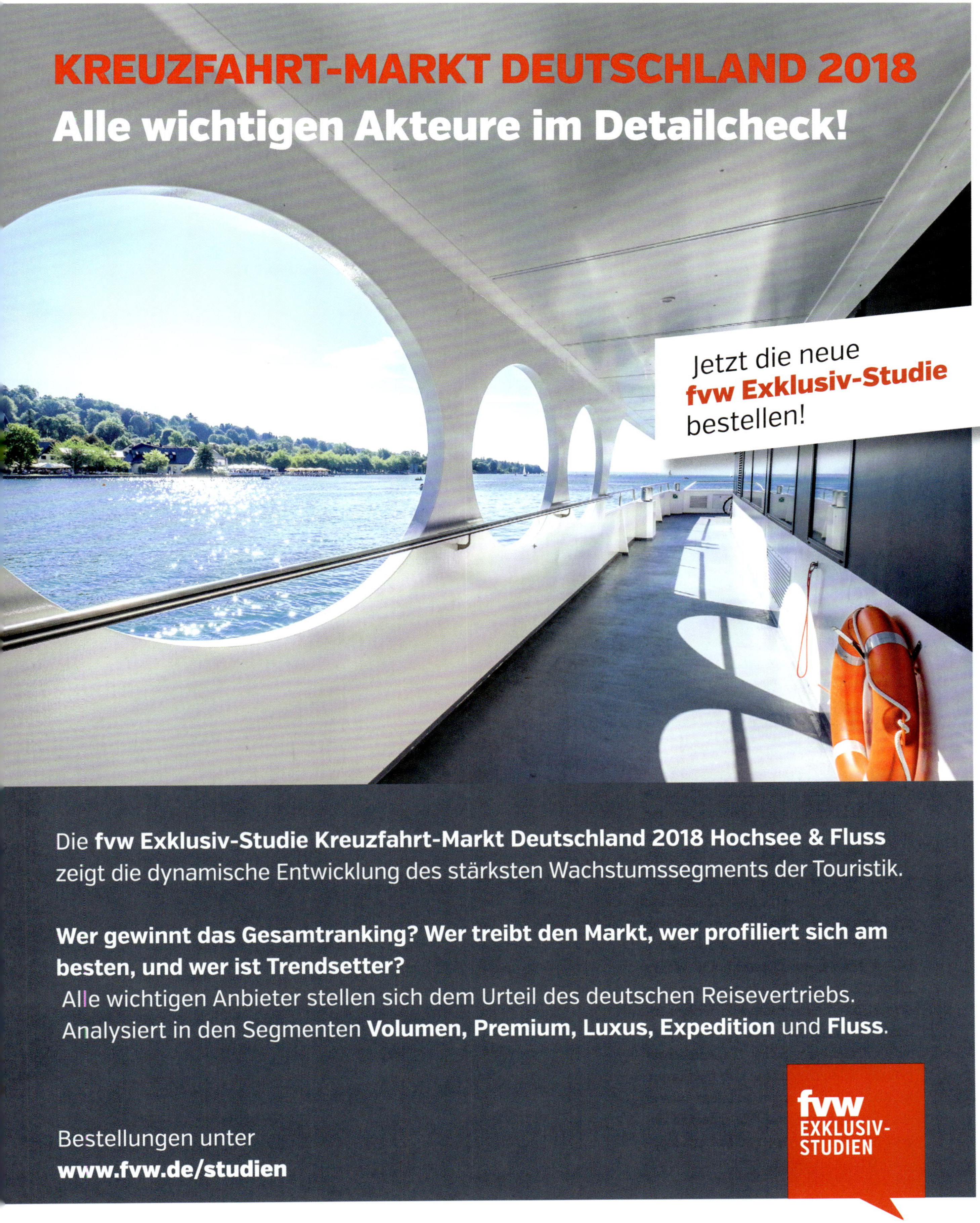
KREUZFAHRT-MARKT DEUTSCHLAND 2018
Alle wichtigen Akteure im Detailcheck!
Jetzt die neue fvw Exklusiv-Studie bestellen!
Die fvw Exklusiv-Studie Kreuzfahrt-Markt Deutschland 2018 Hochsee & Fluss zeigt die dynamische Entwicklung des stärksten Wachstumssegments der Touristik.
Wer gewinnt das Gesamtranking? Wer treibt den Markt, wer profiliert sich am besten, und wer ist Trendsetter?
Alle wichtigen Anbieter stellen sich dem Urteil des deutschen Reisevertriebs. Analysiert in den Segmenten Volumen, Premium, Luxus, Expedition und Fluss.
Bestellungen unter
www.fvw.de/studien
fvw
EXKLUSIV-
STUDIEN

K

Kapitän Stephen Litaba blickt zum Himmel. Dicke, dunkelgraue Wolken ballen sich zu mächtigen Türmen. Wind kommt auf. „Nyami Nyami macht mal wieder Ärger", murmelt er und gibt den Befehl, die African Dream ans Ufer zu legen. Das neueste Schiff von CroisiEurope ist auf dem Lake Kariba in Zimbabwe unterwegs. In diesem Riesengewässer, in dem man den Bodensee zehnmal versenken könnte, herrscht der Gott des Zambeziflusses Nyami Nyami – ein unberechenbarer Drache in Schlangengestalt und mit dem Kopf eines Fisches. Wenn er wütet, bläst heftiger Wind übers milchig blaue Wasser, und meterhohe Wellen türmen sich auf. Die Fischer bleiben in ihren Hütten; Schreiseeadler, Schlangenhalsvögel und Kormorane verkriechen sich im Gebüsch. Selbst die unerschrockenen Nilpferde tauchen ab und lassen nur ihre Glubschaugen aus dem Wasser gucken. Nur die Krokodile scheinen unbeeindruckt. Sie liegen mit aufgeklapptem Maul im Ufergras, zeigen ihre mes-

AFRIKANISCHER TRAUM

MIT DER AFRICAN DREAM BETREIBT CROISIEUROPE NUN EIN SCHIFF AUF DEM LAKE KARIBA IN ZIMBABWE – SAFARI INKLUSIVE!

VON JUTTA LEMCKE (TEXT & FOTOS)

DICKHÄUTER im Wasser und an Land. Zu spaßen ist mit beiden nicht. Vor allem die Hippos (oben) sind gefährlicher, als man gemeinhin denkt

ACHT KABINEN hat die African Queen, dazu eine Lounge mit Bar, ein Restaurant und ein Sonnendeck. Und von überall aus hat man die Natur im Blick

IN HARARE wurde die African Dream gebaut. 16 Menschen bietet sie Arbeit – und gilt als Symbol für einen Neuanfang in Zimbabwe

serscharfen Zähne und lassen die Wellen über ihre Körper schwappen. Vielleicht spült ein Fisch ans Ufer, oder eine Antilope wagt sich zum Trinken heran – leckere Happen für die urzeitlich anmutenden Reptilien mit dem großen Appetit.

Ob die Krokodile Glück hatten, lässt sich nicht sagen – den Passagieren der African Dream jedenfalls ist es gewogen. Nyami Nyami beruhigt sich, und mit ihm der Sturm. Zeit, das kleine Beiboot zu Wasser zu lassen und auf Safari zu gehen. Deshalb hat man schließlich die Reise ins ferne Afrika auf sich genommen und sich in eine der acht stilvoll gestalteten Kabinen eingebucht. Seit Januar 2018 gleitet die African Dream über den See. Sie erkundet Lagunen, dringt in namenlose Schluchten vor und macht überall dort Halt, wo es Chancen gibt, die kleinen und großen Tiere Afrikas, vom bunt schillernden Bienenfresser bis zum mächtigen Elefanten, in freier Wildbahn zu erleben.

Zimbabwe ist selbst für Afrikakenner ein exotisches Ziel. Das Land ist wild, wenig erschlossen und von eindrucksvoller Schönheit. Die African Dream mit ihren acht Kabinen für 16 Gäste wurde in Zimbabwes Hauptstadt Harare gebaut. Trucks brachten sie in drei Teilen an den Lake Kariba, wo sie zusammengebaut wurde. Ein Großereignis für das 2.000-Seelen-Nest Kariba, durch das in der Nacht Zebras und Warzenschweine laufen –

„Im Boot ist es still geworden. Sogar der Wunsch nach dem Gin Tonic, der zur Safari gehört wie Khakihose und Krempenhut, verstummt."

und für das ganze Land. Nachdem der ewige Präsident Robert Mugabe 2017 sein Amt niederlegen musste, schöpfen die Menschen Hoffnung. Endlich könnten die Jahre der Stagnation vorbei sein. Endlich könnten wieder Touristen kommen, Jobs und Geld ins Land bringen. In dieser Situation erscheint die African Dream als Symbol für einen Neuanfang.

„Alle wollen auf dem Schiff arbeiten", erzählt Augustine – und strahlt: Er ist einer der Auserwählten, einer von insgesamt 16, die in zwei Schichten an Bord arbeiten. Vor allem seit bekannt wurde, dass CroisiEurope 2020 ein zweites Schiff auf dem See stationieren will, sind die Großfamilien in Habachtstellung. Vielleicht lässt sich ein Bruder, Onkel oder Neffe auf dem Schiff unterbringen? Doch nicht nur im Service arbeiten Menschen aus den lokalen Gemeinden. Auch der erste und zweite Kapitän sowie der Skipper des Safariboots sind Einheimische. Nur sie kennen die Tücken des Sees, seine Untiefen, die Lagunen, in denen sich die Hippos tummeln, und die sandigen Abschnitte, an denen sich bei Sonnenuntergang die Elefanten zum Trinken einfinden. Ein gutes Auge dafür hat auch Evy Duville aus Belgien, die Kreuzfahrtdirektorin, die für CroisiEurope schon auf Rhein und Mosel schipperte. Sie hat Afrikaerfahrung und entdeckt den prächtigen Elefantenbullen am Ufer als Erste.

Sofort lässt sie Skipper Taffy das Beiboot klarmachen; der See liegt glatt wie ein Spiegel. Gemächlich gleitet das Boot zwischen abgestorbenen Mopanebäumen hindurch, auf denen Kormorane ihre Flügel trocknen. Ein African Jacana hüpft mit langen Beinen über einen Wasserlilienteppich, ein Goliathreiher gleitet kreischend vorbei, die Abendsonne lässt kleine Lichter wie Glühwürmchen auf den Wellen hüpfen. Immer weiter tuckert das Boot gen Ufer, wo sich eine Großfamilie Marabus auf einem Baobab niedergelassen hat. Nicht weit davon entfernt schlenkert der Elefant lässig mit seinem Rüssel, greift sich ein paar Mopaneblätter und platscht dann ins seichte Wasser. Im Zwielicht hebt sich sein riesiger Körper als Schattenriss von dem wie rote Seide schimmernden Abendhimmel ab.

Im Boot ist es still geworden. Sogar der Wunsch nach dem obligatorischen Gin Tonic, der zur Safari gehört wie Khakihose und Krempenhut, verstummt. Schließlich unterbricht Taffy den Moment der gefühlten Ewigkeit und mahnt zum Aufbruch. Auf dem Rückweg geht es an einer großen Nilpferdfamilie vorbei, die in einem seichten Pool grunzend und schnaubend den Tag verstreichen lässt. Mit den tonnenschweren Tieren, die riesige Hauer im Maul tragen, ist nicht zu spaßen. Taffy umkurvt sie lieber großräumig.

Drei Tage verbringen wir auf der African Dream, prall gefüllt mit Landschafts- und Naturerlebnissen. Im Jeep erkunden wir den Matusadona-Nationalpark, in dem es seltene Spitzmaulnashörner, Löwen und Büffel gibt. Dann heißt es Abschied nehmen. Mit kleinen Propellermaschinen geht es nach Victoria Falls und weiter durch Botswana zur Cascade Island Lodge auf der namibischen Insel Impalila Island. Wem am Lake Kariba das Safariglück nicht in vollem Maße hold war, der wird nun im Chobe-Nationalpark zu seinem Recht kommen: Begegnungen mit Elefanten sind hier fast garantiert; um die 50.000 der grauen Riesen ziehen durch das Buschland. Wenn sie durstig sind, laufen sie gern ans Ufer des Chobeflusses, um dort zu trinken, ein Schlammbad zu nehmen … oder wild planschend im Wasser zu spielen.

Am Abend kehren die Gäste in die Cascade Island Lodge zurück. Sie ist im Besitz von CroisiEurope und eigenen Reiseteilnehmern vorbehalten. Wie zuvor auf der African Dream empfängt die Gäste eine exklusive Unterkunft mit persönlichem Ambiente, hohem Komfort und erstklassigem kulinarischem Angebot: frischer Fisch aus den nahen Gewässern, Wild aus dem Busch, dazu als Zugeständnis an französische Gewohnheiten eine Käseplatte und als Dessert Leckereien von Mousse au Chocolat bis Crêpe Suzette. Später versammelt man sich auf der Holzterrasse mit Blick auf den rauschenden Zambezi. Bei einem Gin Tonic oder südafrikanischem Weißwein schweift der Blick übers Wasser, und die Gedanken gehen auf Reisen. Von hier fließt der mächtige Strom nach Osten, wo er sich an den Victoriafällen donnernd und sprühend in die Tiefe stürzt.

Und ein paar mäandernde Tagesreisen weiter ergießt sich der Zambezi in den Lake Kariba. Dort, so weiß man, wartet bereits Nyami Nyami. Und dort – fast scheint es, als sei die eigene Reise schon eine Ewigkeit her – ist die African Dream bereits wieder mit neuen Gästen zu neuen Abenteuern unterwegs. ///

DONNERNDER ABSCHLUSS: Nach dem Törn auf dem Lake Kariba geht es im Kleinflugzeug zu den Victoriafällen

SCHIFFS PORTRÄTS
SÜSSWASSER

Fotos: M. Tragbar (1), 1A Vista Reisen (2)

KLASSISCHE DONAUREISEN gehören ebenso zu 1AVista Reisen wie Themenreisen für Hundeliebhaber und Jugendliche

1AVista Reisen

Spektakuläres neues Flaggschiff auf dem Fluss – und ein interessanter Hochseekatalog

Der für sein All-inclusive-Konzept bekannte Schiffsreisenspezialist aus Köln startet die neue Saison ohne seine kultige **Bellriva**. Statt ihrer präsentierte man in der zweiten Jahreshälfte 2018 mit der **VistaStar** ein neues Flaggschiff – und mit ihm einen Schiffstyp, wie er bisher nur von internationalen Anbietern bekannt war. Weiter im Programm bleiben jedoch **VistaClassica**, **VistaFlamenco**, **VistaExplorer** und **VistaFidelio** sowie die **Junker Jörg**, die im Juli die Ostseeküste besucht. Bei den beliebten Hundekreuzfahrten wird die **Normandie** durch die komfortablere **Poseidon** ersetzt. Ambitioniert ist das Russlandprogramm mit Schiffen der gehobenen Mittelklasse und der Premiumklasse. Mit dem First-Class-Schiff **Mekong Prestige II** ist auch der Ferne Osten vertreten, und zu Inselparadiesen fast vor der Haustür führen Badereisen mit Motorseglern in Kroatien. Auffällig ist der 75 Seiten umfassende Seereisenkatalog für 2019/20. Das Angebot reicht von Mini-Kreuzfahrten mit der **Color Line** über die **Mein Schiff 6** bis zur **Vasco da Gama** von **TransOcean**. Die aktuelle Flussflotte im Überblick:

Schiff	Baujahr	Passagiere
VistaFlamenco	2005	196
Junker Jörg	2012 ren.	112
VistaFidelio	2012 ren.	146
Mekong Prestige II	2013	64
VistaExplorer	2015 ren.	170
VistaClassica	2018 ren.	110
Chekhov	2018 ren.	220
VistaStar	2018	197

MIT 135 METERN EIN GROSSES SCHIFF: die VistaStar auf der Mosel

Foto: M. Tragbar

VistaStar

Das neue Vorzeigeschiff mit All-inclusive-Konzept und ein paar besonderen Routen

Die VistaStar, getauft Ende Juli 2018, setzt neue Maßstäbe im deutschen Flusskreuzfahrtenmarkt. Ihre luxuriös eingerichteten Kabinen haben auf zwei Decks französische Balkone. Geschmackvoll eingerichtete Bäder mit platzsparenden Schiebetüren runden das Bild von nahezu perfekten Passagierunterkünften ab. Alleinstellungsmerkmal ist der mit einem Magrodome ausgestattete Poolbereich (inklusive Bar) im Heck. Er lässt sich bei schönem Wetter ausfahren und kann zum Vortragsraum umgestaltet werden. Lichtdurchflutet sind die Gesellschaftsräume, es gibt eine beheizbare Außenterrasse vor der Lounge, außerdem Aufzug und Treppenlift zum Sonnendeck. Dort warten Shuffleboard und Putting Green auf aktive Gäste; es gibt Leihräder, Fitnessraum und Sauna. Mit River Advice kümmert sich ein renommiertes Unternehmen um die (komplett inkludierten) gastronomischen Angebote; der österreichische Hotelmanager Karl Jobst war früher auf der Deutschland tätig. Die Nautik liegt in deutsch-niederländischen Händen. Ungewöhnlich sind einige Routen: Den Auftakt in die Saison macht Ende Februar eine 8-tägige Karnevalsreise auf Rhein und Main, zum Standardprogramm (Rhein und Mosel) gesellen sich auch Kurzreisen nach Holland – zum Kennenlernen dieses Schiffs ideal.

Fahrgebiete 2019

3 bis 14 Nächte auf dem Rhein bis in die Niederlande (inkl. Ijsselmeer/Markermeer) und nach Belgien, außerdem Mosel sowie Weihnachts-, Silvester- und Karnevalsreisen.

DATEN & FAKTEN

Länge 135,00 m
Breite 11,40 m
Tiefgang 1,80 m
Indienststellung 2018
Passagiere max. 202
Crew-Mitglieder 50
Bordsprache Deutsch
Passagierdecks 3+SD
Restaurants 1
Bars 2

Kabinen	99 Außenkabinen, auf Mittel- und Oberdeck mit frz. Balkonen; Größe: ca. 15–16 m²
Sport & Wellness	Wellnessbereich Magrodome am Heck mit Pool, Sauna, Poolbar und Rundumverglasung, Fitnessraum, Leihfahrräder, Putting Green, Großschach; Aufzug und Treppenlift
Info-/Entertainment	Themenabende mit Livemusik, Quizveranstaltungen und Vorträgen, Bordboutique, Bücherecke
Dresscode	leger bis sportlich-elegant
Preis pro Nacht	ca. € 78 bis € 200
Info	1AVista Reisen Köln, Tel. (0221) 99 80 08 00 www.1avista.de

PROFIL

Kabinen/Raumangebot	4 von 5 Ankern
Ausflüge/Programm	4 von 5 Ankern
Gastronomie	4,5 von 5 Ankern
Service	4,5 von 5 Ankern

DIE AMADEUS SILVER-KLASSE beeindruckt mit absenkbaren Fensterfronten und einem großen Fitnessraum

Amadeus Flusskreuzfahrten

Die luxuriösen Flussschiffe aus Österreich setzen moderne Akzente

Seit vier Jahren vermarktet der deutsche Veranstalter Amadeus Flusskreuzfahrten von einem Münchner Büro aus die Schiffe des österreichischen Familienunternehmens **Lüftner Cruises**. Die Reederei betreibt ihre Flotte in Eigenregie und ist im Premiumsegment angesiedelt – das zeigt sich ab Baujahr 2013 an Kabinen mit absenkbaren Panorama-Fensterfronten und Suiten mit begehbaren Balkonen. Das jüngste Flottenmitglied **Amadeus Star** startet 2019 mit einer neuen Weinbar im Amadeus Club und einer gemütlichen Heckterrasse auf dem Sonnendeck. Im Fahrgebiet Rhône/Saône setzte das Unternehmen 2017 mit dem Neubau **Amadeus Provence** Akzente, der unter anderem einen Infinity-Pool an Bord hat. Die Schiffe werden international vermarktet, so dass viele Abfahrten mehrsprachig stattfinden.

Schiff	Baujahr	Passagiere
Danubia	1980	142
Amadeus	1997	146
Amadeus Rhapsody	1998	142
Amadeus Classic	2001	144
Amadeus Symphony	2003	144
Amadeus Royal	2005	142
Amadeus Princess	2006	160
Amadeus Diamond	2009	146
Amadeus Elegant	2010	150
Amadeus Brilliant	2011	150
Amadeus Silver	2013	180
Amadeus Silver II	2015	168
Amadeus Silver III	2016	168
Amadeus Provence	2017	140
Amadeus Queen	2018	162
Amadeus Star	2019	164

DIE AMADEUS QUEEN serviert durch Panoramafenster Fluss pur

Amadeus Queen

Luxuriöser Flusskreuzer mit großzügigen Balkonkabinen und Innenpool

Mit der Silver-Reihe hat die österreichische Reederei **Lüftner Cruises** das Flusskreuzfahrterlebnis neu definiert: Ihre Suiten mit begehbaren Außenbalkonen sind eine Rarität im hiesigen Flussreisenmarkt. Aber auch die großzügigen Kabinen, die „nur" über eine absenkbare Fensterfront verfügen, lassen den Passagier eins mit dem vorbeiziehenden Flusspanorama werden. Die Amadeus Queen führt diese Premiumentwicklung noch ein Stück weiter und wartet als neues Highlight mit einem Indoor-Pool auf, dessen Dach sich bei schönem Wetter auch öffnen lässt. Er liegt direkt hinter dem gemütlichen Amadeus Club, der am Abend auch für Vorträge und Kinovorführungen genutzt werden kann. In der Panoramalounge genießt man den Flussblick aus bodentiefen Fenstern. Frische Luft gibt es in der sich am Bug anschließenden, windgeschützten Lounge River Terrace dazu. Im großzügig gestalteten Restaurant finden alle Gäste gleichzeitig Platz. Auf dem Sonnendeck warten Shuffleboard und Großfigurenschach sowie überdachte Bereiche zum Relaxen. Und ein kleiner Fitnessraum, ein Friseurstudio und Massagen im Vital-Club stehen ebenfalls zur Verfügung.

Fahrgebiete 2019

8-tägige Tulpenkreuzfahrt ab/bis Amsterdam im April, danach in 15 Tagen quer durch Europa bis nach Budapest. Im Sommer finden klassische und lange Donaureisen bis ins Delta statt, und auch den Advent und die Feiertage verbringt der Neubau hier.

DATEN & FAKTEN

Länge 135,00 m
Breite 11,40 m
Tiefgang 1,45 m
Indienststellung 2018
Passagiere 162
Crew-Mitglieder 46
Bordsprache Deutsch, Englisch
Passagierdecks 3+SD
Bars 3
Restaurants 1

Kabinen	81: 12 Suiten mit 26,4 m² und 69 Kabinen mit 16–17,5 m², davon 51 mit absenkbarer Panorama-Fensterfront und 12 mit begehbarem Balkon
Sport & Wellness	Massage, Friseur, Frühsport auf dem Sonnendeck, Fitnessraum mit mehreren Kardiogeräten
Info-/Entertainment	Livemusik, abendliche Unterhaltungsprogramme, Crew-Show, TV und Video
Dresscode	sportlich-leger bis elegant
Preis pro Nacht	€ 131 bis € 456; Durchschnitt ca. € 327
Info	Amadeus Flusskreuzfahrten München, Tel. (089) 87 80 64 97 www.amadeus-flusskreuzfahrten.de

PROFIL

Kabinen/Raumangebot
Ausflüge/Programm
Gastronomie
Service

Aktuell noch nicht bewertet

A-ROSA setzt auf Buffetkonzepte, großzügige Spa-Angebote – und neuerdings auch auf Kinder an Bord

A-ROSA Flussschiff GmbH

Wohlfühlen auf dem Fluss, auch für jüngere Gäste. Und ab 2019 auch auf dem Douro

Die A-ROSA Flussschiff GmbH aus Rostock, seit 2018 im Mehrheitsbesitz des britischen Investors Duke Street, sichert ihre Qualität durch ein überzeugendes Geschäftsmodell: Elf Schiffe wurden eigens für die Reederei gebaut – ein zwölftes kommt 2019 –, und um deren Betrieb kümmert sie sich selbst. Auch die Crews aller Schiffe werden eigenständig von Rostock aus angeheuert – eine Aufgabe, die sonst oft von Dienstleistern übernommen wird. Alles aus einer Hand also: Damit konnte sich A-ROSA als führende deutsche Marke im Flussreisengeschäft etablieren. Und: Man möchte weg vom manchmal verstaubten Image der Flusskreuzfahrt – spricht stattdessen von „Städte-, Erlebnis- und Naturreisen" mit dem Schiff.
Charakteristisch für A-ROSA ist das Buffetkonzept mit Live-Cooking. Die jüngsten Schiffe **A-ROSA Silva** und **A-ROSA Flora** haben Suiten und Familienkabinen an Bord; Kinder fahren kostenlos mit und bekommen teils sogar eine eigene Kabine. Das gilt zu Ferienzeiten auch auf der Seine, auf der die **A-ROSA Viva** 2017 Premiere feierte. Da diese nun im beliebten Fahrgebiet Rhein fehlt, dürfte hier bald mit einem weiteren Neubau zu rechnen sein. Zuvor aber kommt die **A-ROSA Douro**, die ein weiteres neues Ziel erschließt: Mit voraussichtlich 70 Gästen wird sie ab Frühjahr 2019 den schönsten Fluss Portugals befahren.

Schiff	Baujahr	Passagiere
A-ROSA Bella	2002	242
A-ROSA Donna	2002	242
A-ROSA Mia	2003	242
A-ROSA Riva	2004	242
A-ROSA Luna	2005	174
A-ROSA Stella	2005	174
A-ROSA Aqua	2009	202
A-ROSA Viva	2010	202
A-ROSA Brava	2011	202
A-ROSA Silva	2012	186
A-ROSA Flora	2014	183
A-ROSA Douro	2019	70

DIE A-ROSA SILVA fährt auf dem Rhein bis Amsterdam, hier im Bild, und auf der Donau

A-ROSA Flora & A-ROSA Silva

Kinder willkommen: familienfreundliche Erlebnisschiffe mit Junior- und Balkonsuiten

A-ROSA hat es sich schon vor Jahren zum Ziel gesetzt, jüngere Gäste auf den Fluss zu holen, vor allem Familien mit Kindern. Das Betreuungsprogramm in den Ferien wird deshalb weiter ausgebaut. Kinder bis 15 Jahre reisen dabei umsonst, wenn ihre Eltern den Tarif „Premium alles inklusive" buchen – ein Angebot, das sich mit seinen vielen Zusatzleistungen ohnehin durchgesetzt hat. Im Gegensatz zu den älteren A-ROSAs haben Silva und Flora großzügig gestaltete Junior- und Balkonsuiten, die Flora sogar zwei Familienkabinen. Stilvoll sind die Spezialitätenabende in der Weinwirtschaft: Gegen Zuzahlung kann man sich hier mit vier Gängen verwöhnen lassen, die von einem sehr guten Service an den Tisch gebracht werden – eine schöne Abwechslung zum regulären Buffetbetrieb. Die Bar ist dank all-inclusive deutlich länger geöffnet als auf anderen Flusskreuzern. Beeindruckend ist auch das Wellnessangebot von A-ROSA: Die Schiffe bieten ein Sanarium mit Ruheraum, Beautybehandlungen, ein Fitnessstudio und auf dem Sonnendeck einen größeren Pool; außerdem gibt es Fahrräder an Bord. Kreativ geht man auch mit den Landprogrammen um: Durch Overnights in den Metropolen will man eine Alternative zur klassischen Städtereise bieten.

Fahrgebiete 2019

Die **A-ROSA Flora** ist ab/bis Köln auf Rhein und Mosel unterwegs (4, 5 oder 7 Nächte); eine 9-Nächte-Reise im September verbindet beide Flüsse. Die **A-ROSA Silva** fährt auf Rhein und Donau (4 bis 11 Nächte).

DATEN & FAKTEN A-ROSA FLORA

Länge 135,00 m
Breite 11,40 m
Tiefgang 1,60 m
Indienststellung 2012
Passagiere 183
Crew-Mitglieder 50
Bordsprache Deutsch
Passagierdecks 2,5 + SD
Bars 3
Restaurants 3

Kabinen	83 Außenkabinen (14,5 m²), 4 Juniorsuiten (21 m²), 2 Balkonsuiten (29 m²)
Sport & Wellness	Spa mit Massage/Beauty und Sanarium, Fitnesscenter, Pool, Putting Green, Shuffleboard, Großschach, Nordic Walking, Kurse, Trekkingbikes für Ausflüge
Info-/Entertainment	Shows, Künstlergruppen, Spiele; Themenreisen für Gourmets, Kinderprogramm in den Ferien
Dresscode	sportlich-leger
Preis pro Nacht	€ 157 bis € 292; Durchschnitt ca. € 230
Info	A-ROSA Flussschiff GmbH Rostock, Tel. (0381) 202 60 01 www.a-rosa.de

PROFIL

Kabinen/Raumangebot	⚓⚓⚓⚓⚓
Ausflüge/Programm	⚓⚓⚓⚓
Gastronomie	⚓⚓⚓⚓
Service	⚓⚓⚓⚓½

AUF DER SEINE vor Vernon

DATEN & FAKTEN

Länge 135,00 m	**Crew-Mitglieder** 54
Breite 11,40 m	**Bordsprache** Deutsch
Tiefgang 1,60 m	**Passagierdecks** 3+SD
Indienststellung 2010	**Bars** 3
Passagiere 202	**Restaurants** 3

Kabinen	99 Außenkabinen, davon 70 mit frz. Balkon; Größe: 14,5 m²
Sport & Wellness	Spa mit Massage/Beauty und Sanarium, Fitnesscenter, Whirlpool, Putting Green, Shuffleboard, Großschach, Nordic Walking, Kurse, Trekkingbikes für Ausflüge
Info-/Entertainment	Shows, Künstlergruppen, Spiele; Themenreisen für Feinschmecker mit prominenten Gastköchen
Dresscode	sportlich-leger
Preis pro Nacht	€ 142 bis € 289; Durchschnitt € 232
Info	A-ROSA Flussschiff GmbH Rostock, Tel. (0381) 202 60 01 www.a-rosa.de

PROFIL

Kabinen/Raumangebot	⚓⚓⚓⚓◐
Ausflüge/Programm	⚓⚓⚓⚓○
Gastronomie	⚓⚓⚓⚓○
Service	⚓⚓⚓⚓◐

A-ROSA Viva

Perfekt für Genießer und Kulturinteressierte: die A-ROSA-Tour über die Seine

Der Wasserliliengarten von Monet in Giverny, die Kathedrale von Rouen und die UNESCO-Weltkulturerbe-Stadt Le Havre: Wer die „Seine intensive"-Tour auf der A-ROSA Viva bucht (9 Nächte), erlebt viele Höhepunkte auf dem Weg von Paris an den Atlantik. Die Seine zählt zu Europas schönsten Flussreisezielen, gleichzeitig liegen hier die zwei wichtigsten Binnenhäfen Frankreichs, Paris und Rouen. Seit 2018 kreuzt die A-ROSA Viva durch die Normandie. Interessant für Tagesausflüge sind die Übernachtaufenthalte beim Ablegeplatz im Norden von Paris, im Stadtteil Saint-Denis. Das Schiff, baugleich mit den Rhein-Schwestern **A-ROSA Aqua** und **Brava**, bietet die bewährte A-ROSA-Qualität: anspruchsvolle Buffetgastronomie (mit Live-Cooking), wunderschöne Kabinen und einen für Flussschiffe einzigartigen Sport- und Wellnessbereich – im Schiffsbug gelegen und mit Außenterrasse samt Whirlpool. Im Tarif „Premium alles inklusive" sind alle Mahlzeiten und Getränke enthalten. Als festliches Schmankerl kann man an Bord ein serviertes Vier- oder Fünf-Gänge-Menü in der Weinwirtschaft dazubuchen. Wer das Savoir-vivre noch auf die Spitze treiben will, wählt die Gourmetreise mit Feinschmeckermenüs, Gastköchen und Calvadosverkostung.

Fahrgebiete 2019

Ab/bis Paris nach Vernon, Les Andelys, Rouen und Caudebec in 7 Nächten oder bis nach Le Havre inklusive Mantes-la-Jolie in 9 Nächten; 4-Nächte-Trips zur Advents- und Weihnachtszeit.

CroisiEurope

Innovative Schiffskonzepte, Monopol bei vielen Destinationen und All-inclusive-Konzept

Mit fast 50 Schiffen – größtenteils im Eigenbesitz – ist CroisiEurope Marktführer für Flusskreuzfahrten im europäischen Raum. Entsprechend vielfältig präsentiert sich auch das Angebot: Es reicht von Klassikern auf Rhein, Main, Donau, Douro, Rhône und Seine über exotische Flüsse bis hin zu kleinen Péniches auf französischen Kanälen. Diese Kanalschiffe bieten die Franzosen ebenso exklusiv an wie zwei Schiffe im Mündungsgebiet von Gironde, Garonne und Dordogne. Seit Sommer 2018 sind erstmals Reisen auf dem St.-Lorenz-Strom in Kanada buchbar sowie ein Ostafrika-Abenteuer mit der **African Dream** (S. 218). 2019 erweitert CroisiEurope seine Flotte noch um ein neues Douro-Schiff. In Deutschland wird das gesamte Programm vom Busreiseveranstalter **Anton Götten Reisen** in Saarbrücken verkauft. Im Reisepreis inkludiert sind bei CroisiEurope nicht nur die Getränke zu den Mahlzeiten und an der Bar, sondern auch viele Ausflüge sowie der WLAN-Zugang. Aufgrund der großen Flottenstärke nachfolgend ein Überblick über die jüngsten bzw. zuletzt renovierten Schiffe:

Schiff	Baujahr	Passagiere
Lafayette	2014 ren.	96
Gil Eanes	2015	132
Loire Princesse	2015	96
Camargue	2015 ren.	108
Elbe Princesse	2016	80
Douce France	2016 ren.	110
Symphonie	2016 ren.	110
Miguel Torga	2017	132
Indochine II	2017	60
Elbe Princesse II	2018	88
African Dream	2018	16
Van Gogh	2018 ren.	110

INVESTITION: In den letzten Jahren wurden die Miguel Torga auf dem Douro (o.) und die Renoir auf der Seine renoviert

GANZJÄHRIGES REVIER: der Lake Kariba in Simbabwe

Foto: J. Lemcke

DATEN & FAKTEN

Länge 33,00 m
Breite 8,00 m
Tiefgang 0,78 m
Indienststellung 2018
Passagiere 16
Crew-Mitglieder 16
Bordsprache Dt., Engl., Franz.
Passagierdecks 2+SD
Restaurants 1
Bars 1

Kabinen	8, davon 6 mit franz. Balkon, 2 mit Balkon; Ausstattung: Bad/Dusche, Safe, TV, Föhn, Klimaanlage; Größen: 18 m²
Sport & Wellness	Sonnendeck mit Liegestühlen, Jacuzzi
Info-/Entertainment	Loungebar mit Panoramafenstern und Fernglas für Wildbeobachtung, TV, kl. Bibliothek, DVDs
Dresscode	leger
Preis pro Nacht	ca. € 536 (inkl. Flügen in Afrika, Hotelübernachtungen und allen Aktivitäten)
Info	CroisiEurope / Anton Götten Reisen, Saarbrücken Tel. (0681) 303 25 55 www.croisieurope.de

PROFIL

Kabinen/Raumangebot	⚓⚓⚓⚓
Ausflüge/Programm	⚓⚓⚓⚓⚓
Gastronomie	⚓⚓⚓⚓½
Service	⚓⚓⚓⚓

African Dream

Safari per Schiff: CroisiEurope erobert den Lake Kariba in Simbabwe

CroisiEurope wagt sich nach Afrika! Seit Beginn 2018 lässt der französische Marktführer den Neubau African Dream auf dem Lake Kariba in Simbabwe fahren (s. Reportage ab S. 218). Das komfortable Acht-Kabinen-Schiff bietet die seltene Möglichkeit, eine Kreuzfahrt mit Safari-Erlebnissen zu verbinden. Selbst Afrikakenner geraten ins Schwärmen, wenn von den noch wenig frequentierten Wildschutzgebieten in Simbabwe die Rede ist. Vor allem der Matusadona-Nationalpark, der von den Gästen der African Dream per Jeepsafari erkundet wird, gilt mit seinen Spitzmaulnashörnern, Büffelherden und Löwenfamilien als Safari-Highlight. Auf regelmäßigen Ausflügen mit Expeditionsbooten erleben die Passagiere die Naturschönheit des riesigen Sees, der Kormoranen und Schreiseeadlern ebenso ein Zuhause bietet wie unzähligen Flusspferden. Die African Dream punktet überdies mit hervorragender Küche und einem sympathischen, professionellen Service – eine beachtliche Leistung an einem derart abgelegenen Ort. Kombiniert wird die Kreuzfahrt mit einem Aufenthalt in der Cascade Island Lodge in Namibia. Von dort werden Schiffsausflüge auf dem Chobefluss und Safari-Fahrten im Chobe-Nationalpark in Botswana unternommen, der für seine riesige Elefantenpopulation berühmt ist.

Fahrgebiete 2019

Die African Dream befährt ganzjährig den Lake Kariba. Bestandteil der Reise sind auch ein Lodgeaufenthalt in Namibia und ein Besuch der Victoriafälle.

INNOVATIV: neuer Antrieb für flache Gewässer

Elbe Princesse I & II

Stylishe Spezialanfertigung mit französischem Savoir-vivre für Elbe und Moldau

Für die Elbe hat die Straßburger Reederei den Antrieb für Flusskreuzfahrtschiffe neu erfunden, wie zuvor schon für die Loire: Entwickelt nach historischem Vorbild, können die beiden Elbe-Princesse-Schwestern mit geringem Tiefgang dank der beiden Schaufelräder am Heck auch bei Niedrigwasser fahren. Angenehmer Nebeneffekt ist das einzigartige Fahrgefühl durch die sanften Schwingungen, die von den Schaufelrädern ausgehen. Die neue Bauweise ermöglicht den Flussschiffen während der ganzen Sommersaison eine attraktive Route von Berlin aus über Havel, Elbe und Moldau bis Prag, mit Stationen in Wittenberg, Meißen und Dresden. Außen schnittig, innen schick: Das Design der Kabinen und öffentlichen Bereiche ist schnörkellos und modern, ohne unterkühlt zu wirken. Die Lounge bietet bodentiefe Fenster und kleine, flexible Sitzgruppen für gesellige Treffen. Ein weiterer Pluspunkt: Die Gäste schlemmen wie Gott in Frankreich und genießen einen sehr persönlichen Service. Und dank des All-inclusive-Konzepts sind die Getränke an der Bar und im Restaurant sowie Landausflüge bereits im Reisepreis inbegriffen. Der langjährige deutsche Vertriebspartner Anton Götten Reisen aus Saarbrücken sorgt außerdem auf Wunsch für eine bequeme Busanreise.

Fahrgebiete 2019

Berlin-Spandau bis Prag und retour, mit inkludierten Ausflügen, u. a. zum Schloss Sanssouci, in die Meißner Porzellanmanufaktur und zur Festung Königstein.

DATEN & FAKTEN ELBE PRINCESSE II

Länge 101,42 m
Breite 10,63 m
Tiefgang 0,80 m
Indienststellung 2018
Passagiere 88

Crew-Mitglieder 31
Bordsprache Deutsch, Franz.
Passagierdecks 2+SD
Bars 1
Restaurants 1

Kabinen	45 Außenkabinen mit Klimaanlage, Safe, Minibar, Telefon, Radio, TV, Schreibtisch, Föhn; Größe: ca. 15 m²
Sport & Wellness	Sonnendeck (teilüberdacht) mit Liegestühlen
Info-/Entertainment	musikalische Unterhaltung, Tanzfläche, Crew-Show, WLAN kostenlos, Audio-Kommunikationssystem auf Ausflügen
Dresscode	leger bis sportlich-elegant
Preis pro Nacht	€ 229 bis € 273
Info	CroisiEurope/ Anton Götten Reisen, Saarbrücken Tel. (0681) 303 25 55 www.croisieurope.de

PROFIL

Kabinen/Raumangebot	⚓⚓⚓⚓○
Ausflüge/Programm	⚓⚓⚓⚓◐
Gastronomie	⚓⚓⚓⚓◐
Service	⚓⚓⚓⚓○

ELEGANTE FLOTTE: vom Klassiker Crystal Mozart (oben) hin zu den Neubauten mit Innenpool wie der Crystal Bach

Crystal River Cruises

Der US-Luxusveranstalter setzt mit fünf Suitenschiffen auch auf dem Fluss hohe Standards

Die **Mozart** galt schon zu Deilmann-Zeiten als das prunkvollste Schiff auf der Donau. Dank eines 25-Millionen-Dollar-Umbaus durch Crystal Cruises braucht sie sich auch heute nicht hinter den vier nachfolgenden Flussneubauten der US-Luxusreederei zu verstecken. Das Feeling der Hochseeschiffe (S. 120) mit deren All-inclusive-Konzept samt Butlerservice wurde erfolgreich auf den Fluss transportiert. Das Ergebnis: Modernste Technik regiert in den Suiten, die alle über einen französischen Balkon verfügen. Per iPad kann man Klima und Licht regulieren oder Reservierungen tätigen. Exzellent sind die Speisen, umfangreich das Getränkeangebot. Mehrere Restaurants und freie Sitzplatzwahl gehören selbstverständlich dazu. Das Spa begeistert mit einem riesigen Innenpool, der auf den Neubauten mit einem Glasdach daherkommt. Weitere Highlights sind Ausflugsevents in eigenen Bussen mit Privatkonzerten oder Champagnerexkursionen mit dem eigenen Schnellboot. In der ersten kompletten Saison mit fünf Schiffen kann Crystal Cruises ein breites Programm auflegen. Die Crystal Mozart fährt weiterhin als größtes Schiff auf der Donau, während die anderen vier Schwestern von den MV Werften, die übrigens zur Unternehmensgruppe gehören, auch auf Rhein, Main und Mosel kreuzen. Neben den traditionellen längeren Routen sind nun mehr einwöchige Optionen im Angebot. Alle Details dazu gibt es unter **www.crystalcruises.com**.

Schiff	Baujahr	Passagiere
Crystal Mozart	2016	154
Crystal Bach	2017	106
Crystal Mahler	2017	106
Crystal Debussy	2018	106
Crystal Ravel	2018	106

DCS Touristik

Interessanter Flottenmix von einem etablierten Veranstalter aus dem fränkischen Nagel

Der Veranstalter aus Nagel im Fichtelgebirge setzt vor allem auf sein Flaggschiff: die grasgrün lackierte **DCS Amethyst.** Das komfortable Vier-Sterne-Schiff verkehrt auf unterschiedlich langen Donaukreuzfahrten und ist in der Adventszeit auf Donau und Main unterwegs. Auf dem Rhein fehlt leider noch ein vergleichbares Schiff; denn die hier eingesetzte **Alemannia** ist mittlerweile 47 Jahre alt und lebt von ihrer freundlichen osteuropäischen bzw. ägyptischen Servicecrew und ansprechenden Küchenleistungen. DCS vermarktet auch die topmodernen Twin-Cruiser (TC) **Jewel**, **Sapphire** und **Diamond**. Zudem sorgen gelegentliche Vollcharter von Einheiten aus der australischen Travelmarvel-Flotte für ein gehobenes Niveau. Interessant sind aber auch die Angebote in zwei fernen Destinationen: In Russland ist mit der **Rostropovich** ein Schiff im Einsatz, das vor Ort mit fünf Sternen ausgezeichnet ist und als eines der luxuriösesten Schiffe auf Wolga und Newa gilt. Und in Ägypten vertrauen die rührigen Franken u. a. auf die exklusive **Steigenberger Legacy**, die ebenfalls als Fünf-Sterne-Schiff klassifiziert ist.

Schiff	Baujahr	Passagiere
Alemannia	1971	184
Rostropovich	1980	212
Chernishevsky	1981	218
Bellejour	2003	180
DCS Amethyst	2004	178
Sapphire	2006	164
Jewel	2007	170
Diamond	2007	170
Concerto	2008	140
Steigenberger Legacy	2010	152

Fotos: Marc Tragbar (1), DCS Touristik (2)

PROGRAMMVIELFALT: der Oldie Alemannia (u.), darüber die DCS Amethyst in DCS-Grün, oben das Fahrgebiet Nil

NOSTALGISCH: Die American Queen lässt alte Zeiten wieder lebendig werden

DATEN & FAKTEN AMERICAN QUEEN

Länge 128,00 m	**Passagiere** 424
Breite 27,00 m	**Crew-Mitglieder** 172
Tiefgang 2,60 m	**Bordsprache** Englisch
Indienststellung 1995	**Passagierdecks** 6
letzte Renovierung 2016	**Restaurants/Bars** 3/2

Kabinen	218, großteils mit Veranda, Klimaanlage, TV, Telefon, Safe; Größen: 7,4–46,5 m²
Sport & Wellness	Sonnendeck mit kleinem Pool und Fitnesscenter, kleiner Spa-Bereich
Info-/Entertainment	Shows im Grand Saloon, Kino, Gesellschaftsräume, kostenloses WLAN, Pianist, Vorträge
Dresscode	sportlich-leger bis elegant
Preis pro Nacht	€ 240 bis € 960
Info	Dertour, Frankfurt Tel. (069) 153 22 55 33 www.dertour.de Website der Reederei: www.americanqueen-steamboatcompany.com

PROFIL

Kabinen/Raumangebot	⚓ ⚓ ⚓ ⚓ ○
Ausflüge/Programm	⚓ ⚓ ⚓ ⚓ ○
Gastronomie	⚓ ⚓ ⚓ ⚓ ○
Service	⚓ ⚓ ⚓ ⚓ ○

Dertour Flussreisen: American Queen

Auf den Spuren von Mark Twain stilvoll über den Mississippi schippern

Eine Flusskreuzfahrt auf der American Queen ist wie eine Reise durch längst vergangene Zeiten. Der größte Schaufelraddampfer auf dem Mississippi fasziniert mit seinem viktorianischen Design, mit Schaukelstühlen am Heck, mit Gentlemen's Card Room und Ladies Parlor. Gemütlich schmökern die Passagiere im gediegenen Ambiente der Mark Twain Gallery einen Roman und lassen sich dabei von einem Pianisten unterhalten. Der Dining Room (zwei Sitzungen) wie der Grand Saloon beeindrucken durch hohe Decken mit opulenten Verzierungen, und selbst in den Kabinen mit gemusterten Tapeten stehen elegante Mahagonimöbel. So lässt sich die Geschichte des Schicksalsstroms der USA stilvoll nachvollziehen – ob in Vicksburg, im Plantation Country oder in Baton Rouge. Getränke, Internet und Hop-on-hop-off-Bus in den Häfen sind bereits im Reisepreis inkludiert. Dertour Fluss-Reisen vereint mit 47 Schiffen im Jahr 2019 ein umfangreiches Potpourri verschiedenster Reedereien und Veranstalter. Dabei darf es auch gern mal ausgefallen werden: Vietnam und Myanmar gehören ebenso zum Programm wie unbekanntere Flüsse in Europa, etwa die Gironde oder die Garonne.

Fahrgebiete 2019

Im Programm von Dertour fährt die American Queen zwischen New Orleans und Memphis, mit Halt unter anderem in Vicksburg, Natchez und St. Francisville.

European Waterways

Luxuserlebnis in familiärer Runde: „Barging" auf Europas schönsten Wasserwegen

„It's Barging, not Cruising!" Mit diesem Slogan bewirbt die britische Firma European Waterways (**www.europeanwaterways.com**) eine sehr exklusive Spielart des Urlaubs auf dem Wasser: Auf „Hotel Barges" – in Frankreich nennt man sie „Péniches" – erkundet man im intimen Kreis von nur sechs, acht oder maximal 20 Gästen die Kanäle, Flüsse und Seen Europas. Aktuell 17 schmucke Boote sind dafür bei den Briten im Einsatz: in Frankreich, den Niederlanden, Schottland, England und Irland sowie Italien; jeweils mit exzellenter, vom jeweiligen Fahrgebiet inspirierter Gastronomie (all inclusive) und First-Class-Service. Eines von ihnen ist deutschen Flussfans eine alte Bekannte: Als **Serenité** fuhr sie 15 Jahre lang quer durch Westeuropa und eroberte die Herzen ihrer maximal zwölf Gäste – als **Spirit of Scotland** kreuzt sie seit 2018 auf dem Caledonian Canal zwischen Inverness und Fort William in den schottischen Highlands. Sie klettert dabei Schleusentreppen hinauf und hinab und bringt die Gäste zu Burgen und malerischen Ruinen wie Urquhart Castle am Loch Ness. All das wird begleitet von Whisky-Tastings oder Dudelsackeinlagen und in familiärer Runde am großen Esstisch im Salon. Ein Erlebnis, das so exklusiv ist wie intim. Gern nutzen Familien das Angebot für Hochzeiten, Jubiläen und Ähnliches. Wer sich aber individuell einbucht, muss wissen: Die Bereitschaft, das Reiseerlebnis auf kleinem Raum mit neuen Bekannten zu teilen, muss man mitbringen – oft entstehen dabei Freundschaften. Eine Auswahl der aktuellen Barges:

Schiff	Baujahr	Passagiere
Nymphea	1921	6
La Belle Epoque	1930	12
Finesse	1958	8
L'Impressionniste	1960	12
Spirit of Scotland	2001	12
Shannon Princess	2003	10
La Bella Vita	2010	20

Fotos: J. Bohmann (2), European Waterways (1)

PERSÖNLICHER GEHT'S NICHT: die Spirit of Scotland und ihr Skipper Kenny. Unten: auf einer Kanalbrücke im Burgund

Fotos: wikimedia/Hgmichna (1), Hansa Touristik (2)

AUSGESUCHT: Ob auf Donau (o.) oder Mekong – Hansa Touristik offeriert deutschsprachige Ausflüge

Hansa Touristik / Werner-Tours

Ein kleines, feines Flussprogramm vom Stuttgarter Familienunternehmen

Neben dem Hochseeschiff **Ocean Majesty** (S. 127) hat Hansa Touristik traditionell auch Flusskreuzfahrten auf Rhein und Donau sowie auf dem Mekong im Programm. Die **WT Sonata** wurde von der Premicon AG für das Flusskreuzfahrtenprogramm der **TUI** erdacht und mit Raffinesse gebaut: Als Twin-Cruiser gleitet sie nahezu lautlos über die Wasseroberfläche – dank einer Trennung von Maschine und Passagierbereich. Nachdem die TUI ihr Flussangebot eingestellt hatte, übernahm der kleine Veranstalter **Werner-Tours** (WT) das Schiff in Hauptcharter und vermarktet es nun gemeinsam mit Hansa Touristik. Die überdachte Lidoterrasse vor der Lounge bietet einen geschützten Außenbereich. Das Hauptrestaurant erstreckt sich über anderthalb Decks, die Getränke zu den Mahlzeiten sind inkludiert. Ein Deck tiefer wartet im Schiffsbug ein Wellnessbereich mit Whirlpool, Sauna und einigen Fitnessgeräten. Neben dem Wiener Café im Atrium gibt es an Bord noch eine Vinothek und eine Cigar Lounge, eine absolute Ausnahme für Flussschiffe. Neu im Programm 2019 ist eine 11-tägige Route ab/ bis Passau bis zum Eisernen Tor. Neben gemütlichen Rhein- und Donaukreuzfahrten im Sommer bietet Hansa Touristik in Kooperation mit **Mekong Waterways** in der Wintersaison auch Mekongreisen auf der **Mekong Prestige II** an. Ein deutschsprachiger Kreuzfahrtdirektor und deutsche Ausflüge gehören dabei zum Standard. Die Route führt von Vietnam nach Kambodscha und beinhaltet ein Vorprogramm in Saigon sowie einen Besuch von Angkor Wat.

Schiff	Baujahr	Passagiere
WT Sonata	2010	186
Mekong Prestige II	2013	64

Lernidee Erlebnisreisen

Der Berliner Veranstalter punktet mit kreativen Reisezielen fernab des Mainstreams

Ausgefallene Ziele, kleine Reisegruppen und viele Hintergrundinformationen zu Land und Leuten – so lautet das Erfolgsrezept von Lernidee Erlebnisreisen aus Berlin. Gründer Hans Engberding hatte sich nach seinem Verkaufserfolg mit legendären Zugreisen wie der Transsibirischen Eisenbahn als Pionier in exotischen Flussrevieren einen klingenden Namen gemacht. Er erschloss den oberen Mekong nahe dem Goldenen Dreieck mit selbst gebauten Boutiqueschiffen – und bietet nun auch in Myanmar eine exklusive Strecke quer durchs Land an (siehe Reportage ab S. 206). Die russische Lena und der indische Ganges sind weitere Juwelen im ausgesuchten Programm. Aktuell baut Lernidee mit der Jangada ein Schiff für den Amazonas. Aber auch Klassiker wie der portugiesische Douro, der schwedische Götakanal oder die schottischen Lochs gehören zum Portfolio. Und selbstverständlich werden auch in Russland Flusskreuzfahrten angeboten. Selbst Expeditionen kann man über Lernidee buchen. Nachfolgend eine Auswahl der Schiffe für 2019:

Schiff	Baujahr	Passagiere
Mikhail Svetlov	1985	124
Lord of the Glens	1989	52
Jayavarman	2009	54
Iracema	2011	22
Volga Dream	2011 ren.	212
Rostropovich	2011 ren.	212
Zambezi Queen	2012	28
Spirit of Chartwell	2012 ren.	30
Diana	2012 ren.	45
Mekong Sun	2016 ren.	28
Indochine II	2017	60
Mekong Pearl	2017	29

Fotos: P. Günther (2), Lernidee (1)

FOKUS AUF DIE DESTINATION: Lernidee Erlebnisreisen fährt mit eigenen Schiffen in Asien und bald auch auf dem Amazonas

MODERNE ELEGANZ auf dem Neubau nickoVISION (oben/unten) und klassisches nicko-Rot auf der Seine

nicko cruises Schiffsreisen

Der Stuttgarter Veranstalter baut unter neuem Eigner sein Portfolio immer weiter aus

Nach einem Neustart unter dem portugiesischen Investor **Mystic Invest** Ende 2015 gehört nicko cruises Schiffsreisen wieder zu den festen Größen im Markt für Flusskreuzfahrten. Im Sommer 2019 steigt man mit der **World Explorer** (S. 28) sogar in den Hochseemarkt ein. Sein Fluss-Portfolio teilt der Stuttgarter Veranstalter in drei Gruppen auf: „classic", „modern" und „boutique". Zur letzten Kategorie gehören noch Flussschiffjuwelen der einstigen Reederei Deilmann. Der Katalog für das Jahr 2019 enthält 28 Schiffe, als Flaggschiff ist der spektakuläre Neubau **nickoVISION** auf der Donau unterwegs. Vor den Küsten und Inseln Kroatiens sowie auf Rhône, Mekong und Nil wird das Angebot durch zusätzliche Schiffe verstärkt. So kann erstmals auch die lange Nilkreuzfahrt ab Kairo wieder angeboten werden. Ein neues Routen-Highlight ist die 29-tägige Europakreuzfahrt mit der **Maxima** von Passau bis ins Donaudelta und zurück über Amsterdam bis nach Köln. In Kooperation mit dem Radreisenveranstalter **terranova** sind zudem Radkreuzfahrten auf Donau, Rhein und Mosel geplant. Nachfolgend eine Auswahl der Schiffe in der Flotte:

Schiff	Baujahr	Passagiere
Bijou du Rhône	2001	150
Casanova	2001	96
Frederic Chopin	2002	80
Douro Prince	2002	46
Bolero	2003	180
Heidelberg	2004	110
Bellissima	2004	132
Douro Cruiser	2005	130
Rhein Melodie	2005	196
Dalmatia	2012	32
nickoVISION	2018	220

PORTUGIESISCHE WEINBERGE prägen das Fahrgebiet

Douro Cruiser

Portwein auf dem eigenen Balkon, ein Pool zum Abkühlen – was braucht man mehr?

Für komfortable Flusskreuzfahrten quer durch Nordportugal hat nicko cruises Schiffsreisen die schmucke Douro Cruiser im Portfolio. Die acht Kabinen auf dem Hauptdeck bieten einen kleinen Balkon, wohingegen die Fenster auf dem Oberdeck nicht geöffnet werden können. Auf dem Sonnendeck warten komfortable Liegen und ein Pool zur Erfrischung. Frühstück und Mittagessen finden in dem gemütlichen Restaurant in Buffetform statt. Abends serviert die portugiesische Crew Vier-Gänge-Menüs mit landestypischen Spezialitäten und passenden Weinen. Vielleicht lohnt sich dafür schon das optionale Getränkepaket? Den Portwein – das Aushängeschild der Region – lernen die Passagiere auf einem im Reisepreis inkludierten Ausflug zu einer traditionellen Quinta in Pinhão kennen. Nicht verpassen sollte man den Ganztagestrip ins spanische Salamanca von Vega Terrón aus. Alle anderen Ausflüge – etwa zum barocken Mateuspalast in Vila Real oder ins Pilgerstädtchen Lamego – werden parallel zur Einzelbuchung in einem Ausflugspaket angeboten. Die 8-tägige Kreuzfahrt findet auch über Weihnachten und über Silvester statt. Daneben gibt es eine 11-tägige Variante mit Anschlussprogramm (inklusive Hotelübernachtungen, Mahlzeiten und Ausflügen) in Lissabon.

Fahrgebiete 2019

Die Douro-Flusskreuzfahrt beginnt und endet in der Hafenstadt Porto. Zwischenstopps werden in Régua, Vega Terrón, Barca d'Alva und Pinhão eingelegt.

DATEN & FAKTEN

Länge 78,11 m
Breite 11,40 m
Tiefgang 1,50 m
Indienststellung 2005
Renovierung 2016
Passagiere 130
Crew-Mitglieder 30
Bordsprache Deutsch
Passagierdecks 3+SD
Restaurants/Bars 1/1

Kabinen	65 Außenkabinen, davon 38 mit Balkon, 27 mit Panoramafenster; Größe: 15 m²
Sport & Wellness	Sonnendeck mit Pool
Info-/Entertainment	Bordmusiker, Spiele, Bibliothek, regionale Gastkünstler
Dresscode	sportlich-leger bis elegant
Preis pro Nacht	€ 164 bis € 336; Durchschnitt € 250
Info	nicko cruises Schiffsreisen Stuttgart Tel. (0711) 24 89 80 44 www.nicko-cruises.de

PROFIL

Kabinen/Raumangebot	⚓⚓⚓⚓○
Ausflüge/Programm	⚓⚓⚓⚓○
Gastronomie	⚓⚓⚓◐○
Service	⚓⚓⚓◐○

GROSSE FENSTERFRONTEN garantieren beste Aussichten

DATEN & FAKTEN

Länge 135,00 m
Breite 11,45 m
Tiefgang 2,10 m
Indienststellung 2018
Passagiere 220
Crew-Mitglieder 54
Bordsprache Deutsch
Passagierdecks 3+SD
Restaurants 3
Bars 2

Kabinen	110 Außenkabinen, Größe: 14 m², davon 90 mit französischem Balkon
Sport & Wellness	Sonnendeck mit Pool und Putting Green, Wellnessbereich mit Sauna, Dampfbad, Fitnessraum
Info-/Entertainment	Bordmusiker, Spiele, Bibliothek
Dresscode	sportlich-leger bis elegant
Preis pro Nacht	€ 114 bis € 215; Durchschnitt € 148
Info	nicko cruises Schiffsreisen Stuttgart Tel. (0711) 24 89 80 44 www.nicko-cruises.de

PROFIL

Kabinen/Raumangebot	⚓⚓⚓⚓½
Ausflüge/Programm	⚓⚓⚓⚓
Gastronomie	⚓⚓⚓⚓⚓
Service	⚓⚓⚓⚓⚓

nickoVISION

Drei Restaurants, offene Tischzeiten und das moderne Ambiente sind zukunftsweisend

Der erste Scylla-Neubau für nicko cruises spricht ein jüngeres Publikum an: Große Glasflächen und fließende Übergänge zwischen Panoramasalon, Bar und Hauptrestaurant bringen fast Hochsee-Feeling auf den Fluss. Das Design zeigt sehr viel Liebe zum Detail. Als Alternative zum Hauptrestaurant lockt morgens und abends das intimere Spezialitätenrestaurant Manhattan im Stil eines New Yorker Jazzclubs. Abends wird um Anmeldung gebeten, das Menü wechselt alle drei Tage. Mario's Grill serviert mittags Burger, Nudeln und Pizza und abends Entrecôte und Lachssteak. Dank offener Tischzeiten können die Passagiere ihren Urlaub individueller und spontaner gestalten. Zudem dürfen ein Wellnessbereich mit Sauna und Dampfbad und ein kleiner Fitnessbereich nicht fehlen. Zusätzlich gibt es auf dem Sonnendeck einen kleinen Pool, ein Putting Green und zwei Hängematten. Die 14 Quadratmeter großen Kabinen haben auf den oberen Decks französische Balkone über die gesamte Breite. Wertige Materialien und indirekte Beleuchtung sorgen auch hier für Wohlfühlatmosphäre. Individuellere Ausflugskonzepte machen das Rundumpaket perfekt.

Fahrgebiete 2019

Die nickoVISION ist von März bis Dezember auf der Donau unterwegs, an vier Terminen mit optionalem Radpaket. Neben dem 8-tägigen Klassiker zwischen Passau und Budapest – mit einem Halt in Ybbs als Besonderheit – sind auch 15-tägige Reisen ins Donaudelta und 5-tägige Adventskreuzfahrten geplant.

Phoenix Reisen

Bonner Familienunternehmen mit Herz und rekordverdächtigem Flussschiff-Portfolio

Die Schiffe des inhabergeführten Veranstalters Phoenix Reisen aus Bonn sind fast alle gechartert. In dem wohl umfangreichsten Angebot auf dem deutschsprachigen Markt sind auch exotische Ziele wie der Amazonas-Zufluss Rio Negro oder der Brahmaputra in Bangladesch und Indien zu finden; nur der Mississippi fehlt. Außerdem ist Phoenix ein Experte für Ägypten (mit eigenem Orient-Flugreisenkatalog) und Russland. Das Team legt, wie bei seinen Hochseeschiffen (S. 149), viel Wert auf eine herzliche Atmosphäre an Bord und überzeugt mit moderaten Nebenkosten. In Russland und China sowie ausgewählten weiteren Destinationen sind auch Ausflugspakete im Reisepreis inkludiert. 2019 hat Phoenix Reisen 34 Flussschiffe im Programm, aus Platzgründen werden nachfolgend nur die jüngsten Schiffe aufgeführt. Zu den Neubauten 2019 zählen die Motoryacht **Princess** vor der kroatischen Küste, die luxuriöse **Adora** auf der Donau und die **Anna Katharina** auf dem Rhein.

Schiff	Baujahr	Passagiere
Lan Diep	2007	44
Amadeus Diamond	2008	144
Alina	2011	216
Amelia	2012	216
Ariana	2012	158
A-Silver	2013	180
Rajmahal	2014	40
Anesha	2015	180
Asara	2017	190
Alena	2018	190
Charaidew II	2018	34
Adora	2019	190
Anna Katharina	2019	180
Princess	2019	40

Fotos: Phoenix Reisen (2), J. Krutzsch (1)

SCHICKE NEUBAUTEN, exotische Destinationen und eine familiäre Crew gehören zum Markenkern von Phoenix

VIEL GLAS: Vorn im Schiff liegt das Panoramarestaurant

Foto: C. Assies

DATEN & FAKTEN

Länge 135,00 m
Breite 11,40 m
Tiefgang 1,60 m
Indienststellung 2017
Passagiere 190
Crew-Mitglieder 40
Bordsprache Deutsch
Passagierdecks 3+SD
Restaurants 2
Bars 1

Kabinen	96, davon 74 mit französischem Balkon; Größen: 12–17 m²
Sport & Wellness	Sonnendeck mit kleinem Pool und Shuffleboard, Sauna, Fahrräder
Info-/Entertainment	Brett- und Kartenspiele, Tanzabend mit Livemusik, WLAN gegen Gebühr
Dresscode	sportlich-leger, elegant am Kapitänsabend
Preis pro Nacht	€ 89 bis € 200; Durchschnitt € 144
Info	Phoenix Reisen Bonn, Tel. (0228) 926 00 www.phoenixreisen.com

PROFIL

Kabinen/Raumangebot	4 von 5
Ausflüge/Programm	4 von 5
Gastronomie	4 von 5
Service	4 von 5

Alena

Der dritte Phoenix-Neubau für Rhein und Donau: modern und sehr geräumig

Nach **Anesha** (2015) und **Asara** (2017) ist die 135 Meter lange und 11,40 Meter breite Alena schon der dritte Neubau in der Flotte von Phoenix Reisen. Sie ist für zehn Jahre von der Firma Rijfers Nautical Management aus den Niederlanden gechartert. Getauft wurde sie direkt vor der Phoenix-Firmenzentrale in Bonn; die Taufpatin und Namensgeberin des Schiffs, Elena Kramer-Miret, ist langjährige Phoenix-Mitarbeiterin und die Ehefrau von Geschäftsführer Jörg Kramer. Modern und sehr gemütlich ist die Alena eingerichtet, vom offenen Atrium bis zu den 96 Kabinen in skandinavischem Stil auf vier Decks. Sie sind sehr geräumig und bieten herausragend viel Stauraum. Neben dem Panoramarestaurant Vier Jahreszeiten, in dem durch verglaste Trennschreiben garantiert von jedem Platz auf die vorbeiziehende Landschaft geschaut werden kann, steht den Gästen ein Spezialitätenrestaurant am Heck zur Verfügung; einmal pro Reise kann hier ohne Aufpreis diniert werden. Das Sonnendeck lädt mit formschönen Loungemöbeln zum Entspannen ein, bei gutem Wetter finden hier zudem Barbecues statt. Mit weiteren Liegen, Whirlpool und Schachspiel erstreckt sich der Außenbereich nahezu über die gesamte Schiffslänge von 135 Metern.

Fahrgebiete 2019

Im Frühjahr Kurzreisen von Köln nach Straßburg, Mitte April von Köln Kurs auf Amsterdam und Antwerpen, im Herbst/Winter Moselkreuzfahrten und Kurztrips zu Weihnachtsmärkten längs des Rheins.

AUS BOIZENBURG stammen die russischen Flussschiffklassiker

Ivan Bunin

Russland authentisch erleben – auf einem der klassischen DDR-Flusskreuzfahrtschiffe

Es gibt inzwischen luxuriösere Schiffe auf Wolga, Newa und Swir. Aber wer die russische Seele erahnen möchte, wählt eine der 50 Schwestern, die noch vor der deutschen Wiedervereinigung in Boizenburg an der Elbe gebaut wurden. Als die ersten Flussschiffe in Russland, auf denen jeder Passagier ein eigenes Bad in seiner Kabine hatte, setzten sie damals Maßstäbe. Und als kombinierte See-/Flussschiffe kreuzen sie weiterhin nicht nur durch schmale Kanäle, sondern auch über die größten Seen Europas, Ladogasee und Onegasee – ein eindrucksvolles Erlebnis! Währenddessen werden die Gäste mit russischer Folklore und Sprachkursen unterhalten. Die Ivan Bunin bekam ein Jahr vor ihrem Start für Phoenix Reisen 2011 vom russischen Eigner **Orthodox Cruises** eine Grundüberholung spendiert – mit neuen Bädern und größeren Kabinen auf dem Hauptdeck. In der Bierbar am Bug herrscht aber weiterhin rustikale Gemütlichkeit, wie auch im Panoramarestaurant am Heck, wo mittags und abends jeweils vier Gänge solide Hausmannskost serviert werden. Die Getränke und viele Landausflüge sind im Preis enthalten. Ein besonderes Schmankerl für Russlandkenner sind die 18-tägigen Revierfahrten zu Saisonbeginn und -abschluss über den Don nach Rostov; seit 2018 gibt es hierfür ein attraktives All-inclusive-Angebot.

Fahrgebiete 2019

In 10 Nächten von Moskau nach St. Petersburg oder umgekehrt. Zwei Reisen à 18 Tage zwischen Rostov am Don und Moskau bzw. St. Petersburg.

DATEN & FAKTEN

Länge 129,00 m	**Passagiere** max. 210
Breite 17,00 m	**Crew-Mitglieder** 70
Tiefgang 2,90 m	**Bordsprache** Russisch, Deutsch
Indienststellung 1988	**Passagierdecks** 4+SD
letzte Renovierung 2010	**Restaurant/Bars** 1/3

Kabinen	104 Außenkabinen, auf den oberen Decks mit Fenstern zum Öffnen, Größen: 9–10 m² (Zweibettkabine), 19 m² (de luxe), 29 m² (Suiten)
Sport & Wellness	Sauna, Friseur, Arzt, Freiluft-Fitnessecke mit Trimmrad und Stepper
Info-/Entertainment	Tanzbar, landestypische Konzerte und Folklore, Vorträge, Sprachkurse, Brett- und Kartenspiele
Dresscode	leger, zum Kapitänsabend sportlich-elegant
Preis pro Nacht	€ 135 bis € 344; Durchschnitt € 168
Info	Phoenix Reisen Bonn, Tel. (0228) 926 00 www.phoenixreisen.com

PROFIL

Kabinen/Raumangebot	3,5 von 5
Ausflüge/Programm	3,5 von 5
Gastronomie	3,5 von 5
Service	3,5 von 5

Fotos: M. Tragbar (1), Plantours (2)

GROSSE SPANNBREITE: Das Plantours-Flussprogramm reicht vom Klassiker bis zum modernen Neubau

Plantours Kreuzfahrten

Klein und fein – das Flussprogramm des Bremer Veranstalters ist ausgesucht

Vielfältige Routen jenseits des Massentourismus. Was für das Hochseeschiff **Hamburg** von Plantours Kreuzfahrten gilt (S. 154), trifft auch für die Flussflotte zu. Dazu gehört seit Jahren die **Elegant Lady** auf dem Rhein, der Donau und deren Nebenflüssen. Sie bekommt 2019 Verstärkung durch die etwas größere und frisch renovierte **Rousse Prestige**. Auf den langen Russlandreisen wertete der Bremer Veranstalter bereits im vergangenen Jahr sein Angebot auf: Die **Andrey Rublev** wurde durch die **Rossia** ersetzt, mit großzügigen Kabinen und modernen Nasszellen. Mit dem Douro kommt 2019 ein neues Fahrgebiet ins Portfolio. Außerdem gibt es eine neue Route von Köln nach Stuttgart und zurück mit Besuch der Bundesgartenschau in Heilbronn. Für die beliebten Silvesterreisen setzt Plantours auf vier Luxusschiffe, die einen eleganten Rahmen für die festlichen Galadinner bieten: Die Gäste der **Oscar Wilde** und der **Inspire** sehen das Feuerwerk in Amsterdam, **Emily Brontë** und **Grace** liegen zum Jahreswechsel in Antwerpen. Gut zu wissen: In Russland und auf der langen Donaudeltareise der Elegant Lady ist ein Bordarzt mit von der Partie.

Schiff	Baujahr	Passagiere
Rossia	1978	224
Sans Souci	2000	81
Elegant Lady	2003	126
Rousse Prestige	2004	151
Inspire	2013	142
Gil Eanes	2015	132
Grace	2016	142
Emily Brontë	2017	176
Oscar Wilde	2017	176

PLANTOURS-GELB: Der farbige Streifen steht für den Veranstalter

Rousse Prestige

Frisch renoviert – und dank attraktiver Preise ein schönes Schiff für Flusskreuzfahrt-Einsteiger

Erstmals im Plantours-Programm wartet die Rousse Prestige mit 78 Kabinen auf, darunter eine geräumige Minisuite und eine Dreibettkabine mit großen Fenstern; auch sechs Einzelkabinen sind buchbar. Auf dem Panoramadeck und im hinteren Bereich des Oberdecks wurden französische Balkone in die Kabinen gebaut. Sowohl in der großzügigen Panoramalounge mit Bar und Bibliothek als auch im eleganten Restaurant geben große Fensterfronten den Blick auf die vorüberziehende Landschaft frei. Am schönsten lässt sich das Szenario jedoch auf dem Sonnendeck mit Liegestühlen, Whirlpool und Sonnenschutz genießen. Wer sich im Urlaub ein wenig Wellness gönnen möchte, findet auf dem Oberdeck Friseur und Massageraum. Ein schönes Detail ist die rund um die Uhr nutzbare Kaffee- und Teestation. Genießer profitieren vom vorab buchbaren Getränkepaket: Für 15 Euro pro Person und Nacht sind in der Zeit von 8 bis 24 Uhr alkoholfreie Getränke, Wasser, Bier und Tafelwein inkludiert. Und mit Einstiegspreisen ab 299 Euro für sechs Tage können Flusskreuzfahrt-Neulinge diese Reiseform auch einfach mal kostengünstig testen.

Fahrgebiete 2019

Saisonauftakt auf der Donau, im Mai eine lange Reise bis ans Schwarze Meer, dann Wechsel auf Rhein, Main und niederländische sowie belgische Wasserwege. Im August zurück auf die Donau mit zwei Reisen bis ans Schwarze Meer, Advent wieder auf dem Rhein und Silvester in Straßburg.

DATEN & FAKTEN

Länge 110,00 m
Breite 11,40 m
Tiefgang 1,55 m
Indienststellung 2004
Renovierung 2017/18
Passagiere 151
Crew-Mitglieder 40
Bordsprache Deutsch
Passagierdecks 3+SD
Restaurants/Bars 1/1

Kabinen	78 Außenkabinen, davon 48 mit frz. Balkon; Größen: 11–17 m²
Sport & Wellness	Sonnendeck mit Whirlpool, Friseur, Massage
Info-/Entertainment	Livemusik, Bibliothek, Internetecke mit WLAN-Zugang
Dresscode	leger bis sportlich-elegant
Preis pro Nacht	€ 51 bis € 253; Durchschnitt € 160
Info	Plantours Kreuzfahrten Bremen, Tel. (0421) 173 69-0 www.plantours-partner.de

PROFIL

Kabinen/Raumangebot	4,5 von 5
Ausflüge/Programm	4 von 5
Gastronomie	4 von 5
Service	4 von 5

IM OSTEN DEUTSCHLANDS ZU HAUSE – hier auf der Elbe bei Dresden

Foto: P. Günther

DATEN & FAKTEN

Länge 82,00 m	**Passagiere** max. 81
Breite 9,50 m	**Crew-Mitglieder** 25
Tiefgang 1,30 m	**Bordsprache** Deutsch
Indienststellung 2000	**Passagierdecks** 2+SD
Renovierung 2018	**Restaurants/Bars** 1/1

Kabinen	41 Außenkabinen, davon 21 mit französischen Balkonen, der Rest mit nicht zu öffnenden Panoramafenstern; Größe: ca. 12 m²
Sport & Wellness	Sonnendeck, Putting Green, kleiner Fitnessbereich
Info-/Entertainment	Bibliothek, TV, Tanzmusik
Dresscode	leger bis sportlich-elegant
Preis pro Nacht	ca. € 173 bis € 385; Durchschnitt € 192
Info	Plantours Kreuzfahrten Bremen, Tel. (0421) 17 36 90 www.plantours-partner.de

PROFIL

Kabinen/Raumangebot	⚓⚓⚓
Ausflüge/Programm	⚓⚓⚓½
Gastronomie	⚓⚓⚓⚓
Service	⚓⚓⚓⚓

Sans Souci

Der Eigner ist der Kapitän! Auf Elbe, Havel und Oder ist er mit diesem Schiff zu Hause

Liebevoll kümmert sich Peter Grunewald um sein sommerliches Zuhause – die Sans Souci. Den Großteil der Saison steuert er das Flussschiff mit dem nachtblauen Rumpf auf den Wasserwegen im Osten Deutschlands höchstpersönlich und präsentiert den Passagieren die Schönheiten seiner Heimat. Im Winter investiert er regelmäßig in sein Schiff, so wurden vor der Saison 2019 die mit gerade einmal zwölf Quadratmetern zwar kleinen, aber gemütlichen Kabinen renoviert und mit Hotelbetten ausgestattet. Außerdem gibt es auf dem oberen Deck nun französische Balkone. Das zierliche Schiff passt nicht nur unter niedrigen Brücken hindurch und in alle wichtigen Schleusen, es ist auch seetauglich. Und so fährt Grunewald auch mal bis ins Stettiner Haff oder ins Ijsselmeer. Langweilig wird sein Routenplan dank neuer Touren jedenfalls nie. Das Schiff fährt fast ausschließlich für Plantours Kreuzfahrten und besucht 2019 unter anderem die Kieler Woche und den Hamburger Hafengeburtstag. Außerdem feiert die Sans Souci auf einer Reise zwischen Köln und Stuttgart Premiere auf dem Neckar und besucht dabei auch die Bundesgartenschau in Heilbronn.

Fahrgebiete 2019

Das vielfältige Routenportfolio reicht von der Ostsee über die Elbe bis zum Ijsselmeer. Die meisten Reisen dauern 7 oder 8 Tage, bis auf den Saisonauftakt: Im März geht es in 12 Tagen zu den Kulturhauptstädten Europas – von Berlin bis Breslau.

Reisebüro Mittelthurgau

Exzellente Schweizer Qualität auf einer Flotte von zehn eigenen Schiffen

Das auf Schiffsfahrten spezialisierte Reisebüro Mittelthurgau gehört zur **Twerenbold Reisen Gruppe**. Seit 2005 baut der Schweizer Veranstalter eine eigene Premium-Flussflotte auf, teils aus Neubauten und teils aus Umbauten bestehender Einheiten. Für das Innendesign ist Nazly Twerenbold, die Witwe des ehemaligen Firmenchefs Werner Twerenbold, verantwortlich. Das Familienunternehmen befindet sich inzwischen bereits in der vierten Generation. Ein Geheimtipp für Genießer ist das „Excellence Gourmetfestival", das seit 2013 alljährlich im Herbst zahlreiche Spitzenköche für Kurzreisen auf die Schiffe holt. Der jüngste Flottenneuzugang heißt Excellence Countess und ist in den Niederlanden sowie in Belgien unterwegs. Neben den Excellence-Schiffen hat das Reisebüro Mittelthurgau auch noch zahlreiche Einheiten anderer Veranstalter im Programm. So kommen 2019 Ägypten und die Großen Seen neu in den Katalog. Nachfolgend nur die eigenen Flussschiffe:

Schiff	Baujahr	Passagiere
Excellence Coral	1998	87
Excellence Rhône	2006	142
Excellence Royal	2010	144
Excellence Allegra	2011	178
Excellence Melodia	2011	178
Excellence Queen	2011	142
Excellence Princess	2014	186
Excellence Katharina	2015 ren.	182
Excellence Pearl	2017 ren.	82
Excellence Countess	2019	178

DIE EXCELLENCE-FLOTTE zeichnet sich durch stilvolle Interieurs und aufmerksamen Service aus

EXCELLENCE COUNTESS: das zehnte Schiff der Excellence-Flotte

DATEN & FAKTEN

Länge 135,00 m
Breite 11,45 m
Tiefgang 1,55 m
Indienststellung 2019
Passagiere 178
Crew-Mitglieder 46
Bordsprache Deutsch
Passagierdecks 3+SD
Bars 2
Restaurants 2

Kabinen	65 Außenkabinen und 24 Juniorsuiten, davon 65 mit frz. Balkon; Größen: 13, 16 und 20 m²
Sport & Wellness	Sonnendeck mit Golf-Putting-Green und beheiztem Whirlpool, Fitnessbereich, Sauna
Info-/Entertainment	musikalische Unterhaltung, Bordspiele, Quizabende, Tanzmusik
Dresscode	leger bis sportlich-elegant
Preis pro Nacht	ab ca. sFr 178 (inkl. An-/Abreise mit firmeneigenen Bussen)
Info	Reisebüro Mittelthurgau Weinfelden, Schweiz Tel. +41 (71) 626 85 85 www.mittelthurgau.ch

PROFIL

Kabinen/Raumangebot
Ausflüge/Programm
Gastronomie
Service

Aktuell noch nicht bewertet

Excellence Countess

Das zehnte Schiff des Schweizer Veranstalters wird noch mehr Suiten an Bord haben

Majestätisch wird die nagelneue Excellence Countess über Flüsse und Kanäle der Niederlande und Belgiens gleiten. Das jüngste Schiff des Reisebüros Mittelthurgau bietet viel Platz zum Genießen in behaglichem Ambiente. Das Skylight sorgt für Licht in der Lounge mit großen Fensterflächen, und die Juniorsuiten sind größer als auf so manchem Hochseekreuzer. Für den außergewöhnlichen Abend steht gegen Zuzahlung im Heck ein exquisites À-la-carte-Restaurant zur Verfügung. Apropos Genuss: Die Küche auf den Excellence-Schiffen ist viel gelobt, und die Käseauswahl wird der Schweizer Flagge am Heck gerecht. Zum Glück gibt es für den Kampf gegen die Kalorienzufuhr auch einen kleinen Fitnessraum an Bord! Die Lounge am Heck mit Blick aufs Fahrwasser dürfte schnell zum Lieblingsort der Gäste werden, die Aussichtsterrasse am Bug wurde im Vergleich zu den Vorgängerschiffen vergrößert. Selbstverständlich verfügen die Kabinen auf den oberen Decks über französische Balkone. Schöne Idee: Wenn es genügend Interessenten gibt, wird am Heck ein Light Lunch serviert. Und auch das Sonnendeck lässt mit Whirlpool, Sonnen- und Schattenplätzen sowie Putting Green keine Wünsche offen.

Fahrgebiete 2019

Die Excellence Countess startet im Mai mit zwei Reisen zwischen Basel und Amsterdam. Anschließend stehen Fahrten auf niederländischen und belgischen Wasserwegen auf dem Programm.

0°

40°

SE-Tours: Rad & Schiff

Europas größter Spezialveranstalter für sportliche Flusskreuzfahrten

Seit nun schon 20 Jahren bietet der Bremerhavener Veranstalter SE-Tours (**www.se-tours.de/de**) auf kleinen Flusskreuzfahrtschiffen eine Spezialität an: kombinierte Rad- und Schiffsreisen auf den Flüssen, Kanälen und teilweise auch den Seen Europas. 2019 sind stolze 19 Einheiten, darunter auch kleine Segler in den Niederlanden, exklusiv für den umtriebigen Veranstalter unterwegs; zusätzlich wird das Angebot mit Partnerangeboten ergänzt. Daneben werden aber auch klassische Flusskreuzfahrten an Bord der **Select Belvedere**, der **Serenity**, der **Normandie** und der **Arkona** angeboten. Wer auf seiner Donaukreuzfahrt Radausflüge bevorzugt, wählt hingegen vielleicht den Flottenneuzugang **Olympia**, der im Jahr 2019 neu ab/bis Rotterdam in der niederländischen Provinz Zeeland unterwegs ist. Nachfolgend eine Liste der Schiffe, die im „Rad & Schiff"-Programm fahren:

Schiff	Baujahr	Passagiere
Gretha van Holland	1950	23
Patria	1979	68
Mecklenburg	1998	22
Wapen fan Fryslan	2003 ren.	24-36
Mare fan Fryslan	2006 ren.	27-40
Leafde fan Fryslan	k. A.	25-30
Felicitas	2006 ren.	20
Princess	2010 ren.	49
Serena	2010 ren.	99
Normandie	2011 ren.	100
Sir Winston	2013 ren.	68
Allure	2014 ren.	20
Florentina	2014 ren.	86
Olympia	2015/16 ren.	94
Fluvius	2017/18 ren.	44
Arkona	2017/18 ren.	96
Arlene II	2018/19 ren.	98

Fotos: Flickr (1), SE-Tours (2)

KLEIN UND SPORTLICH: Die „Rad & Schiff"-Reisen von SE-Tours finden auch auf Oldtimern und Seglern statt

FLUSSREISEN MIT STIL – in Europa wie auch in Asien. Unten: die 2018 erworbene Thurgau Prestige

Thurgau Travel

Eigene Schiffe auf Irrawaddy und Chindwin sind der USP des Schweizer Veranstalters

Der zweite große Player auf dem Schweizer Flussreisenmarkt macht mit ausgefallenen Destinationen von sich reden. So war Thurgau Travel (im Internet unter: **www.thurgautravel.ch**) der erste Anbieter auf dem unteren Mekong und zeigt in Myanmar durch mittlerweile drei eigene Schiffe Präsenz. Rund 50 Schiffe umfasst das gesamte Programm; auch Klassiker wie das Luxusschiff **Thurgau Ultra** (ehemals **Premicon Queen**) oder der 2017 hinzugekommene Twin-Cruiser **Thurgau Silence** auf Rhein und Donau gehören dazu. Aber wirklich herausfordernd wird es für den Veranstalter erst da, wo die anderen nicht mehr hinkommen. So fährt zum Beispiel die **Thurgau Karelia** neu auf der Strecke Moskau–Weißes Meer–St. Petersburg, und die **Thurgau Ganga** ist zwischen Kalkutta und Varanasi in Indien unterwegs. Außerdem wurde die **Remix** auf Ob und Irtysch in Sibirien wieder ins Programm 2019 aufgenommen. Auch die Küstenkreuzfahrt in den Gewässern Kroatiens war eine Erfindung des Firmengründers Hans Kaufmann. Nachfolgend eine Auswahl der jüngsten Einheiten:

Schiff	Baujahr	Passagiere
Thurgau Florentina	1980/2013	86
Thurgau Rhône	2004/2013	154
Thurgau Silence	2006	194
Thurgau Ultra	2008	120
Thurgau Exotic I	2009	20
Thurgau Prestige	2009	124
Douro Spirit	2011	124
Thurgau Exotic II	2012	22
Antonio Bellucci	2012	141
Edelweiss	2013	180
Thurgau Exotic III	2017	32
Thurgau Adriatica	2017/18	36

VIVA Cruises

Der neue Premium-Veranstalter wendet sich an ein jüngeres und internationales Publikum

„Enjoy the moment" – unter diesem Motto vermarktet VIVA Cruises (**www.viva-cruises.com**) in der Vorweihnachtszeit 2018 erstmals Schiffe der Baseler **Scylla Reederei**. Der neue Düsseldorfer Veranstalter wartet in der ersten vollständigen Saison 2019 mit neun Schiffen auf 24 Strecken auf. Rhein und Donau sind ebenso darunter wie Mosel, Seine, Rhône, die Ostseeinseln und die Elbe. Das Angebot richtet sich nicht nur an deutschsprachige Passagiere, auch Gäste aus den Beneluxstaaten und Skandinavien sollen sich am legeren Lifestyle erfreuen. Freie Tischplatzwahl, lange Essenszeiten und ein All-inclusive-Konzept mit großer Getränkekarte und WLAN sprechen eine Zielgruppe ab 50 Jahren an. Die Flotte ist bunt gemixt, vom kleinen Liebhaberschiff bis hin zu jungen Luxuseinheiten. Auf einigen Schiffen gibt es neben dem Hauptrestaurant auch ein Bistro als lockere kulinarische Alternative. Auch beim Ausflugsprogramm bietet VIVA Cruises Vielfalt: In jeder Destination soll es auch Angebote jenseits der Norm geben, wie etwa einen Helikopterrundflug in Budapest. Freiheit und Lebensfreude für weltoffene Gäste – das klingt nach einem guten Ziel und bringt die Flusskreuzfahrt wieder ein wenig mehr in Richtung Zukunft.

Schiff	Baujahr	Passagiere
Swiss Crystal	1995	125
Swiss Crown	2000	140
Swiss Ruby	2012 ren.	88
Swiss Tiara	2006	153
Lord Byron	2012	148
Junker Jörg	2012 ren.	110
Inspire	2013	142
Savor	2014	142
Jane Austen	2015	148

TRENDIGES ANGEBOT: viele Inklusivleistungen, jüngeres Publikum – und eine stattliche Bandbreite an Schiffen

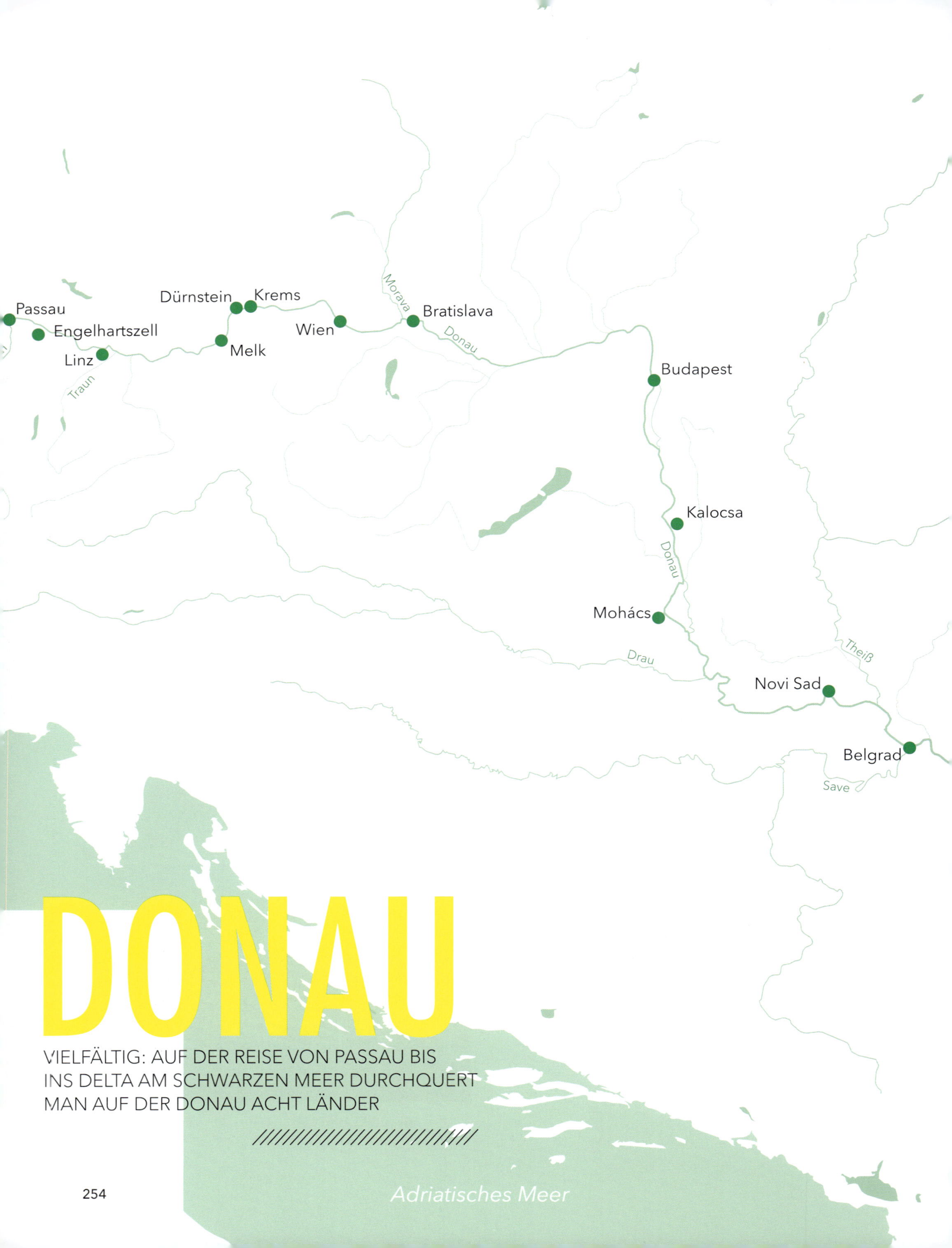

DONAU

VIELFÄLTIG: AUF DER REISE VON PASSAU BIS INS DELTA AM SCHWARZEN MEER DURCHQUERT MAN AUF DER DONAU ACHT LÄNDER

Diese Schiffe fahren hier 2019:

Amadeus Brilliant, Classic, Elegant, Rhapsody, Silver & Symphony **226** /// **Amadeus Queen 227** /// **Alena 244** /// Anesha **243** /// Ariana **243** /// **A-ROSA Silva 229** /// A-ROSA Bella, Donna, Mia & Riva **228** /// Asara **243** /// Bellejour **235** /// Bellissima **240** /// Belvedere **251** /// Crystal Bach, Debussy, Mahler, Mozart & Ravel **234** /// Danubia **226** /// DCS Amethyst **235** /// Diamond **235** /// Elegant Lady **246** /// Excellence Queen & Princess **249** /// Heidelberg **240** /// Jewel **235** /// Maxima **240** /// **nickoVISION 242** /// **Rousse Prestige 247** /// Sapphire **235** /// Swiss Tiara **253** /// Thurgau Silence **252** /// Thurgau Ultra **252** /// VistaExplorer, VistaFidelio & VistaFlamenco **224** /// WT Sonata **238** ///

Hervorhebung: mit Porträt und Bewertung

RHEIN & RHEINDELTA

AUCH NECKAR, MOSEL UND MAIN ZÄHLEN ZUM FAHRGEBIET RHEIN. UND VON HOLLAND AUS GEHT ES ÜBER SCHELDE UND MAAS BIS NACH ANTWERPEN, GENT UND BRÜSSEL

//////////////////////////////////

Diese Schiffe fahren hier 2019:

Alemannia **235** /// **Alena 244** /// Alina **243** /// Amadeus Brilliant, Royal & Symphony **226** /// **Amadeus Queen 227** /// Amadeus Silver I, II & III **226** /// Amelia **243** /// Anesha **243** /// Anna Katharina **243** Antonio Bellucci **252** /// A-ROSA Aqua & Brava **228** /// **A-ROSA Flora & Silva 229** /// **Asara 243** /// Casanova **240** /// Crystal Bach, Debussy, Mahler & Ravel **234** /// Douce France **231** /// Edelweiss **252** /// Elegant Lady **246** /// Excellence Allegra **249** /// **Excellence Countess 250** /// Excellence Pearl & Queen **249** /// Grace **246** /// Gretha van Holland **251** /// Heidelberg **240** /// Inspire **246** /// Lord Byron **253** /// Maxima **240** /// Normandie **251** /// Rhein Melodie **240** /// **Rousse Prestige 247** /// **Sans Souci 248** /// Sapphire **235** /// Swiss Crown **253** /// Swiss Tiara **253** ///Thurgau Silence **252** /// Thurgau Ultra **252** /// VistaClassica **224** /// **VistaStar 225** /// WT Sonata **238** ///

Hervorhebung: mit Porträt und Bewertung

Düsseldorf
Köln
Rhein
Koblenz
Lahn
Andernach
Frankfurt
Cochem
Mosel
Loreley
Aschaffenburg
Rhein
Main
Würzburg
Mainz
Traben-
Trarbach
Rüdesheim
Nierstein
Wertheim
Main
Bernkastel
Worms
Trier
Mosel
Mannheim
Ebersbach
Saarburg
Speyer
Heidelberg
Neckar
Saar
Heilbronn
Rhein
Ludwigsburg
Karlsruhe
Stuttgart
Strasbourg
Neckar
Donau
Rhein
Freiburg
Bodensee
Rhein
Basel

ELBE, HAVEL & ODER

HAMBURG, BERLIN, DRESDEN, PRAG – ODER ÜBER HAVEL UND ODER BIS HINAUS IN DIE OSTSEE: KULTUR UND NATUR IN ALL IHRER VIELFALT ERLEBEN

Diese Schiffe fahren hier 2019:

Elbe Princesse I & II 233 ///
Felicitas **251** ///
Frédéric Chopin **240** ///
Junker Jörg **224, 253** ///
Sans Souci 248 ///

Hervorhebung: mit Porträt und Bewertung

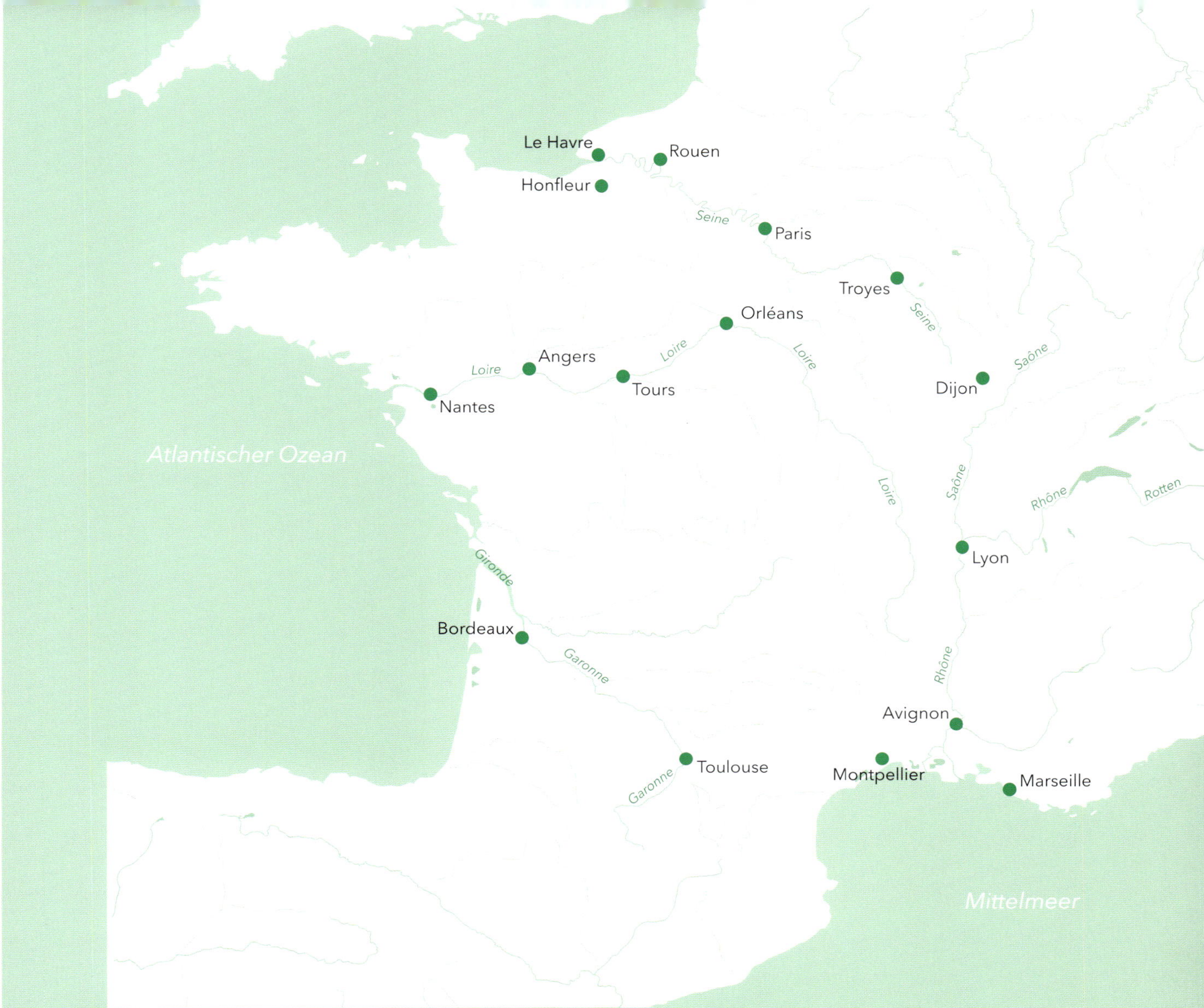

FRANKREICH

RHÔNE UND SAÔNE SOWIE DIE SEINE SIND DIE KLASSIKER. ABER AUCH AUF DER GIRONDE UND AUF DER LOIRE SIND FLUSSREISEN MÖGLICH

Diese Schiffe fahren hier 2019:

Amadeus Diamond (Seine) **226** /// Amadeus Provence (Rhône) **226** /// A-ROSA Luna & A-ROSA Stella (Rhône) **228** /// **A-ROSA Viva** (Seine) **230** /// Bijou du Rhône (Rhône) **240** /// Camargue (Rhône) **231** /// Excellence Rhône (Rhône) **249** /// Excellence Royal (Seine) **249** /// Kanalboote **237** /// Loire Princesse (Loire) **231** /// Thurgau Rhône (Rhône) **252** /// Van Gogh (Rhône) **231** ///

Hervorhebung: mit Porträt und Bewertung

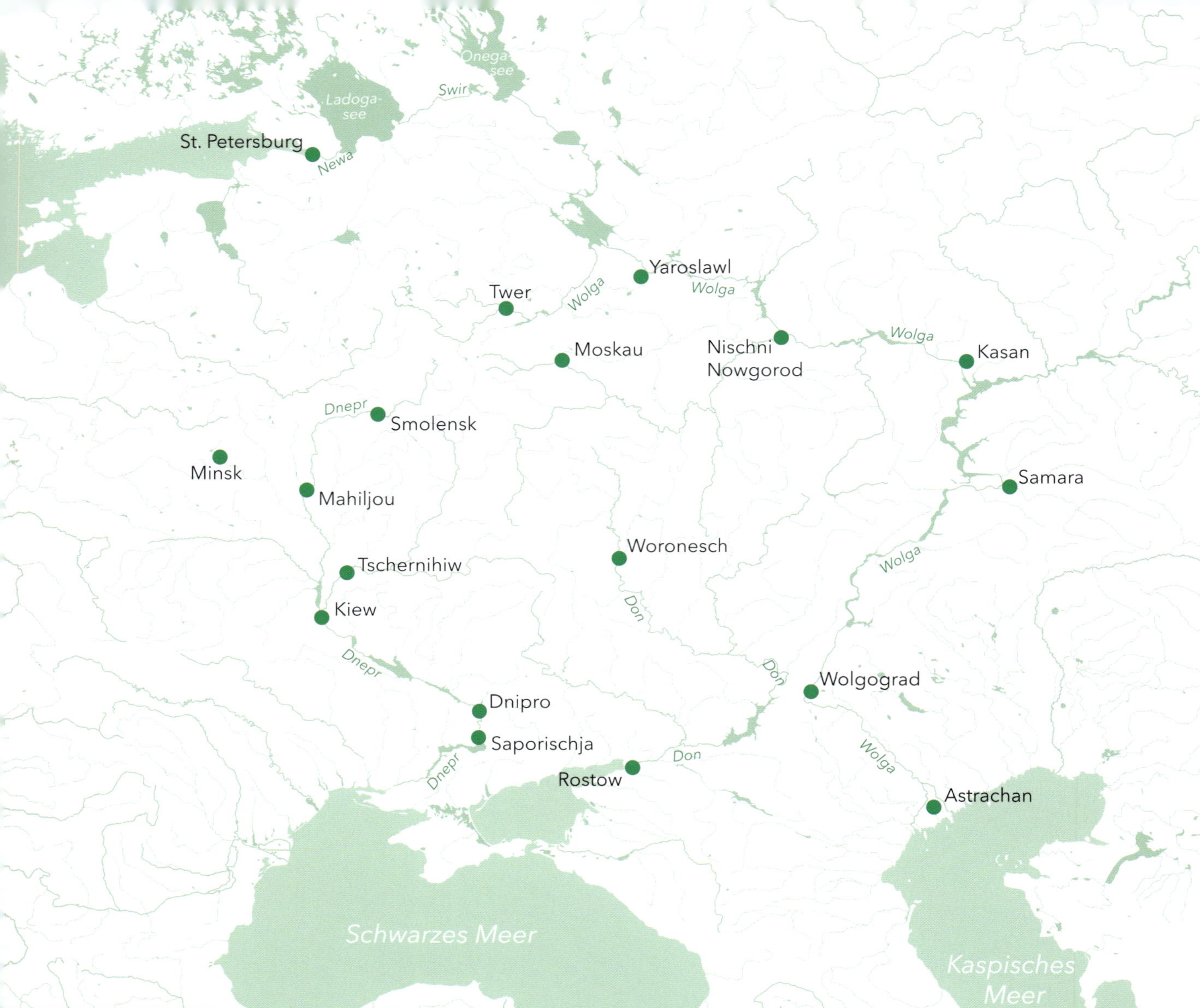

RUSSLAND & UKRAINE

AUF WOLGA UND NEWA VON MOSKAU NACH ST. PETERSBURG – DAS IST DER KLASSIKER. ABER AUCH DER DNEPR WIRD WIEDER BEFAHREN

Diese Schiffe fahren hier 2019:

Chekhov **224** /// Excellence Katharina **249** /// **Ivan Bunin 245** /// Mikhail Svetlov **239** /// Rossia **246** /// Rostropovich **239** /// Thurgau Karelia **252** /// Volga Dream **239** ///

Hervorhebung: mit Porträt und Bewertung

Diese Schiffe fahren hier 2019:

Charaidew II (Ganges) **243** ///
Lan Diep (Mekong) **243** ///
Mekong Pearl (Mekong) **239** ///
Mekong Prestige II (Mekong) **224** ///
Mekong Sun (Mekong) **239** ///
Paukan (Irrawaddy) **206** ///
Rajmahal (Ganges) **243** ///
Thurgau Exotic I, II & III (Irrawaddy) **252** ///
Thurgau Ganga (Ganges) **252** ///

Hervorhebung: mit Porträt und Bewertung

ASIEN

MEKONG, IRRAWADDY UND JANGTSE SIND DIE GROSSEN FLUSSREVIERE ASIENS. ES GIBT ABER NOCH MEHR ZU ENTDECKEN

REGISTER

SEESCHIFFE

FLUSSSCHIFFE

REEDEREIEN & VERANSTALTER

IMPRESSUM

Uwe Bahn, Johannes Bohmann
KREUZFAHRT GUIDE 2019

AUTOREN
Uwe Bahn, Dr. Johannes Bohmann (Hauptautoren), Christoph Assies, Peggy Günther, Thomas P. Illes, Christian Kolb, Jan Krutzsch, Jutta Lemcke, Franz Neumeier, Svenja Peters, Marc Tragbar, Thomas Weiss

REDAKTION Dr. Johannes Bohmann (Leitung), Jan Krutzsch, Christian Oldendorf (Bildredaktion)
GRAFIK Svenja Peters
LITHO TiMe GmbH, Mülheim an der Ruhr
SCHLUSSREDAKTION Lektornet (www.lektornet.de), Heike Heijnk
KARTEN www.gecko-graphics.de

VERLAG

PLANET C GMBH
Dorotheenstraße 64, 22301 Hamburg
Tel. +49 (0)40 69 65 95-0
Fax +49 (0)40 69 65 95-399
E-Mail: info@planetc.co
Internet: www.kreuzfahrtguide.com

GESCHÄFTSFÜHRUNG Andrea Wasmuth (Vorsitzende), Thorsten Giersch, Holger Löwe
GESAMTLEITUNG ANZEIGEN UND MARKETING Sebastian Schurz
MEDIA SERVICE Andreas Schröder
KEY ACCOUNT MANAGEMENT Katrin Kessler

DRUCK Druckstudio GmbH, Düsseldorf

VERTRIEB
GeoCenter T&M Touristik
Medienservice GmbH
Kurze Straße 40
70794 Filderstadt
Tel. +49 (0)711 78 19 46-10

DPV Deutscher Pressevertrieb GmbH
Am Sandtorkai 74
20457 Hamburg
Tel. +49 (0)40 378 45-0

FOTONACHWEIS
Wir bedanken uns für die freundliche Genehmigung zum Abdruck der Fotos aus den Archiven der Reedereien, Veranstalter und Fremdenverkehrsämter. Von ihnen oder aus dem Verlagsarchiv stammen, soweit nicht anders vermerkt, alle Fotos in diesem Band.

Die für die Recherche erforderlichen Reisen, die in dieser Ausgabe geschildert werden, fanden statt mit freundlicher Unterstützung der Reedereien und Veranstalter.

1. AUFLAGE 2018
ISBN 978-3-937596-64-8
PRESSECODE 73486